香港经济转型研究

倪 外 著

中国财经出版传媒集团
中国财政经济出版社

图书在版编目（CIP）数据

香港经济转型研究／倪外著．--北京：中国财政经济出版社，2021.6

（生产网络与区域创新论丛）

ISBN 978-7-5223-0454-0

Ⅰ.①香…　Ⅱ.①倪…　Ⅲ.①区域经济－转型经济－研究－香港　Ⅳ.①F127.658

中国版本图书馆CIP数据核字（2021）第052778号

责任编辑：彭　波　　责任校对：胡永立

封面设计：孙俪铭　　责任印制：史大鹏

中国财政经济出版社 出版

URL：http：//www.cfeph.cn

E-mail：cfeph@cfeph.cn

社址：北京市海淀区阜成路甲28号　邮政编码：100142

营销中心电话：010-88191522

天猫网店：中国财政经济出版社旗舰店

网址：https：//zgczjjcbs.tmall.com

北京财经印刷厂印刷　各地新华书店经销

成品尺寸：170mm×240mm　16开　17.25印张　266 000字

2021年6月第1版　2021年6月北京第1次印刷

定价：78.00元

ISBN 978-7-5223-0454-0

（图书出现印装问题，本社负责调换，电话：010-88190548）

本社质量投诉电话：010-88190744

打击盗版举报热线：010-88191661　QQ：2242791300

序

香港是中国改革开放的见证者、推动者和参与者，也是受益者。在中国经济从落后、弱小发展到全球第二大经济体过程中，香港在不同时期发挥着不同的独特作用。香港制造业加工装配环节向珠三角等内地的转移，来自世界各国的外国直接投资通过香港公司的中介源源不断地流向内地，成为内地企业发行外汇债券和股市融资的重要平台。香港见证并促进了中国改革开放和经济增长的奇迹。

在中国经济迈向高质量发展的新时代，香港经济也着力转型，建设“国际创科中心”，发展“一带一路”倡议的“超级联系人”功能、成为“粤港澳大湾区”核心城市等，集合了西方传统市场经济驱动与中国特色社会主义市场经济驱动的双重动力机制，是“一国两制”体制下香港经济发展的新特点。

新时期，香港在中国全面改革开放中的作用需要进一步加强而不是削弱。香港经济肩负着引领中国经济进入全球市场，参与全球顶层的金融、贸易、科技、服务等领域竞争的使命，与内地共同努力形成中国经济在全球经济体系中的核心竞争力。全球产业竞争迈向以智能经济、数字经济、绿色经济为核心的新的高端竞争领域，中国经济需要进行深度的结构性重构，从传统的工业经济体系转向新的创新经济体系，以全新的产业经济结构及要素系统建构竞争力。在这一过程中，香港的全球资源配置能力，特定领域的科技创新与引领能力，高端金融与专业服务能力，以及与国际接轨的文化、规则、制度软环境等都是中国新经济发展驱动力的倍增器，促进中国经济在全球新一轮的产业大变革，经济大发展格局中确立竞争优势。特别是，在以沪港为核心的长三角地区及粤港澳大湾区，区域基础研究深厚、创新活跃、市场转化高效，是中国新经济、新产业、新动能的重要承载地区，是中国高质量发展的引领性地区，是中国新经济发展的区域增长极，代表着中国经济发展的最高层级，参与全球竞争。香港、上海、深圳等作为极核城市，其发展的引领、示范与带动效应明显。新时代，京港、沪港、粤港经济发展合作的新内涵、新模式、新途径探索将是下一个阶段我们区域发展合作的重点领域。

当前，世界经济正处在全球化与逆全球化博弈的关键阶段，中国经济正面临内部转型升级与外部经贸摩擦的双重挑战。香港作为自由港经济体，其经济发展反映出世界经济格局、内地发展趋势及自身经济结构多方面特点。香港经济处于转型的关键阶段，转型的困难与阵痛，以及由此带来的纷扰都是发展中的问题，未来都可以在发展中顺利解决。在当前复杂的环境下，更需要保持定力，冷静地分析与判断，从战略高度把握香港问题的核心。在全球经济变革及中国经济未来发展大趋势中重新审视香港经济的优势和薄弱环节，探寻新的发展方向与路径，以全新的思路突破发展困局，通过经济领域的突破带动社会、民生领域的优化，最终使香港社会在新一轮的发展中获得普遍的发展红利。

上海社会科学院作为国家高端智库，一直致力于根本性的重大发展理论突破与重要的国计民生领域的决策咨询研究。上海社科院港澳研究是在汪道涵先生指导和关怀下起步，以促进香港繁荣稳定、服务内地与香港全方位合作为根本宗旨。40年来为上海市的改革开放、97年香港回归，“一国两制”背景下香港经济发展，以及沪港发展合作等方面做出积极贡献，有一批学者活跃在沪港经济、政治、社会等研究领域，在沪港两地及国内港澳研究领域具有一定的影响。目前，上海社会科学院港澳研究正在进入一个全新的发展阶段，一方面依托社科院全面的人文社会科学学科基础，以系统的、深厚的学科理论为支撑，另一方面积极的发展对外交流合作，集聚各方面的优质资源进行全领域的、深度的、专业的港澳研究工作，从多方面服务于港澳发展，服务于国家发展战略。在这一过程中，着力培养一批年轻的港澳研究学者，突出理论联系实践特色，为未来发展奠定扎实的人才基础。

港澳经济研究是社科院港澳研究的传统优势。本书秉承理论分析与案例剖析相结合、国家趋势与香港特色相结合的原则，系统梳理了香港经济发展三次转型的背景、过程及特点，对当前第三次经济转型的困境及其原因进行了详细论述，较为全面、客观地展现了香港经济发展现状。对香港经济转型的优势基础及其关键支撑要素进行了分析，并重点提出了香港经济转型发展趋势、方向与途径。对于香港国际创科中心建设，香港国际金融中心发展，香港参与国家“一带一路”倡议、香港自由港与内地自贸区合作、香港支持内地企业“走出去”参与全球竞争，以及香港参与粤港澳大湾区国家发展战略等重点领域，结合战略分析与路径方案选择，进行了深度地分析。相关专题领域对于香港经济转型具有深刻的影响，对于重塑香港经济竞争力，培育未来40年香港新经济增长点具有战略意义。

香港之于国家的意义在特别的时候凸显。以《香港基本法》为基础，以“一国两制”为根本出发点，维护香港稳定，支持香港经济发展，是国家的根本方针，也是万香港民众根本的福祉所在。愿香港明天更好！

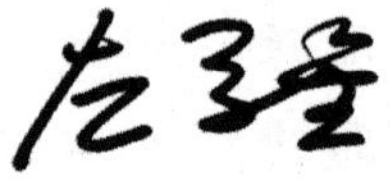

2021 年 3 月 1 日　上海

前　言

香港经济的独特性及对于内地经济的重要性在不同时期具有不同意义。香港是典型经济社会，其发展诸多问题的根本是经济问题。目前，全球经济、内地经济以及香港经济都处在深刻调整过程中。本书从香港经济转型基础、转型方向与趋势、转型路径，以及其他专题领域等全方位探讨研究香港经济转型。

一、香港经济转型基础

香港完全自由开放的经济体中，信息流、资金流、贸易流与人流波动剧烈，这种波动是自然的，却也意味着高风险。管理完全开放的自由市场需要强大的抗风险体制。香港与国际接轨的行政体制、经济规则、金融制度、商业文化及法律体系共同形成一套完善的制度框架，在实践中证明是非常适用于完全开放的经济体。同时，在与国际接轨的、共同的话语体系或“游戏规则”中开展经济活动，是最基本的“入场券”。

全球经济中心必须有强大的经济腹地作支撑，如伦敦之于欧洲，纽约之于北美。经过 40 多年发展，内地经济已达到 10 万亿美元的 GDP 规模，系列经济指标显示，内地经济的迅速崛起是 20 世纪末 21 世纪初全球最具影响力的经济事件，深刻地改变了世界经济格局。香港经济准确地抓住了内地经济崛起快速城市化、工业化过程的第一阶段发展机遇，并成功地将其转变为香港经济核心竞争力。

在未来30年全球经济发展格局中，中国经济处于工业化向后工业化快速发展的阶段，且具有足够的经济体量与容量。在可预期的时间节点，内地是香港优势产业及全球经济中心支柱产业赖以发展的新的发达经济体最具可能的地区。在新的发展阶段，随着内地经济的持续发展，香港经济具备了比肩纽约、伦敦的经济腹地基础，抓住新的机遇是香港新经济竞争力形成的关键。

香港的贸易自由、投资自由、金融自由、经营自由和人员进出自由，被称为香港自由港经济体的灵魂。现在，大数据与云环境下，全球经济资讯即时、高效、安全的处理成为自由港经济日益显著的功能优势。香港拥有全球领先的经济ICT系统，云数据处理指数亚洲领先，市场主体能够安全、迅速、准确地获得全球经济数据资讯服务。在国际金融交易、服务贸易及其他高端专业服务中，第一时间掌握有利资讯的机构和个人能够掌握市场主动，资讯信息越来越成为企业开拓市场最迫切需要的关键成功因素之一。

目前国际投资关注的重点正由过去的硬环境或优惠政策向完善的配套服务转变。专业服务作为服务经济的基础，保障了高端服务经济的专业性、多向性及复杂性需求，支撑主体服务功能的高效发展，而专业服务本身是环环相扣、互相配合，需要系统性、整体性的发展。香港多元的商业及专业服务，包括法律、仲裁、会计、财务、管理顾问、工程、建筑、教育、设计、产品检测验证等，形成一个综合性的服务体系，在法律咨询、创意产业、信息及通信科技产业等领域保持全球领先，有力地支持了香港自由港经济的发展。

同时，香港作为亚洲的商业和服务枢纽，拥有大量具有高学历的熟悉国际市场规则与标准，具有丰富营商经验的专业人才和现代化管理架构。因香港沿袭英制教育、开放包容的国际文化、优势的薪酬及职业发展空间、国际化大都市生活软硬件服务等因素综合影响，吸引了全球人才的汇聚。在金融、法律、贸易、物流、专业服务等领域集聚了全球优秀人才，成为香港经济竞争力最重要的组成部分。

香港拥有世界级的航空、航海线路网络及服务，主要航线连通亚洲及世界大部，发达航空海运交通网络，连通经济腹地与全球市场。目前，从香港起飞航班 4 小时航程可以抵达亚洲境内主要城市，5 小时内可以到达全球半数人口居住地，快速进出亚洲数个最具发展潜力市场，且港口吞吐量及效率全球领先。同时，经济腹地珠三角是内地经济最发达的地区之一，从香港出发 1 小时路程可前往珠三角各地。由此，以香港为节点，在内部经济腹地及外部全球市场之间构建了发达的人流、物流通道，特别是高端商务人流的便捷通道，成为国际商业经济流中的重要一环。

香港以自身资本、资讯、人才、服务等领域的优势打造多维的“走出去”国际通道。资本方面，香港以上市、信贷、私募、债券、基金等多种融资选择为企业提供低成本的、多样性的、便捷的全球融资服务；国际市场拓展方面，香港以其国际化的产品设计和营销人才提升产品品位以符合国际市场标准与消费习惯，拓展与产品匹配的全球市场空间；与国际接轨的商务运作及法规体系方面，香港在法律、会计、财务等专业领域拥有众多了解国际市场规则与运作方式的高端人才，且香港商法直接源于国际商法体系。由此，商业活动中人流、物流、资讯流、资金流、知识流等经济要素经香港的自由商港及国际通道通达全球市场，功能性渠道与平台作用显著。

二、香港经济转型方向与趋势

新时期香港服务经济全面北上与融合，是21世纪初香港经济发展的最大趋势与特点。新时期内地经济“走出去”趋势明显，在全球配置资源、开拓市场、建立生产网络，初步形成全球布局的产业链及资源能源供应链。在这一过程中，香港经济对内地经济的比较优势转为国际经济社会认可的经济运行规则、高度自由的经济要素流通渠道及专业服务产业支撑。香港经济成为内地企业，特别是中小企业，走向世界经济的重要通道。由此，香港由相对单一的资本输出功能，世界经济的“窗口”交流功能，逐渐转向渠道功能、平台服务功能，经济功能的多样化及立体化成为未来香港经济的重要特点。

香港未来产业体系发展趋势之一是重塑制造业领域的产业竞争力。在内地以及全球范围内重组香港实体经济产业体系，新的发展模式核心内涵：一是瞄准代表全球先进产业发展方向的新材料、生物医药、第三代移动通信、3D打印、风电等高新技术、智能制造、绿色工业新领域；二是以全域的视野在全球配置香港实体经济发展的要素资源，包括香港优势资本、全球产业资讯与信息、内地及全球的创新资源、高科技领域及新概念技术产业领域具有潜力的企业或企业家等；三是突破投资办厂的初级模式以及行业领域界限，在资本、创新、企业、技术、服务等不同要素系统盈利因子中，现阶段突出以资本获得这些领域企业或者产业红利。

人民币国际化的战略布局，需要既能获得国际社会广泛认可的，具有金融中心的功能支撑，又能满足国家经济安全与高度信任的战略性“离岸”中心统领全局。在21世纪初，香港作为人民币的“离岸”中心是国家、市场、国际经济社会三者合一的自然选择。

香港自由港与上海、天津、福建、广东等内地自贸区，在功能定位、经济区位、人才结构、运行机制、产业结构、社会组织、国际认可等众多方面的差异决定了香港与内地差异化功能互补合作的机遇空间广阔。香港传统的自由港经济发展受产业结构、人才组成、企业规模、经济空间等因素限制，已经达到阶段性峰值。香港与内地自贸区的差异化合作，以内地世界第二的经济规模及不断提升的经济增长质量为基础，自由港经济总量与能级将突破发展“瓶颈”，获得几何量级的再增长。同时，香港自由港经济运行的新机制、新功能、新领域、新业态、新模式等是上海、天津等内地自贸区发展可复制模式的重要内涵。

区域经济比较优势的变化直接决定了合作方式与内涵的变化。新时期内地经济急需获得全球广泛认可的制度与规则要素以提升经济发展的品质与质量，服务于“走出去”进程。香港经济较内地经济新的优势核心在于第三产业领域。香港经济在百年英制市场经济环境塑造下，经济理论、要素配置、经济活动、市场空间、经营方式，以及制度框架、法律条文、运行机制等获得世界自由市场经济的广泛认可。基于制度信誉与信用的香港与国际接轨的经济法律体系、商业制度与文化、贸易规则等成为新时期内地经济不可比拟的优势资源。因此，除了资本之外，第三产业领域制度性软环境要素成为下一阶段与内地合作的重要组成部分。

香港制造业产业北移至内地，企业规模、市场空间、要素成本及政策环境等相对几何级扩大，与内地合作成为全球低端产业门类产品的生产基地，成为“世界工厂”。香港经济一方面获得巨大发展红利；另一方面丧失了产业升级的动力及全球先进经济竞争力，陷入发展路径依赖或者路径锁定，对内地经济的依存度上升。

未来香港经济“内向”与“外向”的平衡尤为重要。一方面，立足于经济腹地，抓住内地经济升级转型、主动融入全球经济体系及服务经济崛起的发展机遇，将香港服务经济的目标、特点、优势在内地经济新一轮发展过程中充分展现；另一方面，积极参与世界主流经济顶层核心竞争，把握世界经济发展趋势，瞄准竞争力构成要素变化，在人才、机构、政策、机制等方面积极配置资源，培育新的核心竞争力，塑造香港特定行业领域的全球经济话语权及引领力。

三、香港经济转型路径

香港资本在内地40年的投资历程，主要是基于比较优势的香港“资本”+内地“土地+劳动力”模式。在新的格局下，应利用内地经济新特点开创新模式，具体内涵如下：（1）香港“资本”+内地“资本”：香港资本集团及企业家可以联合内地优质资本集团及企业家组成合作团队，在国际资本市场，不同产业领域运作具有全球影响力、行业影响力的超大规模投资项目；在内地市场，组成资本团队投资具有技术突破、行业垄断突破、新兴经济领域突破的项目或团队。（2）香港“资本”+内地“科技”：在新一轮的经济增长周期内，创新经济将成为国民经济的主要特点。将香港资本与内地雄厚的创新资源结合，重点在创新产品与技术的市场化开发与应用领域，以风险投资、项目合作、知识产权合作、技术资源共享等方式，与内地科研机构、大学、研发性企业、海外归国研发团队与个人等创新型资源主体进行投资合作。（3）香港“服务”+内地“资本”：未来30年，内地资本对外输出，进行跨国投资，在全球范围配置资源，建立全球产业链及市场网络，参与全球竞争是主流趋势。以香港现代服务与内地资本及企业团队合作投资内地及全球市场，开辟新的服务领域，增加香港相关服务经济的容量与质量。

在内地或全球范围内，围绕香港产业升级、新经济功能培育及弥补经济短板的核心方向，在新能源、新材料、网络经济、高新技术、智能制造、绿色工业等实体经济产业部门，选择具有技术突破、行业垄断突破、新兴经济领域突破的产业项目和企业进行投资合作，以外部优势资源完善自身经济结构与产业结构。以国内产业园区升级，“腾笼换鸟”为契机，变被动迁移为主导淘汰相对低端的制造业产业类型与生产方式，置入开发“香港科技城”“香港新兴技术工业园”等飞地型实体经济，以“飞地”实体经济发展高新技术、智能制造、绿色工业等产业，夯实香港经济基础。

新时期香港多元的商业及专业服务成为资本之外相对内地经济的最大差异化优势资源，服务经济“北上”深度切入内地经济转型需求，将提升内地经济能级形成制造业之外新的服务经济领域全球竞争力。香港服务经济“北上”，一方面树立相关行业产业发展的国际专业标准，培育内地与国际接轨的现代服务经济运行的规则、制度、机制、法律以及商业文化等，升级内地经济发展质量；另一方面，内地经济正处于工业化向后工业化发展的过渡阶段且具有足够的经济体量与容量，是专业服务业赖以存在与发展的新的发达经济体最具可能的地区，提前布局于内地市场是保证未来30年香港专业服务业高速发展的关键。

香港与内地经济在人民币国际化及与自贸区发展差异化功能互补合作方面具有深厚的潜力与前景。沪港人民币“在岸”“离岸”金融中心合作。香港具备人民币离岸中心必需的各项功能保障。未来30年是内地经济融入全球经济体系的高速发展阶段，争取内地不同类型、规模、性质的实体经济经香港离岸发展，在伴随实体经济“走出去”的过程促进香港人民币离岸金融中心的发展。而上海自贸区限于国家相关现行政策法规制约，金融产品种类及创新有限，金融制度、货币制度、法律制度等制度体系存在空缺，首要的是学习香港金融中心有效的政策体系、监管体系、服务体系等。

从功能合作、制度对接、面向全球市场三个方面构建香港自由港经济体与内地自贸试验区合作战略框架：一是进行功能合作，推进香港自由港产业功能与自贸试验区经济功能创新的双向支持及联动发展。二是进行制度对接，沪港在贸易自由、金融开放、新兴产业发展、研发创新、资讯服务以及政府治理等多领域进行制度创新合作，使自贸试验区总体方案中涉及的各项制度创新和开放政策在香港与国际接轨的制度环境中检验，推进自贸试验区制度创新与实施效率，加快内地市场与全球市场的融合贯通。三是全球市场共同开发，以自贸试验区合作一方面带动全球资本、人才、产业、资讯、科技等资源要素进一步向长三角、珠三角、长江流域腹地市场集聚，推进内地产业转型升级；另一方面，香港通过与自贸区试验区合作扩容市场空间，在亚太地区形成一个服务能级更高、辐射半径更长、带动领域更广的市场极核，对周边地区市场产生更为强大的辐射溢出效应，联动国内经济腹地与全球市场。

香港的经济发展历史经验表明，只有在国家整体利益框架中定位自身利益，香港的作用才能发挥到极致，其自身发展才可持续。中国企业“走出去”，向外投资已经成为未来中国对外经济发展的主要特点和新常态。鉴于与内地紧密的经济联系，香港在内地对外经济关系中的角色，也将随着国家经济的崛起及发展内涵与重心的变化而不断调整。香港作为内地对外经济联系的重要通道和平台，在继续帮助内地引进外资的同时，将更多地转向推进内地企业“走出去”。同时，以优势经济功能主动融入国家“一带一路”建设发展实践，香港的金融、专业服务以及在东南亚国家广泛而活跃的民间联系可以发挥积极的作用。未来发展中，香港以科创中心发展重塑产业结构和核心竞争力，在“粤港澳大湾区”等国家发展大局中找准地位，发挥优势，谋求共赢。

作　者

2020 年 12 月

目　录

第一章

香港经济转型发展理论基础及宏观背景分析

香港经济转型是全球产业转移和经济转型的一个典型缩影，其反映的经济转型理论包括典型的西方新经济增长理论及特色的产业经济转型理论。经济转型和产业升级主要表现为增长方式转变和产业结构调整，核心理论包括经济增长方式理论、产业结构演进及优化理论。

香港经济转型，即在第二次世界大战后全球产业经济转移的大背景下，全球产业梯次转移至东亚的演替效应；同时内地经济由封闭转向开放，逐渐融入全球产业经济网络的过程，香港在其中既承接转移，又传递内地与外部市场的诸多要素流通。在此过程中，全球经济经历知识经济、绿色经济、智能经济等大的经济驱动力转变，由第二次工业革命基于电力技术的全球产业体系与工业格局，延替到计算机及信息技术支撑的第三次工业革命，直至最新的基于人工智能等技术创新的第四次工业革命，带来全球产业体系与格局的又一次重组。其中，伴随全球新的经济体增长，经济发展周期的变化，全球治理体系的调整，全球经济发展处于深刻变革中。而此间，一直作为香港经济发展腹地的内地经济在全球范围内崛起，深刻改变全球经济的格局，以及香港经济发展的外部环境与内部功能的重塑。

一、经济转型与产业结构理论

（一）经济增长方式转型理论

经济增长方式理论主要研究区域增长的经济支撑因素及其作用机制。古典经济增长理论包含创新对经济增长促进作用的思想，但未将其纳入总生产函数中。随着相关理论的发展，技术创新在经济增长中的重要作用日益凸显，并进入主流经济学家的视野。20 世纪 40 年代，罗伊·哈罗德和艾弗塞·多玛提出哈罗德—多玛经济增长模型，认为资本投入是推动经济增长的主要因素，而储蓄是资本的主要来源。哈罗德—多玛模型将技术创新视为外生变量，作为不变的假设变量受到质疑。20 世纪 50 ~ 60 年代，索洛、斯旺和米德等学者在哈罗德—多玛经济增长模型的基础上提出了“新古典经济增长模型”，引入了技术和时间要素，强调技术创新对于经济增长的推进作用。Solow 在其《对经济增长理论的一个贡献》中研究提出劳动、资本和技术创新对经济增长均有贡献，在《技术进步与总生产函数》一文中，以美国经济在 1909 ~ 1949 年的增长为例，提出技术创新是经济增长的核心驱动力，进一步证明了技术创新对于经济发展的重要性和关键性。罗默和卢卡斯等学者在舒尔茨的人力资本理论的基础上，将技术创新作为内生变量引入经济增长模型中，形成“新经济增长理论”，认为知识外溢、劳动分工和专业化等促进内生性的技术创新，知识积累和技术创新是经济长期增长的重要原因。

（二）产业结构演进理论

20 世纪 50 年代，第二次世界大战后世界经济快速发展，产业结构理论获得不断突破。以配第、库兹列茨、列昂惕夫、霍夫曼、钱纳里等为代表的学者研究推进了产业结构理论的演进。根据威廉·配第的关于产业间收入相对差异规律以及费希尔三次产业划分理论，克拉克通过对比不同国家或区域不同发展阶段的三次产业间劳动力投入和产出关系，研究发现随着区域经济增长，由于各产业间附加值的相对差异，劳动力在三次产业中分布与变化，依次由第一产业向第二产业转移，继而向第三产业转移，由低收入产业向高收入产业转移。自20世纪50年代起，库兹涅茨在其《现代经济增长》等著作中从三次产业占国民收入比重分析产业结构演进，在工业化初级阶段，第一产业比重高，第二产业比重低；随着工业化进程发展，第一产业比重持续下降，第二和第三产业比重持续上升，且第二产业增加幅度大于第三产业，最终第二产业在产业结构中处于优势地位。钱纳里在《工业化与经济增长的比较研究》中提出产业结构动态变化形式，构建了多国模式及标准产业结构。其工业化阶段理论指出，不同发达国家及新兴工业化国家在发展过程中经历三个阶段，表现出产业结构由低级向高级演进，以及横向演化的规律性动态变化过程。区域工业增长一般经历三个主要阶段：第一阶段是传统社会经济发展阶段，第二阶段是高增长的工业化阶段，第三阶段是后工业化阶段。在区域经济增长进入后工业化阶段，服务业对经济增长贡献率超过工业。通过产业结构转化来推动区域向更高发展阶段跃进，并且在高度化和合理化过程中展示出一定的规律性。在每个时期三次产业的地位和比重会有较大变化，并且主导型产业不断转换。主导产业发展包括三个方面的特征：科技进步、持续高增长以及扩散效应。霍夫曼定理则基于比例变化的趋势，把区域工业化过程划分为四个发展阶段：消费品工业占统治地位；消费品工业规模大，但资本品工业增长快于消费品工业增长；资本品工业规模超过消费品工业，且资本品工业继续比消费品工业更快增长；资本品工业的净产值处于主体地位，实现重工业化。工业化的进程越高，霍夫曼比例越低。

（三）产业结构调整及优化理论

产业结构转型理论包括赫希曼的不平衡发展理论、筱原三代平的比较费用理论和两基准理论、赤松的雁形阵理论基本模型等。近年来，以纳尔逊、弗里曼等为代表的学者运用组织理论、演化经济学和增长经济学理论来推进产业演进机制研究。赫希曼等学者认为，由于受到资本、资源等要素不足的影响，区域发展短期内难以同时大规模投资到所有不同产业部门，分散式投资不能解决投资机制问题，而必须有区分、有步骤、有差异地进行投资。赫希曼把投资分为“社会预摊资本”和“直接生产性活动”两种类型，两种投资都是区域经济增长所需要的，在资源有限的情况下，区域发展需要做出选择，决定发展的顺序。“社会预摊资本”优先发展为“直接生产性活动”奠定发展的基础，而优先发展“直接生产性活动”能更有效地利用稀缺资源，动员社会既有和潜在的发展能力，达到引导投资效益最大化目标。其中“关联效应”促使主导产业与各种中间投入产业部门间形成相互依赖和影响的关联。而发展中国家应优先发展国民经济产业结构中关联效应最大的产业。筱原三代平提出动态比较成本观点，认为以发展的趋势，产品的比较成本可以转化，劣势可以转为优势，因此要扶持目前相对弱小，但具有潜力的产业。他提出“收入弹性基准”，将收入弹性高的产业作为优先发展产业；以及“生产率上升基准”，提高生产率上升快、技术进步率高的产业在产业结构中的比重，而同时满足两基准的产业为战略产业。赤松等学者提出后进国家产业要融入国际市场，一般经历“进口—国内生产—出口”的过程，具体表现为发达国家某一产业发展，随着技术成熟，生产要素变化，产业竞争力转弱，一方面开始向他国转移；另一方面产业结构升级，承接转移产业的落后国家开始向该产业发展，呈现一定的产业发展先后顺序。

克鲁格曼等学者提出新贸易理论，基于收益递增、不完全竞争以及运输成本作用，发达国家拥有比较优势的产品属于规模收益递增行业，通过贸易体系可以获得传统比较利益和规模效益利益。弗农在其《产品周期中的国际投资与国际贸易》中提出，任何产品都有生命周期，分为初期技术创新阶段、发展期技术扩散阶段与成熟期技术停滞阶段三个阶段，处于不同阶段的产品，生产的优势区域不同。产品通过“新产品开发——国内市场形成——出口——资本和技术出口——进口——新一轮产品开发”循序循环，带动工业结构由劳动、资源密集型向资金、技术密集型演进，实现产业结构升级。产业结构演变模式与国际市场发展结合，通过参与国际分工实现产业结构升级，实现产业结构的国际一体化。

二、全球金融危机深入影响及第三次产业革命背景下世界经济新趋势新特点

世界经济正处在全球化与逆全球化博弈的关键阶段，因为特定国家的贸易、关税制裁，扰乱全球供应链，全球生产网络及资源配置体系，国际经贸大环境不稳定。全球市场体系受大环境影响，预期不稳定。美国与中国，以及其他经济体间的贸易、关税争端前景还不明确。全球生产系统格局调整带来的全球物流供应链调整、大宗商品供给与价格浮动、主要货币汇率不规律变化等不确定性增加。

OECD 在 2014 年《经济展望报告》中指出，世界经济正在继续缓慢复苏，发达经济体增速将有所提升，而新兴市场经济体增速将低于往年。目前世界经济复苏的推动力主要来自西方政府的宏观经济刺激，经济增长内生性动力不足，对世界经济复苏的贡献不大。主要经济体结构调整相对滞缓，内需疲弱，经济增速持续放缓，对全球经济增长的引擎作用并不明显。由信息技术革命所带来的产业结构调整和动态演进目前仍不足以推动世界经济持续稳定的增长，世界经济增长格局进入了新常态。

（一）后金融危机时期全球经济发展的五个新趋势

世界经济在后危机时代呈现出五个基本的趋势：（1）世界主要发达国家的消费率将会降低，储蓄率将会提高。金融危机使人们审视过去的金融体制的问题，再次重视监管，对各种金融活动、金融机构、杠杆率进行监管，因此储蓄率会相对提高，消费率会相对下降。（2）回归实业。反思过去几十年世界金融业的发展，如果金融业脱离了实体经济的基础，将产生大量的风险和泡沫。一般而言，服务业的发展要依托城市化、工业化的发展，如果制造业发展困难，空间狭小，金融业等服务业的空间也会越来越小。（3）市场竞争将越来越激烈。（4）低碳经济将是一个新的增长点。（5）新兴市场国家将在危机之后占据市场空间更大的比重。扩大全球化的视野，更多地了解新兴

市场，增长这些市场的知识，企业将在市场获得更大的发展，这也是危机后中国经济向前发展更重要的领域。

（二）全球经济新规则处于酝酿阶段，未来重塑区域经济新秩序

WTO、IMF 和世界银行是国际经济规则的三大重要支柱，其中 WTO 主要涉及与贸易相关的协定，它于 1994 年取代了 1947 年签订的 GATT（关贸总协定）成为国际贸易领域的主要多边协议。WTO 曾经在国际经济中发挥了重要的作用，但是多哈回合后 WTO 谈判一直没有实际性进展，一方面在于其不适应了国际经济新形势；另一方面在于该组织功能与谈判机制不能适应新一轮全球化需要。与此同时，双边与多边的贸易投资协定逐渐增加，尤其是以美国曾经试图建设而又退出的 TPP 和 TTIP，两个分别跨太平洋和大西洋的贸易投资协定覆盖了全球主要的经济地带极有可能成为新的国际经济规则。另外，中国与美国这两个世界大国之间的 BIT（Bilateral Investment Treaty）也在推进，中美 BIT 的达成将有利于中国加入新的全球经济网络，必将对国际经济规则产生深远影响。在全球经济新规则积极推动的过程中，一旦新规则谈判取得实质性进展，区域经贸秩序，新的竞争力要素构成等均将发生变化，如何在全球经济规则的形成中占有主动地位关乎区域经济发展的未来。

（三）亚太区域经济合作发展新框架与新思路正在构建

亚太不同经济体发展基础及对区域经济一体化发展的诉求各有不同，结合中国亚洲区域经济一体化战略需求及地区发展实际探寻亚洲区域经济合作的新内涵及新思路。以区域经济一体化的要素支撑为出发点，未来差异性国家、差异性合作内涵包括：东亚区域中日韩以构建自贸区共同市场为基础的区域经济一体化；中亚地区以能源资源开发合作及地缘政治为核心的区域经济一体化；中印以产业经济结构差异性互补为主导的区域经济一体化；中国与东南亚基于产业链垂直与水平分工合作的区域经济一体化合作，以及内地与港澳台地区基于新的比较优势的合作模式创新的区域经济一体化合作等。

（四）区域产业竞争领域向高端化延伸，产业竞争要素升级

产业发展领域，一方面在产业发展内涵上，以新能源、互联网、智能制造为特点的第三次产业革命正在酝酿发生；另一方面在产业经济活动组织方面，跨国公司主导新一轮国际产业转移。全球金融危机的蔓延没有改变创新要素、创新资源的跨国、跨区域流动和整合的趋势。为应对金融危机带来的影响，跨国公司开始在世界范围内重新调整其研发、投资、贸易、生产、服务、融资、人才等要素构成的全球经营网络。同时，在产业领域，区域产业竞争领域向高端化延伸。全球经济格局处在重组调整的关键时期，产业高端化明显，随着经济全球化和科学技术迅猛发展，产业竞争由土地、原材料等传统资源竞争开始向人才、技术、创意等高端资源竞争转变。高端资源成为掌握竞争主动权的核心要素。产品竞争由应用价值向品牌、标准、专利等高端价值链延伸，拥有自主知识产权成为提升产业竞争力的关键。产业集聚效应日趋明显，专业性、高端化产业中心正在形成。同时，全球投资新规则及贸易新格局正在形成，整体表现为从贸易规则转向国际经济规则，从货物贸易规则转向服务贸易规则，由传统多边平台转向双边、近边乃至区域平台。

三、国家经济深刻转型及对外开放新格局背景下的香港功能再定位

（一）国家区域共同发展新战略正在调整和形成

中国对外关系战略性调整及国内经济转型的外部环境需求均提出中国发展新战略的调整要求，核心内涵包括：以“亚投行”等地区性金融新机构、新组织为支撑的塑造亚太经济新秩序；基于产业链垂直与水平合作关系建立以中国为主导的区域经济新关系；以高铁等大型基础设施建设为支撑的中国经济辐射及控制范围延伸，促成以中国为核心的区域功能性区

位新格局；以“一带一路”为支撑的区域经济一体化政治治理与合作框架机制构建等。中国在全球发展格局战略意义：优化升级中国经济结构，建立现代具有国际竞争力的产业经济体系；谋求中国经济在区域的优势主导地位，确立全球经济要素资源与市场配置的部分主导权；以亚洲经济一体化保障地区经济安全与稳定，抵御欧美经济体直接和间接的经济控制与危机影响。

（二）新时期国家经济发展具体目标及开放发展内涵改变

经过近30年的发展，中国经济能量的内涵和外在表现形式初步具备了地区及全球影响力。未来10年，中国经济重塑地区及全球经济秩序的形势更加明显，具体的路线图、时间表、行动方案等逐渐明确。但是在以先行先试的方式在不同领域、不同地区开展的各种改革探索过程中面临亟待突破的问题。如在应对国内外不同需求的供给结构，以及资源的市场化配置等方面，在投资、消费、进出口结构，以及国民收入一次、二次分配等方面，特别在城乡差距、地区差距，不同社会阶层的财富差距等方面，一些关键问题需要用系统性解决。

“十四五”期间，中国经济面临的挑战发生重大变化。一方面，在全球经济再平衡的大背景下，需要以平衡内外需供求结构为突破口，有效应对国际贸易问题、金融问题，处理好内外需关系；另一方面，在促进经济持续增长的同时，要逐步有效地化解各种影响全局的结构性矛盾。其中最关键的是：要从过去的非均衡增长，逐步向均衡发展转变；最大的挑战是：全面的结构调整与体制机制的深化改革，而不是某个局部的问题。

国家经济深刻转型在地域范围、行业领域及市场规则等方面逐步深入，由门槛开放（WTO市场准入门槛）到全面开放（投资各环节的国民待遇），整体融入全球经济体系，在全球生产网络、市场体系、价值链及规则制定等方面追求产业引领力与控制力、市场主导权和参与核心规则制定等。国家积极推进自贸试验区发展，根本目的是借鉴全球市场制度，创建融入全球的跨境服务业市场，先试先行与世界接轨的规则制度，提供可复制的市场规则及经验借鉴。

（三）香港经济之于国家经济的地位、功能与角色的转变

香港与内地的经济关系受内地经济发展水平、对外开放程度及与国际关系影响。在国家经济深刻转型、对外开放进一步扩大、全面融入全球经济体系的宏观背景下，香港经济之于内地经济传统的基于“经济高地”的窗口功能、中转功能、资源导入功能等将逐渐弱化，未来香港经济功能地位变化趋势是基于“经济势差”均等互补的“渠道”功能优化，“平台服务”功能强化，经济枢纽功能突出。内地经济腹地的崛起及全球市场网络的完善发展，相较于伦敦之于欧盟、纽约之于美国的经济中心与经济腹地关系，赋予香港全球经济中心的功能新地位，中国经济的全球范围崛起即是其背书。

第二章

香港经济发展现状

香港经济发展总体呈现在高位螺旋徘徊的格局，其经济发展处于暂时性的结构性困境中，旧的经济结构固化，新的增长动能还没有突破。香港以服务经济为主体的产业结构，经济发展受全球及区域发展大环境影响明显，曾经作为支柱产业的金融、旅游、贸易等在经历20世纪发展高潮后趋于平稳，而新兴产业结构还未有效成长，不足以支撑下一个周期内香港经济发展的领先优势及核心竞争力。香港经济发展整体上延续上一轮经济的发展红利与余热，在产业结构、经济规模、经济能级等方面，曾经的竞争优势及其要素支撑系统在新的经济环境下逐渐显现出不足。尽管香港总体经济规模超过2万亿元人民币，特色鲜明的营商环境支撑国际金融中心、航运中心发展等保持全球竞争力和影响力。近年来深圳、广州等毗邻城市经济体逐渐赶超，与新加坡的城市经济体竞争力比较也稍显弱势。整体而言，香港经济发展的最根本现状是有良好的基础，未来发展前景却不明。

一、香港整体经济基础

香港是典型的服务经济占主体的城市经济体。作为亚太重要的金融、贸易、航运中心，其经济发展在产业结构、外部联系、内部特征等方面具有独特特征，经济的外部性特征明显。2017年香港生产总值25 431.88亿港元，同比增长3.8%，其中，服务经济比重超过香港GDP的93%。香港四个传统主要行业，包括金融服务、旅游、贸易及物流和专业及工商业支持服务，是香港产业经济中的主导行业。2017 年四个主要行业 GDP 总额为 1.46 万亿港元，就业人数 178 万人，分别占香港本地生产总值的 57.1%，占总就业人数的 46.6%，较 2016 年分别增长 6.5% 和 0.3%。此外，香港确立的文化及创意产业、医疗产业、教育产业、创新科技产业、检测及认证产业，以及环保产业等新兴支柱行业发展迅速，逐渐成长为香港经济的重要支撑。

（一）金融、旅游、贸易及物流和专业服务四大服务主导行业发展平稳

2017 年金融服务业的增加值为 4 822 亿港元，占本地生产总值的 18.9%，较 2016 年上升 12.4%；就业人数 25.85 万人，占总就业人数的 6.8%，较 2016 年上升 2.1%。香港是一个国际金融中心，为市场提供多元化的金融产品及服务。香港作为以美元为基础发展起来的亚太金融中心，融合人民币快速崛起形成新的金融体系，支撑香港金融业快速向全球金融中心发展。

香港旅游业在 2017 年实现 1 142 亿港元的增加值，占本地生产总值的 4.5%，较 2016 年上升 1.6%；就业人数为 25.71 万人，较 2016 年下降 1.0%，占总就业人数的 6.7%。入境旅游成为香港旅游业近年发展最快的部分，其增加值是旅游业的主要组成部分。受到访港旅客人次回升所带动，2017 年香港入境旅游的增加值达到 921 亿港元，较 2016 年上升 2.9%。以增加值及就业人数计算，香港贸易及物流服务业在四个主要行业当中均是最大的行业。该行业在 2017 年实现 5 484 亿港元的增加值，占本地生产总值的 21.5%，较 2016 年上升 4.8%。

随着亚太贸易活动发展，贸易及物流服务业在 2017 年进一步增长。2017 年就业人数达到 72.75 万人，占总就业人数的 19.0%。同时，香港作为一个重要的全球商业枢纽，相关专业服务及支持服务业 2017 年实现增加值 3 118 亿港元，占本地生产总值的 12.2%，就业人数 53.72 万人，占总就业人数的 14.0%，分别较 2016 年增加 2.9% 和 1.0%，保持较平稳的发展（见表 2－1 和表 2－2）。

表 2－1　　香港四大主要服务行业增加值（以港元为单位）

以当时价格计算的加价值	2007 年 百万元	2012 年 百万元	2016 年 百万元	2017 年 百万元	平均每年变动百分率（%）		
					2016～2017 年	2007～2017 年	2012～2017 年
1. 金融服务	322 600（20.1%）	319 300（15.9%）	429 100（17.7%）	482 200（18.9%）	+12.4	+4.1	+8.6
（a）银行	172 600（10.8%）	196 100（9.7%）	270 200（11.2%）	312 600（12.2%）	+15.7	+6.1	+9.8
（b）保险及其他金融服务	150 000（9.3%）	123 200（6.1%）	158 900（6.6%）	169 600（6.6%）	+6.7	+1.2	+6.6
2. 旅游	54 000（3.4%）	94 600（4.7%）	112 400（4.7%）	114 200（4.5%）	+1.6	+7.8	+3.8
（a）入境旅游	41 300（2.6%）	79 100（3.9%）	89 600（3.7%）	92 100（3.6%）	+2.9	+8.4	+3.1
（b）外访旅游	12 800（0.8%）	15 400（0.8%）	22 900（0.9%）	22 100（0.9%）	－3.4	+5.6	+7.4
3. 贸易及物流	408 900（25.5%）	495 400（24.6%）	523 100（21.6%）	548 400（21.5%）	+4.8	+3.0	+2.1
（a）贸易	336 900（21.0%）	428 200（21.3%）	446 300（18.5%）	466 700（18.3%）	+4.6	+3.3	+1.7
（b）物流	72 000（4.5%）	67 100（3.3%）	76 800（3.2%）	81 700（3.2%）	+6.4	+1.3	+4.0
4. 专业服务及其他工商业支持服务	181 800（11.3%）	257 600（12.8%）	302 900（12.5%）	311 800（12.2%）	+2.9	+5.5	+3.9
（a）专业服务	59 000（3.7%）	94 700（4.7%）	118 100（4.9%）	121 200（4.7%）	+2.6	+7.5	+5.0
（b）其他工商业支持服务	122 800（7.7%）	162 900（8.1%）	184 800（7.6%）	190 700（7.5%）	+3.2	+4.5	+3.2
四个主要行业	967 400（60.3%）	1 166 800（58.0%）	1 367 500（56.6%）	1 456 600（57.1%）	+6.5	+4.2	+4.5
本地生产总值	1 605 200		2 418 000	2 552 800	+5.6	+4.7	+4.9

数据来源：香港特区政府统计处。

表 2－2　　香港四大主要服务行业就业人数

就业人数	2007 年人数	2012 年人数	2016 年人数	2017 年人数	平均每年变化		
					2016～2017 年	2007～2017 年	2012～2017 年
1. 金融服务	192 700 (5.5%)	229 100 (6.3%)	253 100 (6.7%)	258 500 (6.8%)	+2.1%	+3.0%	+2.4%
(a) 银行	88 400 (2.5%)	97 800 (2.7%)	102 200 (2.7%)	102 900 (2.7%)	+0.6%	+1.5%	+1.0%
(b) 保险及其他金融服务	104 300 (3.0%)	131 200 (3.6%)	150 900 (4.0%)	155 600 (4.1%)	+3.1%	+4.1%	+3.5%
2. 旅游	191 400 (5.5%)	251 400 (6.9%)	259 800 (6.9%)	257 100 (6.7%)	−1.0%	+3.0%	+0.5%
(a) 入境旅游	160 000 (4.6%)	219 200 (6.0%)	226 500 (6.0%)	224 500 (5.9%)	−0.9%	+3.4%	+0.5%
(b) 外访旅游	31 300 (0.9%)	32 200 (0.9%)	33 300 (0.9%)	32 500 (0.9%)	−2.4%	+0.4%	+0.2%
3. 贸易及物流	836 200 (24.0%)	763 600 (20.9%)	730 700 (19.3%)	727 500 (19.0%)	−0.4%	−1.4%	−1.0%
(a) 贸易	631 700 (18.1%)	580 100 (15.9%)	555 900 (14.7%)	546 900 (14.3%)	−1.6%	−1.4%	−1.2%
(b) 物流	204 500 (5.9%)	183 500 (5.0%)	174 800 (4.6%)	180 600 (4.7%)	+3.3%	−1.2%	−0.3%
4. 专业服务及其他工商业支持服务	438 100 (12.6%)	482 600 (13.2%)	531 800 (14.0%)	537 200 (14.0%)	+1.0%	+2.1%	+2.2%
(a) 专业服务	164 500 (4.7%)	195 200 (5.3%)	217 400 (5.7%)	221 400 (5.8%)	+1.9%	+3.0%	+2.5%
(b) 其他工商业支持服务	273 500 (7.9%)	287 300 (7.9%)	314 400 (8.3%)	315 800 (8.3%)	+0.4%	+1.4%	+1.9%
四个主要行业	1 658 300 (47.6%)	1 726 600 (47.3%)	1 775 300 (46.9%)	1 780 200 (46.6%)	+0.3%	+0.7%	+0.6%
总就业人数	3 480 500			3 823 900	+1.0%	+0.9%	+0.9%

数据来源：香港特区政府统计处。

（二）新兴产业较快发展，逐渐发挥潜力

2017 年，香港新兴行业 GDP 产值为 2 261 亿港元，占本地生产总值的 8.9%，较 2016 年上升 5.4%；就业人数为 49.31 万人，占总就业人数的 12.9%，较 2016 年上升 2.5%。文化及创意产业成为香港最具特色和优势的产业。2017 年香港相关产业实现增加值 1 118 亿港元，占本地生产总值的 4.4%，较 2016 年上升 2.0%。其中，发展较快的行业包括软件、计算机游戏及互动媒体，以及艺术品、古董及工艺品。就业人数方面，全年就业人数为 21.34 万人，占总就业人数的 5.6%，较 2016 年增加 0.3%（见表 2－3 和表 2－4）。

2017 年，香港医疗产业 GDP 增加值为 469 亿港元，占本地生产总值的 1.8%，较 2016 年上升 11.4%。增长主要是由于社会对医疗基础建设和私家诊所提供的医疗服务的需求增加所致。就业人数方面，医疗产业在 2017 年的就业人数为 9.86 万人，占总就业人数的 2.6%，相比 2016 年增加 7.8%。

表 2－3　　香港新兴行业产业增加值（以港元为单位）

以当时价格计算的增加价值	2014 年 百万元	2015 年 百万元	2016 年 百万元	2017 年 百万元	按年变动百分率（%）		
					2015 年	2016 年	2017 年
1. 文化及创意产业	109 680 （5.0%）	108 920 （4.7%）	109 607 （4.5%）	111 766 （4.4%）	－0.7	+0.6	+2.0%
2. 医疗产业	36 198 （1.6%）	38 915 （1.7%）	42 087 （1.7%）	46 894 （1.8%）	+7.5	+8.2	+11.4
3. 教育产业	26 086 （1.2%）	28 079 （1.2%）	30 127 （1.2%）	32 354 （1.3%）	+7.6	+7.3	+7.4
4. 创新科技产业	15 789 （0.7%）	16 710 （0.7%）	17 072 （0.7%）	18 289 （0.7%）	+5.8	+2.2	+7.1
5. 检测及认证产业	6 491 （0.3%）	7 017 （0.3%）	7 325 （0.3%）	7 516 （0.3%）	+8.1	+4.4	+2.6

续表

以当时价格计算的增加价值	2014 年百万元	2015 年百万元	2016 年百万元	2017 年百万元	按年变动百分率（%）		
					2015 年	2016 年	2017 年
6. 环保产业	7 802（0.4%）	7 891（0.3%）	8 423（0.3%）	9 329（0.4%）	+1.1	+6.7	+10.8
选定行业	202 046（9.2%）	207 532（8.9%）	214 641（8.9%）	226 148（8.9%）	+2.7	+3.4	+5.4
本地生产总值	2 206 000	2 325 400	2 418 000	2 552 800	+5.4	+4.0	+5.6

数据来源：香港特区政府统计处。

表 2－4　香港选定行业就业人数

就业人数	2014 年人数	2015 年人数	2016 年人数	2017 年人数	按年变动百分率（%）		
					2015 年	2016 年	2017 年
1. 文化及创意产业	213 060（5.7%）	213 880（5.7%）	212 820（5.6%）	213 400（5.6%）	+0.4%	−0.5%	+0.3%
2. 医疗产业	87 470（2.3%）	89 480（2.4%）	91 440（2.4%）	98 590（2.6%）	+2.3%	+2.2%	+7.8%
3. 教育产业	76 810（2.1%）	79 330（2.1%）	82 560（2.2%）	85 790（2.2%）	+3.3%	+4.1%	+3.9%
4. 创新科技产业	33 660（0.9%）	35 070（0.9%）	35 820（0.9%）	36 980（1.0%）	+4.2%	+2.1%	+3.2%
5. 检测及认证产业	13 520（0.4%）	13 580（0.4%）	13 960（0.4%）	14 300（0.4%）	+0.4%	+2.8%	+2.4%
6. 环保产业	42 140（1.1%）	43 750（1.2%）	44 300（1.2%）	44 080（1.2%）	+3.8%	+1.3%	−0.5%
选定行业	466 660（12.5%）	475 090（12.6%）	480 900（12.7%）	493 140（12.9%）	+1.8%	+1.2%	+2.5%
总就业人数	3 744 200	3 774 500	3 787 800	3 823 900	+0.8%	+0.4%	+1.0%

数据来源：香港特区政府统计处。

教育产业在 2017 年的增加值为 324 亿港元，占本地生产总值的 1.3%，较 2016 年增加 7.4%。增长主要是由于社会对幼儿园、私营小学及中学（营利及非营利），以及私人职业训练、学术、学科补习及兴趣课程的需求上升。教育产业在2017年的就业人数为8.57万人，占总就业人数的2.2%，相比2016年增加3.9%。

创新科技是推动香港经济持续健康增长及发展的主要驱动力。2017年香港创新科技产业增加值为183亿港元，占本地生产总值的0.7%，较2016年上升7.1%。增长主要是因为工商业机构增加产品及程序创新活动的开支，以及高等教育机构加强研究及发展活动。同时，香港创新科技产业就业人数达到3.69万人，占总就业人数的1.0%，相比2016年增加3.2%。

检测及认证产业是香港重要的优势产业，如支持诊断病症的医务化验服务，以及为香港和珠江三角洲地区制造的消费品提供测试及检验服务，相关产业亦为管理体系提供认证服务。2017年香港检测及认证产业GDP产值为75亿港元，占本地生产总值的0.3%，较2016年上升2.6%。就业人数方面，该产业在2017年的就业人数为1.43万人，占总就业人数的0.4%，较2016年增加2.4%。

环保产业作为区域可持续发展的重点行业，对于香港创造就业及经济持续发展意义重大。香港环保产业2017年实现GDP增长93亿港元，占本地生产总值的0.4%，较2016年增长10.8%，就业人数为4.40万人，占总就业人数的1.2%。

（三）中资企业发展迅速，与华资、外资企业有一定差距

截至2017年，香港有4 414家中资企业，总资产规模31万亿港元，员工总数8.5万人，其中，总资产规模超过1 000亿港元的45家。2017年经营总量2.98亿港元，利润2 825亿港元，利税277.27亿港元，占香港总税收的13.37%，其中，不同企业类型占比：以香港为平台拓展海外的企业约占29%；进行投融资、资本运作的企业约占27%；实体性生产经营的企业约占25%；国际贸易运营的企业约占12%；处理投资企业约占6%。

近年来，中资企业规模实力增长迅速，经济效益提升；企业治理水平提升，组织架构、体制机制逐步与国际接轨；风险管理全面加强，风险防范意识加强，经历亚洲及国际危机洗礼，资产负债率由87%下降到70%。但在港中资企业实力整体不强，与英资、美资、华资企业比较，影响力、竞争力

偏弱。在香港各类产业经济不同主体组成中，银行业占比 36%，投行业务占比 30%，保险业占比 20%，证券业占比 30%，建筑业占比 25%，电讯、港口占比 20%，用水占比 75%，用电占比 25%。且在 2017 年新增企业中，同期增长最快的为日资企业；第二为美资企业；第三为中资企业，约 1 200 家，缺少具有重大影响力与竞争力的龙头企业。雇员总数不到香港的 1.1%，其中怡和 7 万人、太古 5 万人、汇丰 3 万人，而中资企业 1 000 人以上的 19 家。在港实体业务占比小，发展缓慢，非金融类企业只有 14%，实体业务收入和收入占比只有 9.5%、16%。同时，中资企业与英资、美资合作少，很难改变既有行业及产业格局。

二、香港主要产业发展现状

（一）金融业“中进外退”

2017 年香港证券市场成交额新上市公司增长较快。港股市场平均每日交易 882 亿港元，较 2016 年增长 32%，总集资额 5 799 亿港元，较 2016 年增加 18%。全年新上市公司 174 家，较 2016 年增加 38%。但因为缺乏大型公司上市支撑，IPO 总额只有 1 282.1 亿港元，同比下降 34.4%，其中前五大新股集资 591 亿港元，较 2016 年大幅减少 46%。2017 年香港金融业（银行除外）总收益达 6 660 亿港元，较上年增长 10.4%。同时，2017 年从事金融业的机构单位约有 8 200 家，就业人数约 8.6 万人，平均每家机构单位的就业人数为 10.6 人，平均每家机构总收益 8 160 万港元，同比增长 9.4%；营运开支和雇员薪酬 2 359 亿港元，上升 10.8%。2017 年金融业的盈余总额 4 300 亿元，占总收益的 64.6%。增加值 948 亿港元，较 2016 年上升 9.6%。

两次金融危机改变了其资本市场的格局，1998 年亚洲金融风暴之后，以摩根、美林为首的外资金融机构进入香港市场。1998 ~ 2008 年，外资金融机构在香港迅速发展，成为香港金融市场的主体，在香港 IPO 市场占有率高达 85%，二级市场占有率达 70% ~ 80%，并获得了定价权、主导权。2008 年金融危机重创了香港的外资金融机构，中资的金融机构大举进入香港市场。截至2018年，香港共有22家本地注册银行中外资背景共只有7家，包括花旗、星展、恒生、渣打、汇丰、华侨永亨、大众。十大本地注册银行中仅有恒生、汇丰、星展、渣打四家拥有外资背景，其余则均为中资银行，包括东亚、南商、中信、中银香港、工银亚洲、建行亚洲。而中资券商已经占到香港IPO市场份额的70%。

新经济融资比重增加，中资企业继续占据市场主体。从市场融资行业分类分析，2017年香港来自金融行业的融资金额和比重下降，科技、传媒和电信等新经济行业有所增加。内地在港上市企业1051家，同比增加4.9%，其中民营企业640家，同比增加5.3%，占内地企业总数的60.9%。内地上市公司总市值占港股比例66.2%，较2016年增加63.3%，成交金额占78.4%，较2016年增加70.6%。

沪港通和深港通持续发挥重要作用，内地和香港均实现资本净流入大幅增加。2017年沪港通和深港通的成交额显著增加，全年向内地方向成交总额2.27万亿港元，同比增长194%；向香港方向成交总额2.26万亿港元，同比增加170%。债券市场方面，2017年7月香港与内地债券通市场正式开通，以债券为主要构成的固定收益类产品市场规模远超过股票市场，债券市场的互联互通吸引更大规模的资本进入香港。境外投资方经由香港投资于内地银行间债券市场，中国农业银行、中国进出口银行完成债券分销。非金融企业债务融资工具、人民币熊猫债券外国主权政府人民币债券、资产支持券等不同债券通过“债券通”发行。国际资本进入内地债券市场为香港带来更多的资本流动量，增加了香港金融中心对债券资产的定价能力。

香港成为内地与国际市场资本流动的平台，促进人民币离岸中心的发展。2017年受中国经济及美元指数影响，在岸人民币随汇率增强，在岸人民币与离岸人民币汇差明显收窄，离岸流动性减缓。截至2017年，香港人民币存款5 591亿元，人民币支付及交易呈现平稳态势，人民币实时支付结算系统日均成交额8 862亿元。同时，香港作为全球最大的离岸人民币中心，发展人民币期货、货币期权、人民币国债期货等定息及货币产品，基于大量的离岸人民币存款、多样化的人民币投资工具与风险管理工具，成为企业应对汇率风险的重要依托。

（二）对外贸易“稳中藏忧”

贸易方面，香港货物出口保持持续增长。其中，2017 年出口贸易 3.88 万亿港元，增长 8%；转口 3.83 万亿港元，增长 8.1%；进口 4.36 万亿港元，增长 8.7%；贸易逆差 4 811 亿港元。在区域市场中，亚洲市场是香港货物出口增长的主要驱动力，特别是东盟市场发展迅速。香港与东盟的双边贸易达到 9 368 亿港元，同比增长 12.4%。目前，东盟是香港的第二大贸易伙伴，来自东盟的资本货物、原材料及半制成品分别较 2016 年增长 9.6% 和 16.3%。近年来，一方面，东盟经济持续增长，对资本货物和半成品需求增长；另一方面，东盟劳动力优势明显，受中美贸易摩擦影响，大量制造业生产企业网络迁移至东盟，配套产品进出口大规模增加。同时，香港与东盟自由贸易协定为外贸发展提供更开放市场。但香港与内地的贸易增长相对下降，2017 年香港与内地贸易额为 4.09 万亿港元，同比增长 7.2%，低于香港整体贸易额增幅，呈现了一种缓慢的持续下降的趋势，说明香港作为内地转口贸易中转站的功能在下降。

在全球经济平衡发展的有利条件下，香港服务贸易发展出现较大的外部需求与增长。其中，2017 年香港服务贸易输出总值为 8 103 亿港元，同比增长 3.5%，服务输入 6 023 亿港元，同比增长 1.8%，顺差 2 080 亿港元。在香港服务输出的主导产业中，金融服务、商业服务、运输及旅游四个行业分别占据总值的 19.3%、19.6%、29.2% 和 32.0%。同时，在香港服务经济输入行业中，生产性服务、运输、商业服务以及旅游分别占据 14.8%、22.7%、29.5% 和 33.0%。

整体来看，香港贸易服务能级还较低，限于转口贸易，与“全球货物，全球买卖”的国际贸易地位和能力有一定相差。在全球贸易保护主义趋势越来越严峻的情况下，香港对外贸易发展面临着一定发展风险。中美贸易摩擦持续，对全球供应链已经造成明显影响，重构全球贸易格局，在东南亚、南美地区形成新的生产网络及供应链系统。香港作为高度开放的城市经济体系，对外贸易受制于外部环境影响明显。

（三）银行业中资快速发展

截至2017年，香港银行业认可机构191家。其中，155家持牌银行、19家有限制牌照银行、17家存款公司、代表处49家。香港银行体系资产总额22.73万亿港元，增长10.1%；银行存款总额12.75万亿港元，同比增长8.7%。其中，不同货币存款略有差异，港元存款同比增加11.6%，美元存款增长5.5%，人民币存款增长2.3%。这其中，香港银行体系人民币存款总额6 184亿元，人民币银行贷款余额1 445亿元，经香港银行处理的人民币贸易结算总额为3.93万亿元，人民币债券发行额为206亿元。2017年银行业总收益达4 255亿港元，较2016年增加12.7%；平均每家机构单位的总收益约18亿港元，较2016年增长19.3%。营运开支和雇员薪酬合计2 050亿港元，增长8.9%。银行业就业人数约10.43万人，平均每家机构单位的就业人数为436.2人。

在银行贷款方面，2017年香港银行业贷款总额9.31万亿港元，同比增长16.1%。其中，境外使用贷款余额2.80万亿港元，同比增加17.4%；境内使用贷款余额6.02万亿港元，同比增加16.1%。在不同行业领域中，贸易融资4 943亿港元，同比增长8.7%；房地产贷款余额1.47万亿港元，同比增长16.7%；金融贷款余额8 210亿港元，同比增加50.4%。特别的，2017年香港银行业内地相关贷款4.12万亿港元，同比增加15.5%，占贷款总额的44.2%。银行存贷比为73%，其中，港元存贷比82.7%，外币存贷比63.1%。相关贷款用于国有企业或非内地跨国公司的约占76%，民营企业贷款多为抵押或担保贷款。人民币融资成本高于美元、港元，人民币融资活动发展较慢。

香港中资银行发展迅速。2017年，香港汇丰、渣打、恒生、中银香港、花旗五大银行资产规模约11万亿港元，约占香港银行业资产总规模的50%；五大行在港机构总资产为6.4万亿港元，占香港银行总资产的29%。近年来，中资银行在行业内竞争力影响力不断提升。香港资产规模前20名银行中，13家为中资银行或者中资背景，总资产规模约8万亿港元，占香港银行总资产37%。

金融科技在香港银行业中作用越来越突出。非接触式流动支付、指纹识别、语音认证、人工智能机器人服务以及区块链技术在香港银行业各系统中大规模应用，13 家支付工具牌照促进了移动支付的广泛应用。

银行业风险监管可控。2017 年，香港资产质量整体良好，特定分类贷款比例、不良贷款比例分别为 0.67% 和 0.52%，资产质量持续改善。但 2017 年香港企业贷款增长 17.2%，较 2016 年增加明显，企业负债及杠杆率大幅增加，其中非金融类上市企业杠杆率超过 60%，非本地企业超过 80%，企业信贷风险增加。

（四）保险业增长迅速，亚洲保险市场中心

香港是亚洲的保险中心，截至 2017 年，香港共有 159 家保险公司，其中 93 家经营一般业务，47 家经营长期业务，19 家经营综合业务。2017 年的总收益达 5 928 亿港元，较 2016 年增长 15.5%。2017 年平均每间机构单位的总收益 2.22 亿元，同比增长 14.2%。企业营运开支和雇员薪酬 676 亿港元，增长 7.7%。2017 年底，香港保险代理商有 2447 家，代理人约 6.4 万人，个人代理人数量年增长率约 10%。在各类保险业务中，长期业务收入 4 415 亿港元，同比增长 9.5%，新单保费收入 1 564 亿港元，同比下跌 15.7%，但新单个人险业务增长 121.3%；一般业务收入 481 亿港元，同比增加 5.5%，其中直接业务收入 360 亿港元，同比增长 3.0%，直接业务中意健险实现收入 144 亿港元，同比增长 10.5%，占直接业务的 40.0%，非意健险收入 216 亿港元，下降 1.4%；劳工险、财产险、船舶险等业务同比下降（见表 2－5）。

表 2－5　　2017 年香港一般保险市场直接业务保费收入　　单位：亿港元

业务类别	2016 年	2017 年	同比（%）
意健险	130.4	144.1	10.5
劳工险	63.2	58.7	－7.5
汽车险	41.0	41.7	1.7
财产险	41.4	40.9	－1.1

续表

业务类别	2016年	2017年	同比（%）
责任险	30.4	32.1	5.5
船舶险	19.0	17.6	-7.1
货运险	7.7	7.9	2.3
其他险	16.8	17.5	4.1
总计	349.9	360.5	3.0

数据来源：香港特区政府统计处。

同时，内地资本进入香港保险业市场步骤加快。首先是内地个人新造保费508亿港元，占香港个人寿险业务总新造保费的32.6%。2015~2017年，有9次内地企业发起针对香港保险企业的收购。截至2017年，中资保险企业21家，其中寿险企业5家、产险企业11家、3家专属自保企业和2家再保险企业，国寿海外、太平香港、中银保险等一批中资保险企业在香港的影响力与竞争力持续上升。

近年香港保险业务快速增长，主要是来自内地访客业务的支撑。但随着国家对于赴港保险业务的限制，大额保单等优质业务与客户急剧减少，2017年内地访客业务单件200万港元以上的大额趸交业务保费收入下降44%，期交业务保单量小幅增长，均价保费下降20%，主要原因是赴港购买保险的内地消费者从高净值群体向中等收入人群转移。

（五）房地产业房价高企，挤占空间

香港房地产业一直是香港经济发展的风向标，香港经济发展的繁荣与困境都与房地产业有着直接或者间接的关系。香港人口约734万，家庭住户约254万，在有限的土地供给及严格的郊野保护条例下，香港住房问题突出。2017年，住房土地市场方面，香港政府出让土地12.8公顷，同比减少63.6%；交易金额1 325亿港元，增加52.9%。其中住宅用地10幅、商业用地2幅、加油站3幅、商贸用地2幅、工业用地1幅。在房地产方面，2017年累计建成1.78万套住房，同比增长21.9%；商业楼宇10.5万平方

米，减少 14.7%；工业大厦 2.25 万平方米，增长 400%。

在住房买卖方面，2017 年香港楼宇交易 8.38 万次，同比增长 14.8%；合约交易金额 7 264 亿港元，同比增长 36.6%。住房交易 6.15 万次，同比增长 12.6%；合约交易金额 5 563 亿港元，同比增长 30.0%。其中，新建住房交易投资热度较大，全年买卖 1.86 万次，增长 11%，合约交易金额 2 405 亿港元，增长 29%；二手房交易 4.29 万次，增长 13%，合约交易金额 3 158 亿港元，同比增长 31%。另外，写字楼成交 1 956 次，同比增长 77%，合约交易金额 308 亿港元，同比增长 67%；商业楼宇成交 2 198 次，增长 44.3%，合约交易金额 357 亿港元，增长 50%。工业大厦成交 5 121 次，增长 87.8%，成交金额 310 亿港元，增长 65.7%。在价格方面，私人住宅同比增长 14.8%，写字楼同比增长 14.1%；商业楼宇增长 6.0%，工业大厦增长 12.4%。其中新房交易均价为 1 271 万港元，同比增加 14%，明显超出二手房交易均价 744 万港元水平。长实、新地、恒基、新世界、会德丰等五大地产商的交易额占新房交易的 67%（见表 2－6）。在写字楼方面，中区甲级写字楼租金与售价同比分别增长 6.3% 和 17.2%。工业大厦租金及售价也分别增长 5% 和 12.4%。在房价持续上升的局面下，小户型住房的需求与供给成为房地产市场热点，2017 年香港新建住宅小于 40 平方米的住房有 6 891 套，同比增长 75%，占新建住房总数的 39%；此外，还有 2 100 个“纳米房”建成投入市场，高企的房价已经扭曲正常的房产发展轨迹。

表 2－6　2012～2017 年香港主要地产开发商销售情况

年份	地产商排名	销售额（亿港元）	占全港比例（%）
2012	新地、长实、恒基、新世界、会德丰	880	67
2013	长实、新地、恒基、会德丰、新世界	801	84
2014	新世界、新地、长实、会德丰、恒基	944	54
2015	新地、新世界、长实、会德丰、恒基	895	56
2016	新地、恒基、会德丰、长实、新世界	813	44
2017	长实、新地、恒基、会德丰、新世界	1 587	67
平均		978	61

数据来源：香港特区政府统计处。

在香港土地市场中，中资开发商逐渐形成对本地地产商的挑战实力。在特区政府新拍出的各类建设用地中，中资开发商获得52%的土地面积，并集中于地铁沿线的住宅项目开发。中资开发商以高价获得香港多处优质地块，加剧了香港房地产市场的激烈竞争，随着国家对于境外投资的规范，中资企业在香港购地减少，港资开发商继续占据主导。

房地产是香港的重要产业，卖地在香港财政收入中占有相当比例，是香港低税率得以维持的重要因素。香港房地产市场长期存在二元结构：一是由地产商主导的私人住房市场；二是由政府主导的公营房屋市场。1997年特区政府提出“八万五”年均建屋计划，但由于亚洲金融危机爆发，香港房地产市场多年低迷，于2002年放弃该计划。政府主导的房屋市场淡出并让位于市场主导，主要的地产商迅速控制了香港房地产市场。1999年特区政府宣布取消政府主动拍卖土地政策，代之以申请售卖土地，使土地向大地产商集中，土地供求关系严重扭曲，导致香港楼价和营商成本高企，房地产市场因此成为香港经济社会发展的最大掣肘。扭曲的房地产业挤压了其他产业尤其是六项优势产业的发展空间，使香港经济更趋泡沫化和虚拟化。

（六）旅游业前景广阔

2017年香港游客5 847万人次，同比增长3.2%。其中，内地访港游客4 445万人次，占76%，同比上升3.9%，“个人游”2 538万人次，占内地访港游客的57.1%，同比上升4.8%；非内地游客1 402万人次，同比增长1.1%，以日本、菲律宾游客增加最为明显，分别增长12.6%和13.1%，美国游客市场增长0.3%，欧洲游客市场下降0.2%。在香港过夜游客2 788.45万人次，平均逗留时间3.2晚，同比增长5%，其中来自内地过夜游客1 852.62万人次，增长6.7%。在商务旅行方面，经香港过夜商务旅客396万人次，下降2.3%；会展游客193万人次，增长1.9%；邮轮旅客达到90万人次，同比增长33%。香港旅游市场以内地游客为主要增长力量，内地游客的规模、消费能力与消费习惯对香港旅游业影响巨大。高端游客数量保持相对平稳，在高增值访港游客中，内地市场是重要的组成部分。

在旅游服务方面，2017 年香港共有 277 家酒店，拥有房间 78 935 间，分别增长 5.3%、5.4%，平均入住率达到 89%。另外，有 1 469 家宾馆，提供房间 12 271 间，入住率 80%。同时，香港创新旅游产品，推出“旧城中环”等代表香港文化、创意、古迹、绿色旅游产品，优化旅游产品结构。2017 年香港入境旅游相关总消费达到 3 014 亿港元，同比增长 1.8%，过夜游客人均消费 6 447 港元，在旅游推动下，香港零售业销售额达到 4 461 亿港元，同比增长 2.2%，化妆品、珠宝、钟表等商品类别增长明显。

随着港珠澳大桥、广深港高铁、莲塘/香园围口岸等基础设施建成，香港旅游业在内地市场发展更具有优势。粤港澳大湾区内香港国际旅游枢纽的地位和功能将进一步突出。

（七）航运业遇内地挑战，服务升级迫切

香港作为全球知名的航运中心，在自由港经济的支撑下，航运业一直保持全球领先发展水平。近年来，随着内地航运业的崛起，大规模的配置港口吞吐能力，提升港口服务水平，分流大部分转口业务，航运发展进入一个相对缓慢的增长期（见表 2－7）。2017 年香港港口货物吞吐量为 28 160 万吨，同比增加 9.7%。其中，海运货物 17 690 万吨，增长 7.8%；河运货物 10 470 万吨，增长 13.0%。全年抵港货物 17 460 万吨，同比增长 15.8%。其中，抵港转运货物 7 430 万吨，同比上升 9.6%；离港货物 10 700 吨，离港转运货物 6 890 万吨，同比上升 8.1%。

表 2－7　　2017 年全球港口集装箱吞吐量　　单位：万标准箱

项目		抵港	进口	抵港转运	离港	出口	离港转运	总计
货物吞吐量	百万吨	174.6	100.3	74.3	107	38.1	68.9	281.5
	增长（%）	15.8	20.8	9.6	1.0	－9.9	8.1	9.7

数据来源：香港特区政府统计处。

2017 年香港注册船舶吨位达到1.14 亿吨，同比增长5.8%，有2 545 艘船只，同比增长 1.3%。香港港口集装箱吞吐量为 2 077 万标准箱，同比增加4.8%。经香港转口的贸易总值同比增长 4.4%，占香港贸易总额比例18.1%；空运吞吐量为 490 万吨，同比上升 9.2%；贸易总值同比增加11.7%，占香港贸易总额的 41.8%。其中，抵港集装箱 921 万标准箱，离港集装箱 855 万标准箱。海路运输 1 286 万标准箱，同比上升 6.2%；河运489 万标准箱，同比上升 0.5%。香港集装箱吞吐量居全球第五位，但竞争激烈，上海、新加坡吞吐量已经远超香港，而釜山、广州集装箱吞吐量也超过2 000 万标准箱，进一步缩小与香港的差距（见表 2 –8）。

表 2 –8　　2017 年香港港口货物吞吐量

港口	上海	新加坡	深圳	宁波—舟山	香港	釜山	广州	青岛	迪拜
吞吐量	4 023	3 367	2 521	2 460	2 077	2 049	2 035	1 830	1 537

数据来源：香港特区政府统计处。

目前，在香港集聚 800 多家海运服务企业，涉及各类海运服务，具有良好的船舶融资中心基础，但在船舶买卖、租赁、融资、保险等领域的高级专业服务能力不足，与新加坡、爱尔兰等金融租赁中心差距较大，香港需要提升航运中心服务功能。未来香港需要在航运相关的金融、保险、法律、仲裁、船舶经纪、船舶管理等领域发展多元的专业服务，向航运的高附加值领域拓展。

（八）零售业平稳增长

香港零售业受旅游经济、宏观经济、资本市场以及人民币汇率等因素影响巨大。2017 年香港商品销售总额 4 461 亿港元，同比上升 2.2%。主要旅游相关零售商品，包括钟表及名贵礼品、珠宝首饰，成衣、鞋类，电器及摄影器材，药物及化妆品等销售占到总销售额的 56%。其中，珠宝首饰、钟表等销售额 750 亿港元，同比增加 5.2%；化妆品及药物 433 亿港元，同比增加 5.5%；百货公司销售 486 亿港元，增长 3.4%；旅游类消费是香港零售业增长的主要支撑。2017 年香港本地居民消费基本稳定。其中，食品、烟草及酒类销售额为 424 亿港元，汽车及汽车零售销售额为 156 亿港元，超市零售为 523 亿港元，分别同比增加 3.2%、3.1%及下降 0.2%。私人零售业楼宇租金及售价上升较大。截至 2017 年 9 月，香港共有零售单位 6.3 万家，就业人数 26.71 万人，基本保持平稳，职位空缺人数同比减少 1.8%，约 8 000 人，香港零售业发展就业不足的现象一直存在。

香港零售业发展受周边区域经济发展状况影响巨大。其中，内地游客有效地拉动了零售消费增长，2017 年超过 4 400 万的内地游客成为香港零售业消费的主力。同时，港珠澳大桥、广深高铁香港段等基础设施建成，海洋公园、迪士尼乐园新的景点活动等有助于香港零售业发展，但资本市场的不稳定、商铺楼宇租金价格的上涨、内地电商的激烈竞争以及周边地区对游客的分流等都将影响香港零售业的发展。

（九）资讯科技业外部合作紧密

2017 年香港资讯及通信行业就业人数 11.12 万人，占总就业人数的 2.9%。2017 年的总收益为 2 004 亿港元，同比增长 0.2%。营运开支和雇员薪酬合计 1 339 亿港元，较 2016 年下跌 1.8%。2017 年香港资讯及通讯科技服务市场规模增长明显，香港持牌互联网服务商 232 个，互联网用户 263 万，全港 1.1 万个地点布局超 4.6 万个 WiFi 热点。同时，电子支付在香港市场发展迅速，“支付宝 HK”香港用户超过 100 万，合作商户超过 1 万家，微信支付覆盖香港主要大型商场及连锁品牌。

香港在大数据、云服务、物联网等新技术领域持续突破，谷歌公司在香港建设亚太第六座数据中心，亚马逊网络服务在香港建设云区域。Global Switch 与中国电信、北京德利迅达科技联合在港建设全球第 11 个数据中心，香港电讯和华为联合建立数字转型实践中心，与华为云开放实验室连接。阿里云在香港推出人工智能、网络安全专用云服务，成立“阿里云港澳生态联盟”，成为港澳地区最大的云端生态系统。在大数据分析、人工智能、物联网、感应器等领域，在 5G、智慧城市领域，包括“数码个人身份”“多功能智慧灯柱”及“大数据分析平台”等一批具有重大影响的项目改变香港未来发展的局面。特别是在智慧城市建设领域，香港着力在智慧政府、智慧出行、智慧环境、智慧生活、智慧市民、智慧经济六个方面推进建设，通过与西门子等全球领先企业合作，建设“智慧城市数码中心”、开放实验室等，共同研究应对城市交通、低碳能源、公共安全、城市规划等领域创新发展问题。同时，基于粤港澳大湾区发展合作，香港与深圳共同开发落马洲河套地区的“港深创新及科技园”，集聚香港与深圳的创新资源优势，吸引全球及内地顶级科研机构和领先企业进驻，打造粤港澳大湾区创新经济发展源地。

三、香港经济承载空间

（一）土地资源有限，城市垂直高密度发展

香港陆地面积约为 1 100 平方公里，包括香港岛、九龙、新界及离岛，其中超过 60% 的土地面积为天然山坡，可供发展的土地资源匮乏；海域面积约为 1 650 平方公里，拥有深水的海湾和曲折的海岸线，以及超过 260 个岛屿。2016 年，发展区的面积只占总陆地面积的 25%，其余 75% 仍为郊野地区，包括林地/灌丛/草地/湿地、农业、水体和荒地。香港平均人口密度超过每平方公里 6 800 人。香港经济空间拓展在土地利用方面主要通过填海、平整坡地以及旧城改造方面发掘，一方面通过填海工程，造地 68 平方公里，约占发展区 26% 的土地面积，容纳商业、住宅、基础设施及新市镇发展，未来东大屿山填海开发计划规划 70 万人居住工作也属于此方向拓展；另一方面通过平整山坡，楼宇依山而建，通过高密度、垂直高层发展，集约用地，逐渐成为市区边缘。同时，通过旧机场改造，活化旧的工业大厦、楼宇等拓展新的发展空间。

香港与深圳相邻地区的大量可开发土地，是推动香港经济发展的优质资源。未来新界北、大屿山等与广东毗邻的边界地区，将成为香港城市和产业经济发展的重要空间区域。

（二）“城、镇、乡、郊”四级城镇体系及经济空间格局

香港经济空间结构分为“城、镇、乡、郊”四个层次，承载着由工业基地向国际金融中心功能需求与转换。香港中心城区包括中西区、湾仔区等8个区，因历史因素及地势局限而集中在维港两岸的狭长地带，城市建设以高密度逐渐加上垂直高层的模式进行，容纳全港76%的商业办公室建筑楼面面积，承载香港作为国际金融中心、贸易中心和航运中心的绝大部分功能服务，成为城市的经济活动中心。同时，香港发展了九个新市镇，容纳人口约330万人，市区与新界（包括新市镇）人口和工商业建筑楼面面积分布的比例分别是48∶52、58∶42。新市镇开发采取谨慎开发土地的策略，集中在指定的地区发展新市镇，避免市区无序扩展。新市镇的开发集聚住房、工商业、教育、医疗、社区及康乐设施，能够满足居民居住、工作、求学、休憩等多方面的综合需求。自20世纪80年代起，香港的传统工业生产活动迅速迁往珠三角地区，经济结构逐渐趋以服务业为主，职位集中于市区，造成人口分散至新界，但经济活动仍集中于市区的局面。为应付急剧增长的通勤需求，新市镇发展开发建立了连接各个新市镇与中心城区的交通运输系统。

（三）轨道交通主导的共同交通体系形成高效流通基础

1. 主要功能区沿轨道交通线布局，形成以车站上盖为核心的综合功能区。

香港以轨道交通为核心的公共交通体系构成功能效率型城市的基础。城市主要功能区通过轨道交通连接，或布局于沿线站点，形成以轨道交通为轴线的走廊式分布。香港中心城区及9个新兴城镇均布局于轨道交通沿线，通过东铁线、西铁线、东涌线、港岛线等9条轨道交通线路串联成线，并与中心城区连接。同时，以多元、便捷、发达的公交巴士线路延伸到社区、工业园区等城市细部内部，停车转乘，降低对其他交通工具，特别是私人汽车的依赖。

在地铁站周边混合开发使用土地，实现停车转乘，多功能复合开发集聚。全港75%商业及办公楼宇面积、46%工业及货仓楼面面积、42%住宅、47%其他建筑楼面面积集中在地铁车站方圆500米范围以内。每个站点进出人流不一样，层次不一样，在地铁站里消费模式也不一样，地铁站点根据本站人流的不同特点，设计规划不同功能服务，在商业区规划布局较高档次、特色和创意服务，在新兴城镇规划布局便民服务。

2. 城市交通规划契合产业升级与经济转型需要。

香港20世纪70年代末启动第二次经济转型，产业结构由出口导向型工业向金融、贸易服务型经济转型。服务型经济特征对城市功能区的要求是新增职位集中于市区；各种品级办公楼宇及停车位需求飙升；往返商业中心区的通勤总量大增，对轨道交通、公共巴士等公共交通的需求激增等。由此，香港将城市交通规划与经济发展统筹结合，新区建设或旧区升级改造时注意区域长远性、全局性的道路需求，满足新型经济活动及新建城镇人口通勤需要。

（四）紧凑型城市经济空间布局

香港以紧凑型的城市形态实现经济空间的可持续利用。首先，节约土地资源，以约25%的土地资源容纳大幅增长的人口以及快速扩张的经济活动，保留超过75%的土地作为郊野地区或未来发展之用。其次，高效地提供基建设施，支持高效、经济及环保的公共交通系统，香港居民乘坐公共交通工具出行比例约占每天行程次数的九成，同时严格控制私家车。最后，减少公用设施管道铺设，运输及公用设施用地只占5.7%的土地。

紧凑型的城市形态亦为香港增加宜居生活元素。（1）轨道交通作为公共运输网络的骨干，提供便捷可靠的集体运输系统，增加城市内部的通达性和流动性。（2）在市区及轨道沿线地区进行较高密度及混合用途土地发展，打造畅达、多元共融的活动枢纽。（3）城市规划融合铁路及土地利用，以沙田新市镇为例，沙田东铁站毗连公交总站、住宅、商场及办公楼宇，比邻不同社区设施，再接位于河畔的地区公园，沿着河畔长廊可通往学校、诊所、体育馆等公共服务场地，居民日常生活所需的设施一应俱全，充分发挥铁路站作为新市镇中心的功能。（4）提供完善的行人设施网络，以中环商业中心区为例，行人天桥和隧道无缝连接地铁站、公交总站、渡轮码头、商场、办公楼宇等，构建世界最长的有盖户外的行人电梯，以行人为本、兼备效率与舒适。

第三章

香港经济转型发展阶段性演进及特点

香港区域经济发展从开埠至今主要经历四个阶段、三次转型：第一阶段，1841～1950年，香港是以转口贸易为主的自由港；第二阶段，20世纪50年代至70年代末，转口贸易逐渐衰弱，第一次海岛型城市经济体系工业化转型；第三阶段，20世纪70年代末至香港回归前，香港经济发展工业经济向服务经济跨越，第二次服务经济自由港转型；第四阶段，1997年香港回归后，经济全球化、资讯化和知识化及中国经济迅速崛起，第三次全球经济中心港转型。前两次成功转型及核心竞争力培养，与其对全球和区域经济发展趋势的准确判断及与自身优势的高度契合密切相关，形成亚太高度发达的自由港经济体。香港第三次转型最大的背景就是内地经济深入转型升级及全球以互联网、智能制造、绿色工业为核心的第三次产业革命的酝酿。

一、“第二次世界大战”后全球经济转型的主要阶段及核心特点分析

第二次世界大战后，世界工业快速发展，城市化发展迅速，区域发展突出强调国民生产总值或国民收入的增长，追求区域发展的快速工业化与高增长率，但“冷战”东西方阵营对峙，全球性的资源要素流动阻隔。在东西方阵营各自区域范围内，全球化被制约条件下区域非均衡发展成为区域发展

的优先选择。

自 20 世纪 80 年代起，全球化进程加快，经济发展突破区域的局限，朝着全球一体化方向快速发展，开放性区域迅速融入全球地域分工网络，以雁行模式为代表的新型区域经济发展模式成为区域发展优先选择的模式。西方发达国家由工业经济向知识经济转型，发展中国家部分区域的知识经济特征明显，突出了知识资产、知识资源的重要性，技术资源和智力资本成为推动区域发展的最主要因素，创新成为区域发展的最主要动力。区域发展由资源能源等要素投入主导向创新主导转变。

同时，第二次世界大战后，民族独立运动兴起，资源、能源为新兴主权国家占有。20 世纪 70 年代，资源基础决定经济稳定，在资源紧缺与经济增长对资源诉求加剧的条件下，能源的强依赖性促成西方发达国家以经济贸易全球化发展的框架体系，以跨国公司为主要实现形式，在全球范围内再次开发利用资源、能源，拓展市场，并提出资源保护、环境保护的思想。80 年代，全球化发展促进了可持续理念在全球范围内的扩展，生态文明发展思想获得广泛共识（见表 3－1）。

表 3－1　　不同阶段区域发展理论演变及特征

阶段	代表性理论	区域发展要素	特点
工业化阶段	费特尔的贸易区边界区位理论、克利斯泰勒的中心地理论、廖什的市场区位论	市场消费	利润最大化，对市场的研究，产业区位
	胡佛（E. M. Hoove）、弗里德曼（J. Friedmann）等的发展阶段理论	资本、劳动和技术进步	高增长率和快速工业化、资本积累、市场扩大差距
	新古典经济学学者的均衡增长理论，威廉姆森（Williamson）的倒“U”形假说		
	佩鲁（Perroux）的增长极理论、缪尔达尔（Myrdal）和卡尔多（Kaldor）的循环因果积累原理、点轴模式、梯度开发模式等	规模经济和集聚经济	

续表

<table>
<tr><th>阶段</th><th>代表性理论</th><th>区域发展要素</th><th>特点</th></tr>
<tr><td rowspan="6">后工业化阶段</td><td>二元经济模型</td><td>人力资本、中间技术</td><td>以经济增长和产业结构调整为手段，发展的多目标性</td></tr>
<tr><td>区域管制</td><td>制度和文化</td><td>以市场为基础、通过制定技术标准、创造良好的政策环境实施间接管制</td></tr>
<tr><td>区域可持续发展理论</td><td>生态环境、创新</td><td>经济、社会、生态目标之间的均衡</td></tr>
<tr><td>跨国公司全球化与区域发展</td><td>跨国公司、全球网络与地方网络</td><td rowspan="3">强调知识资产和知识资源的重要性，技术资源和智力资本是区域发展的最主要因素，创新成为区域发展的最主要动力</td></tr>
<tr><td>新产业区理论</td><td>柔性生产系统、本地网络、企业根植性</td></tr>
<tr><td>区域创新系统理论、可持续发展模式、低碳发展模式等</td><td>意会知识的学习和信任、地理临近、学习型区域、技术的创新与扩散、知识积累</td></tr>
</table>

资料来源：作者整理。

二、香港海岛型城市经济体系工业化第一次转型及特点

（一）外部导入现代工业基础，独特市场契机成就发展

香港从 1842 年开埠至 1950 年的 110 年时间内，区域经济发展主要是以转口贸易为主的自由港初级经济形态。香港工业并不发达，以传统手工业为主，包括造绳、炼糖、造火柴、食品、纺织等，主要是供给民生日用之需，少量产品出口。同时，伴随转口贸易而来的航运业务支撑修船、造船等相关

工业发展，主要产业经济活动依托转口贸易展开。香港经济在20世纪50年代起开始海岛型城市经济工业化转型。第一次转型以上海近代实业工业的大规模性迁入为主要特征，属于“外来泊入型”工业化转型。

在东亚地区，20世纪30年代，中国近代现代民族资本工业在上海兴起。由于国内市场的巨大需求以及第一次世界大战对主要工业国家工业体系的破坏，上海现代工业得以发展，成为亚洲重要的现代工业中心。1948～1950年，部分资本家转移上海工业发展积累的资本、装备、工程师、管理和技术员以及市场与管理经验等到香港。加之第二次世界大战结束后，上海实业家为战后重建在国外定购了最先进的机器，由于内战阻碍，机器设备被储放于香港。在荃湾和长沙湾一带建立了香港早期的出口型工业区，建立起纺织、食品、成衣加工等劳动密集型轻工业体系，奠定了香港现代城市工业发展的基础。

在20世纪50年代到60年代上半期，香港具有特殊的市场条件。由于第二次世界大战的影响，西欧和日本供应商战时工业转为军用，战后亦要一段的复原期，东南亚市场长期处于物资短缺的状态，形成可供香港占据的市场真空。同时，第二次世界大战后原英属殖民地独立而组成英联邦，英联邦国家（地区）市场相互开放，成员间互享优惠关税。受这些客观因素的影响，香港1954～1962年的出口市场主要以英国和东南亚为主，在本港出口值中，本地制品已占了八成。而且其他经济活动，如金融、保险、贸易和船运也由出口带动，成为出口型工业经济。

香港在第三世界工业化道路上占据了领先地位，且无竞争对手。第二次世界大战后东亚各国在20世纪50年代末甚至是更后的60年代才进行工业化新兴经济发展策略，而同期国际市场对劳动密集型产品需求旺盛。在这15年间香港已经在市场占有和品质改进上占据了优势，使它在世界市场上的出口地位得以提高。60年代中期后，主要工业国利用进口配额作为对第三世界国家的“援助”手段以促使其经济政治的发展。这个制度以既有的市场占有为基础，因此香港的工业受到了“被动”的保障，使劳动力密集型的低资本和低技术投入的出口型城市轻工业体系得以延续。

（二）快速工业化促进产业结构变化，现代工业体系基础薄弱

香港出口导向型工业在20世纪50年代迅速发展，高速工业化进程促成产业结构变化明显。50年代到60年代中期，制造业比重大幅增加，由50年代初期的15.5%，增加到70年代末期的30.9%，增长近一倍。同期，与之密切相关的服务行业，如运输、通信、贸易和金融等发展迅速，由25.6%增加到37.6%。建筑、制造、运输及通信、贸易及金融成为这一时期香港主要的支柱产业，到70年代末，占香港经济生产总值的约90%（见表3－2）。

表3－2　香港不同产业类别产值占生产总值比例（1950～1980年）　　单位:%

产业	1950～1960年	1960～1970年	1970～1980年
农业	3.4	2.6	1.3
矿业	—	0.2	0.1
制造业	15.5	30.9	27.4
建筑业	5.5	9.8	6.4
电力、煤气	1.6	2.2	1.5
运输及通信	12.2	11.3	7.3
贸易及金融	25.6	37.6	42.5
其他	36.1	5.5	13.6

数据来源：世界银行，World Tables 1983。

在制造业产业部门中，20世纪50年代中期成衣制衣业崛起，与纺织业并驾齐驱，初级金属加工业发展迅速，同时期以塑胶玩具、塑胶花为代表的塑胶产业发展成为重要的产业类别，以电子收音机、电子仪器为代表的电器及电子工业在60年代成为香港重要的出口产品。在具体产业部门中，以不同行业就业比重分析，化学工业主要产品包括药物、油漆和火药；金属工业主要产品包括制罐、电镀、唐瓷器、手电筒等；机械工业主要是机械维修；电器主要是电池和灯泡；运输设备主要是船舶建造与维修、飞机和汽车修理

（见表3－3）。

表3－3　香港不同制造业产业从业人员占制造业总从业员工比例（1947～1967年）　单位：%

工业	1947年	1957年	1967年	工业	1947年	1957年	1967年
食品	4.4	4.8	2.3	化学产品	4.6	2.1	1.0
饮料	0.6	0.7	0.7	树胶制品	8.0	5.7	2.5
烟草	1.2	0.9	0.3	非金属矿物产品	2.2	1.5	0.8
皮具	0.3	0.3	0.2	钢铁	0.8	1.2	0.7
成衣、鞋	2.6	8.5	19.5	金属制品	11.5	18.8	8.6
纺织	19.7	30.7	25.4	机械	2.0	1.6	1.6
木制品	0.7	1.6	1.2	电器及电机	2.0	1.8	8.7
家具及设备	0.6	0.7	1.0	运输设备	30.7	7.8	4.1
纸品	0.1	0.4	0.8	其他	2.7	5.9	16.8
印刷出版	5.3	5.0	3.8				

数据来源：世界银行，World Tables 1983。

整体来看，截至20世纪70年代，香港工业化道路以体量小、周期短、低技术、低资本的劳动密集型轻工业产业体系发展为主，香港制造业除了纺织、造船等少数几个行业外，具有全球竞争性的，真正意义的现代工业体系基础非常薄弱。这一产业结构特征直至80年代中期，90年代初期香港制造业产业北移到珠三角及内地其他工业园时，一直保持。因产业及市场先机等原因在60年代众多发展中国家和地区中居领先地位，直到70年代被韩国等经济体量更大的经济体超越。在轻工业起步发展优势丧失后，香港工业产业体系一直滞后于世界领先水平。就其原因分析，一是香港缺乏天然要素资源、内部市场空间小，重化工产业等重工业体系无法建立；二是香港工业体系发展缺乏工业技术研发及现代科技创新体系支撑，企业家专注于“短、平、快”赚钱方式，错失了第二次世界大战后世界经济知识经济、绿色经济等几次跨越发展良机。

三、香港亚太区域服务经济自由港第二次转型及特点

（一）传统制造业的本港衰落与北上兴起

20世纪80年代，受世界经济衰退、移民潮影响等，香港经济发展经历较大调整，本港经济发展整体由劳动密集型向技术密集型和资本密集型转型。制造业在80年代缓慢增长，第三产业的迅速崛起，是80年代香港经济结构变化的主要特征。在80年代香港产业结构中，制造业、金融、保险、地产和商业服务作为主要支柱产业。本港传统工业产业逐渐减弱，到了1985年，制造业继续保持领先地位，但整体发展趋势不及其他新兴的产业。80年代初期的金融和地产风潮使金融、保险、地产和商业服务落后于贸易、旅游等有关的批发、零售、进出口、酒楼及酒店业，后者的生产总值比肩制造业，到了1990年，第三产业部门发展迅速，零售、进出口、酒店和金融、保险、地产及商业服务的生产总值都大幅超越制造业。

在具体产业部门中，渔农业、矿业等不断萎缩，到20世纪90年代已微不足道；制造业在70年代达到高峰，约占香港生产总值的30%，在整个80年代整体处于下降趋势，至80年代末90年代初约占全港经济的16%；电力、煤气、社区服务等行业随着香港城市化水平及社会经济发展保持稳定增长，但增长幅度有限；建筑业、保险、金融、地产及专业服务受香港经济大环境的影响，波动较大，在经历80年代中期的低迷后逐渐恢复性增长；批发零售、酒店与运输、仓储、通信等行业稳步增长（见表3-4）。在制造业内部，劳动力密集型的成衣、家具、塑胶制品、金属制品等行业产值比例下降，烟草、纺织、印刷、电子、化学、机械等技术密集型行业产值比例上升（见表3-3）。制造业的转型升级持续约30年，由50年代的纺织、成衣、橡胶、金属制品等工业，60年代的电子工业，70年代的电器、仪器及钟表工业，至80年代的烟草、印刷和升级后的纺织工业渐次升级。整体看来，在香港经济结构中，本港制造业不断衰弱。

表 3-4　香港 80 年代不同产业生产总值占比变化统计（1980~1990 年）

单位：%

产业	1980 年	1982 年	1984 年	1986 年	1988 年	1990 年
渔农业	0.8	0.7	0.5	0.5	0.3	0.3
矿业	0.2	0.2	0.1	0.1	0.1	—
制造业	23.8	20.7	24.1	22.3	20.1	16.7
电力、煤气	1.3	1.8	2.5	3.0	2.5	2.4
建筑业	6.7	7.3	5.3	4.8	4.8	5.8
批发、零售及酒店业	20.4	19.1	22.2	21.3	23.8	24.0
运输、仓储及通信	7.5	7.7	7.8	8.1	9.2	9.3
金融、保险、地产及专业服务	22.8	22.6	15.9	17.3	19.2	20.6
社区服务	12.5	15.6	15.9	16.6	14.6	15.5
楼宇业权服务	9.6	10.8	10.8	10.7	10.5	11.3

数据来源：香港特区政府统计处。

20 世纪 80 年代，香港经济发展最大的背景就是中国的改革开放。内地经济腹地面向世界经济开放，赋予香港多重经济发展意义：内地广袤的经济腹地赋予香港经济天然缺陷的经济要素资源，包括土地、劳动力、能源等资源及市场空间；香港经济在上一阶段发展积累的资本等优势资源在内地巨大的经济市场中找到新的投资机遇，资本的投资效益再一次扩大。香港制造业企业以中小企业为主，企业规模及技术层级不足以支撑大规模的跨国经营与生产，以深圳、珠海特区为代表的珠三角地区地理位置毗邻香港，文化、语言等相似，资源、劳动力成本具有绝对竞争优势，成为港商北上首选的投资区域。大小厂商，不同规模香港企业以独资、合资、合作及“三来一补”等形式投资内地，香港本土工业产业北上形成 80 年代香港产业转移的显著特点。

（二）服务业经济崛起与自由港经济转型

20 世纪 70 年代末至 1997 年香港回归前，香港经济由工业经济向服务经济跨越，实现了第二次自由港服务经济转型。中国经济对外开放，巨大的经济体量与潜力急需全球市场网络的各类商品、资源、信息、资本、技术等经济要素输入，香港因其国际市场亚太枢纽节点的经济功能区位和国际政治经济环境影响，链接内地腹地与外部全球市场的巨大的转口贸易兴起；伴随转口贸易，国际资本与跨国企业以香港为进入内地市场的“桥头堡”，内地企业以香港为走向世界的起点，双向混合发展的巨大市场需求促进金融及专业服务迅猛发展，商业资讯、咨询、法律、经纪、仲裁、会计等专业服务部门在香港产业经济中占据重要位置，转口贸易促进香港成为亚洲核心的海上贸易交通网络枢纽及贸易中心、物流中心、资金流中心、金融中心、航运中心，并派生出贸易中心、商业中心、服务中心、生活中心等服务经济中心枢纽，在全球经济体系中进一步巩固亚太中心的地位。多元的商业及专业服务，包括法律、仲裁、会计、财务、管理顾问、工程、建筑、教育、设计、产品检测验证等，形成一个综合性的服务体系，有力地支持了自由港经济的发展。在具体产业部门中，金融服务、旅游、贸易及物流、专业服务等第三产业发展迅速（见表3－5）。文化及创意产业、医疗产业、教育产业、创新科技产业、检测及认证产业、环保产业成为香港新经济的支撑点（见表3－6）。

表3－5　香港服务经济主要行业发展情况统计（2003～2013年）

以当时价格计算的增加价值	2003年百万港元	2008年百万港元	2012年百万港元	2013年百万港元	每年平均变动百分率（%）		
					2012～2013年	2003～2013年	2008～2013年
1. 金融服务	163 300	277 100	319 300	346 000	8.3	7.8	4.5
占比（%）	13.3	17.1	15.9	16.5			
（a）银行	96 300	157 700	196 100	218 600	11.4	8.5	6.8
（b）保险及金融服务	67 000	119 500	123 200	127 400	3.4	6.6	1.3
2. 旅游	28 900	44 700	94 600	105 900	11.9	13.8	18.8
占比（%）	2.4	2.8	4.7	5.0			
（a）入境旅游	20 300	37 100	79 100	89 000	12.5	15.9	19.1
（b）外访旅游	8 600	7 500	15 400	16 800	9.1	6.9	17.4

续表

以当时价格计算的增加价值	2003 年百万港元	2008 年百万港元	2012 年百万港元	2013 年百万港元	每年平均变动百分率（%）		
					2012 ~ 2013 年	2003 ~ 2013 年	2008 ~ 2013 年
3. 贸易及物流	322 200	414 700	495 400	500 500	1.0	4.5	3.8
占比（%）	26.3	25.6	24.6	23.9			
（a）贸易	263 600	351 800	428 200	432 600	1.0	5.1	4.2
（b）物流	58 700	63 000	67 100	67 900	1.2	1.5	1.5
4. 专业服务及其他工商业支援服务	130 800	197 600	257 600	260 200	1.0	7.1	5.7
占比（%）	10.7	12.2	12.8	12.4			
（a）专业服务	42 300	60 900	94 700	99 700	5.3	9.0	10.4
（b）其他工商业支援服务	88 600	136 700	162 900	160 500	-1.5	6.1	3.3
四个主要行业 = 1 + 2 + 3 + 4	645 300	934 100	1 166 800	1 212 500	3.9	6.5	5.4
占比（%）	52.6	57.7	58.0	57.8			
本地生产总值	1 227 100	1 620 000	2 013 000	2 097 500	4.2	5.5	5.3

数据来源：香港特区政府统计处。

表 3-6　　香港政府选定行业增加值

以当时价格计算的增加价值	2010 年百万港元	2011 年百万港元	2012 年百万港元	2013 年百万港元	按年变动百分率（%）		
					2011 年	2012 年	2013 年
1. 文化及创意产业	77 573	89 551	97 837	106 050	15.4	9.3	8.4
占比（%）	4.5	4.7	4.9	5.1			
2. 医疗产业	26 128	27 401	29 462	32 446	4.9	7.5	10.1
占比（%）	1.5	1.4	1.5	1.5			
3. 教育产业	17 541	19 975	22 601	24 215	13.9	13.1	7.1
占比（%）	1.0	1.1	1.1	1.2			

续表

以当时价格计算的增加价值	2010 年 百万港元	2011 年 百万港元	2012 年 百万港元	2013 年 百万港元	按年变动百分率（%）		
					2011 年	2012 年	2013 年
4. 创新科技产业	11 766	12 371	13 422	14 738	5.1	8.5	9.8
占比（%）	0.7	0.7	0.7	0.7			
5. 检测及认证产业	5 157	5 368	5 827	6 011	4.1	8.6	3.2
占比（%）	0.3	0.3	0.3	0.3			
6. 环保产业	5 603	6 515	6 750	7 103	16.3	3.6	5.2
占比（%）	0.3	0.3	0.3	0.3			
选定行业	143 768	161 181	175 899	190 563	12.1	9.1	8.3
占比（%）	8.3	8.5	8.7	9.1			
本地生产总值	1 737 300	1 901 000	2 013 000	2 097 500	9.4	5.9	4.2

数据来源：香港特区政府统计处。

整体来看，20 世纪 90 年代及 21 世纪初，香港经济发展受经济规律、产业发展更替内在规律的作用影响较小，外在的世界经济环境及政治、社会议题的冲击成为影响经济阶段性波动的主因。1998 年金融风暴影响，香港股市及地产泡沫破灭，经济断崖式波动剧烈，主要产业结构没有明显变化，产业发展的景气程度表现差异较大。2003 年“非典”事件进一步冲击香港经济，政府推进文化及创意产业、医疗产业、教育产业、创新科技产业、检测及认证产业、环保产业六个新的增长点发展，与国际及国内的主流产业升级方向背离，事实上放弃了以科技创新为支撑的产业升级方向，香港名义上的制造业进一步跌落于世界产业链的末端环节，处于被淘汰的边缘，且六大产业发展对应的资源调整、人才输入、专业认证等配套政策不足及保护主义阻滞，发展前景与预期差距较大。2004 ~ 2007 年，香港经济保持 7% 以上的年均经济增长率，主要动力来自内地公司来港上市、投资移民及“自由行”政策，促成金融、保险、专业服务、地产、零售、酒店、旅游等行业爆发性增长。近 20 年间，过度依赖金融及地产业的扭曲发展使香港经济失去调整产业结构的最佳时机，与内地及国际主要经济体产业升级方向偏离，经济多元化方向受阻，受全球金融危机的影响，香港经济陷入低迷状态，与周边主要竞争对手差距进一步加大。

四、香港经济新阶段第三次转型及困境表现

进入21世纪，香港经济相对内地经济的基于“经济高地”的窗口功能、中转功能、资源导入功能等逐渐弱化，第三次转型困境主要表现为三个方面。

（一）转型支撑条件需求与传统外部优势环境转变

香港经济发展的外部环境完全改变。香港经济前两次成功转型关键决定于内地经济发展的外部环境及内在需求与香港功能转型的高度契合。在全球化、知识经济及内地高度开放融入全球经济体系的大背景下，香港的“窗口”功能弱化；内地沿海系列港口的布局及功能日趋完善，转口贸易的需求急剧分流；特别是以大数据、互联网、智能绿色工业为支撑的新业态、新产业等新经济创新方面，香港落后于主要发达体，甚至落后于内地重点区域。内地经济对香港的高度依存度下降，“经济势差”趋平；在全球化经济条件下，基于地理临近性的特定区位功能优势逐步减弱，内地经济与全球主要经济枢纽中心的直接联系强化，对于香港经济的依赖程度降低，同时面临新加坡、东京、上海等区域性城市经济体的竞争，支撑香港经济转型的内外部环境较前两次趋紧。

（二）高端实体经济发展需求与现代工业基础薄弱

香港工业体系发展缺乏工业技术研发及现代科技创新体系的支撑，企业家专注于“短、平、快”的赚钱方式，错失第二次世界大战后世界经济知识经济、绿色经济等几次跨越发展良机。香港在近现代工业产业体系的发展过程中，没有真正意义的技术密集型产业、高技术含量的产业发展，从20世纪50年代香港近代工业体系建立，到80年代中期、90年代初期，香港制造业产业全面北移到珠三角及内地其他工业园时，香港工业化道路以体量

小、周期短、低技术、低资本的劳动密集型轻工业产业体系的产业结构特征一直保持不变。香港产业经济中新材料、生物科技、纳米科技、集成电路、新能源技术、绿色工业、智能制造、先进装备制造等基于科技创新、新兴技术研发、技术密集型的现代融合了高科技的工业体系基础薄弱，不足以支撑高端实体经济的发展。

在传统实体经济产业领域，香港面临内地产业升级压力，因而调整了转型方向：一是向东南亚或内地中、西部纵深地区继续转移，产业结构和产品品质难以突破目前格局，且面临内地同类企业崛起的竞争；二是进行生产技术与工艺的升级，大规模的“机器换人”，引入智能化生产线，面临着福特式规模化生产向“弹性专精”个性化生产模式的转型；三是向自主高端品牌领域升级，长期的中低端产品定位决定了香港自主品牌难以突破目前欧美高端品牌的垄断格局。

（三）香港现代服务能级提升与内地市场需求增长的脱节

目前，香港经济较之内地经济的比较优势集中于资本、服务经济两个方面。在服务经济领域，以金融服务、专业服务产业及其支撑的法律制度体系为核心竞争优势。基于香港发展外部环境及内部比较优势的转变，现代服务业的能级和规模的提升是其转型的重要方面。同时，必须清楚地看到香港现代服务业，特别是金融、法律、会计等专业服务领域，真正引导行业发展，具有行业控制力与引领力的是跨国企业集团，本土企业在规模、人才、国际化等方面竞争力偏弱。内地企业经过 30 多年发展，对外扩张的实力及趋势近年逐渐增长。2013 年，中国对外投资 1 023 亿美元，累计投资 6 136 亿美元。在企业“走出去”的市场规模与服务需求急剧增长的同时，一方面是以中石化、宝钢、中粮等为代表的大型央企国企直接投资目标国或地区，需要的专业服务直接在伦敦、纽约或当地的服务机构购买，绕开香港；另一方面是众多中小企业因自身资金、管理、技术等各方面条件制约，难以直接在目标地区进行经济活动，急于需求专业服务支撑协助开拓海外市场及与企业合作，在内地企业需求与香港本土服务企业之间没有建立起有效的市场联系。其原因有三个方面：一是香港企业及专业人士走出香港，深入内地市场寻求商机的主动性欠缺；二是内地服务业的开放还有待进一步提升，政策性、制度性、行业性的限制阻碍了服务业领域的实际开放；三是香港本土企业在国际市场的局限性，特别是在一些国别市场中未能发挥熟悉国际市场及规则的功能作用。现阶段，中小企业“走出去”的主要目标集中于提升产品设计及研发能力、开发及推广自有品牌，以及市场开发等方面，而金融服务、专业服务、商业咨询等香港优势方面暂处于市场需求的第二梯队方面，在服务内容需求方面亦有所偏离。

第四章

香港经济转型发展困境的原因分析

香港经济转型的困境既有根本性的产业结构性原因，又有当前内外部环境制约与掣肘，难以在平稳与包容的环境中建立新的发展轨迹。20 世纪香港经济发展的辉煌是在典型的工业经济与贸易经济结合基础上，金融与专业服务优化提升的经济发展轨迹与成果，严重依赖代工产业及房地产赋值财富，新兴的知识经济、绿色经济、智能经济的产业形态与结构发展空间被严重挤占。失去产业升级动力与压力的投资主体将大量资源沉淀于低技术工业与产业体系，与世界主流产业经济发展趋势逐渐脱钩，新的产业发展支撑要素。香港市场机制的灵活性与自我调节功能在垄断资本的控制下严重扭曲，失去本来的效应，依赖内地经济市场规模效益的导入。在发展过程中，新的产业经济要素体系集聚难以形成，且与之配套的法律、制度、政策环境破碎，没有形成完整的产业发展软环境。香港经济发展的停滞带来系列的社会、政治问题，动荡的社会难以沉淀新经济发展要素，并打破社会发展的共识，反而诱使或者迫使香港经济发展偏离正确的发展轨迹，有坠入螺旋下降的可能。与此同时，随着内地经济的崛起，部分重点城市、地区发展逐渐展现特有的优势和潜力，且在新的一轮发展周期中，内地这些重点区域已经完成了基础的资本与要素积累，正在朝着高级经济形态、技术密集型产业方向发展，特别是服务经济领域，与香港的同质、同方向发展形成新的发展竞争。香港一直以来的比较优势在产业领域逐渐势弱，而表现为特殊的制度与体制优势。

一、由富有弹性的独立经济体转向倚重中央优惠政策

自2003年6月香港与内地签署《内地与香港关于建立更紧密经贸关系的安排》（CEPA），至2014年8月签署的CEPA第11份补充协议以来的10年间，香港与内地按照积极、务实、互利、共赢的原则，在投资、金融、贸易等最广泛的领域开展了全方位的经贸合作。2013年香港与内地签署了CEPA第10份补充协议，进一步提高了CEPA的开放程度、拓宽服务提供方式。此外，CEPA10亦进一步开放了证券业，合格的港资金融机构，可在内地设立资金管理公司，并持股逾50%；港资金融机构在上海市、广东省、深圳市三地，更可设立一家两地合资的全牌照证券公司，港资持股可高达51%。新措施扩大了港资在内地的业务范围，容许港资成为最大股东，为香港金融业界带来突破性的进展。同时，CEPA有关鼓励内地企业赴港上市的措施，推动了香港证券市场的持续发展。截至2014年9月底，内地公司在香港上市的数目有857家，占香港上市公司数目的50%以上。

在与内地重点经济区域合作方面，以上海为例，2003年CEPA协议签署之年，香港对上海投资合同项目10 150个、合同投资总额182.6亿美元，到2012年，香港对上海投资合同项目20 618个、合同投资总额达814.9亿美元，10年间分别翻了1倍和4倍多。同时，上海对香港投资步伐正在加快，截至2010年，上海在香港投资设立的项目近300个，投资总额约20亿美元，到2012年，上海对香港投资项目392个，投资总额40.6亿美元，两年间投资规模翻了1倍。

香港经济以内地经济腹地为依托，以世界经济体系核心枢纽节点为主要目标确立亚太金融中心的地位，面对世界经济发展格局与趋势变化及时调整自身产业结构，以比较优势获得竞争优势，是香港经济发展的立足之本。以CEPA为标志的香港与内地经济合作推动了内地对香港基本实现服务贸易自由化的目标，为香港服务业拓展了新的发展空间和机遇，也为内地经济带来新的活力。但经济合作的负面效应就是香港经济由富有弹性的独立经济体转

向倚重中央优惠政策。随着20世纪90年代末期，香港回归前后的政治因素冲击、亚洲金融风暴、“非典”、全球金融危机等外在因素的影响，香港经济近年的发展逐渐失去抵挡了国际经济动荡与挑战的竞争力构成要素基础，包括产业结构、国际化、人才结构等，特别是面对危机挑战的信心。由于缺乏持续的产业升级与功能创新，香港既有的产业经济体系在面对内地“弱势”经济体时所表现出来的竞争优势在面对同期国际经济体系顶层竞争时优势不再，而内地经济潜力、容量、低竞争性及获益巨大降低了香港经济竞争力水平。

二、新兴产业经济体培育不足，传统服务经济功能固化

第二次世界大战以来，在全球经济几次大的经济概念、形态、业态转型过程中，香港抓住实现的机遇有限，由于香港奉行完全自由竞争市场经济，执行“积极不干预”政策，缺乏有利于科技创新及产业发展的制度和政策引导，产业结构创新转型整体陷入困局。首先，全球“冷战”结束后，以IT技术为代表的知识型经济要素迅速地从军事工业向民用商业领域转化，世界经济因此而飞速发展。其次，IT技术引领的世界经济增长发展到一定阶段，全球经济新的增长点主要来源于以新能源和低碳经济为出发点的绿色经济。最后，国际经济经历由IT技术诱发而来的经济与金融泡沫后，正在酝酿以新能源、互联网、智能制造为特点的第三次产业革命。新兴经济体的迅速崛起、经济全球化与多边化合作的趋势蔓延，以及新型经济竞争要素的改变，世界经济发生重大转变。在这种变化的格局中，香港经济被动地适应这种改变：2004～2007年，香港经济发展受内地企业上市及投资移民影响，在产业结构上，金融、地产、专业服务业成为推动香港经济发展的主要动力。同时受惠于“自由行”及内地市场需求大增，旅游、转口贸易、批发零售业等发展迅速。2009年，香港特区政府提出未来重点发展医疗、教育、检测及认证、创新科技、创意文化、环保等产业，但在资源分配、人才输入、专业认证等方面未及深入，同时高增值、高效率服务业发展与结构性失业或草根阶层收入改善的矛盾突

出，整体发展态势不明确，制造业基本萎缩，产业"空洞化"现象及其影响明显。金融、专业服务等服务产业规模长期徘徊在一个量级，没有突破性的进展，经济过度地依赖内地，依赖金融及扭曲的地产行业，失去了结构转型的良机。

香港服务经济在金融、贸易物流、旅游及专业服务等领域快速发展，但发展的格局因为自身经济规模、能级及空间等的限制，在达到区域性服务经济中心的能级后，再难以突破既有格局与规模，其对外部经济辐射与实际影响范围主要集中于东南亚地区，对亚太区域内发达经济体如日本、韩国、新加坡、西亚、南亚等相对远距离经济体实际影响力有限，较之纽约、伦敦等国际金融中心的影响与引领能力相差若干等级。且服务对象近年逐渐偏向于内地企业，"客户决定商家水平与层次"，相对低要求的服务内涵在一定程度上降低了香港对外竞争的能力及优势。

三、经济创新源动力不足，技术创新缺位，制度创新缓慢

（一）香港经济发展主要由传统经济要素驱动，经济创新驱动源动力不足

香港经济发展的显著特点是发展源动力主要由资本、劳动力、土地等传统经济要素，及特定产业领域的人才与制度驱动构成，创新要素，特别是第二产业领域的创新驱动源动力薄弱，且在人才与制度早期的创新减弱后，新的制度创新缓慢。2013 年，香港创新科技产业增加值为 147 亿港元，仅占本地生产总值的 0.7%；创新科技产业从业人员 3.2 万人，占总就业人数的 0.9%。创新产业链及产业发展中的创新要素均相对薄弱。

香港产业经济的竞争优势在第二产业部门，首先是第二次世界大战后以产业先机占据市场主动，后期以内地土地、劳动力等要素资源成本优势获得亚太产业体系中的竞争力。第二产业产业结构以体量小、周期短、技术低、成本低的劳动密集型轻工业产业体系发展为主，专注于"短、平、快"的经营模式，缺乏工业技术研发及现代科技创新体系支撑，没有建立起工业部

门的产业集群、创新集群等产业经济发展新模式，错失第二次世界大战后全球经济制造业领域知识化、低碳化、智能化等几次产业升级调整机会。在第三产业部门，20 世纪 80 年代末至 90 年代中期，由于内外部环境及人才与制度的优势，香港服务经济兴起。在服务经济的发展过程中，以要素规模扩张促进经济总量增长的特征明显，知识密集型、科技密集型服务经济发展局限于金融、专业服务等少数产业门类，且产业规模长期徘徊于一定量级，没有系统性地突破新的领域和能级。

政府和市场最重要的链接点就是产业政策，技术发展是产业不断升级的过程，政府支持对加快市场经济的技术研发、产业升级、经济多元化具有重要作用，因为政府补充外部性，解决企业间的协调，产业政策是有力工具。由于香港特区政府奉行完全自由竞争市场经济，执行“积极不干预”政策，有利于科技创新支撑产业发展的制度创新缓慢。

（二）全球先进创新型经济资源构成要素及作用机制

对照全球先进创新型经济及经济体的发展特点，能够直接地比照出香港创新型经济发展的差距。创新型经济的共同特征，即发育了较大规模、具有竞争优势的创新集群。这些创新集群多分布在高技术领域，其高增长率、高就业率、高研发投入和大量知识外溢的内在属性集中到宏观层次，就显现为创新型经济的外部特征。

日本区域创新集群发展走在发达国家前列，已取得较大成果。在日本，创新集群主要集中在精密机械、电子、生物医药等领域。自 2001 年以来，日本经济产业省（METI）着力推动集群工程，在全国 9 个地区范围内启动了 24 个项目工程（见表 4－1），为 290 多所大学和约 10 700 家创新型大中小企业建立了密切的合作关系。到 2008 年，通过在大学、企业、政府机构之间、同一产业内不同行业之间，以及不同产业部门之间建立的区域集群网络，实现区域智力资源和其他资源的共建共享，地区不断催生出新企业、新产业。其中，一批集群已经发挥良好的创新集群效益，另外，还有一批不同类型的集群处于创新集群的发育阶段。

表 4－1 日本区域创新集群构成

地区	网络/项目	网络成员构成（家）				重点产业
		科研	企业	政府	金融	
北海道	北海道 IT 产业创新战略	3	314	6	1	软件开发；嵌入式软件研发；互联网信息等
	北海道生物技术产业增长战略	22	106	34	36	功能食品、新药、成药
东北	东北制造业走廊	58	800	27	21	“微机械系统技术”、半导体制造装备、光学产业、医疗—牙科工程合作
关西	关西创新集群示范项目	40	1 300	8	18	机器人、新材料、高效率能源设备
	关西生物产业创新项目	23	420	88	—	再生医药技术、分析设备以及生物生产技术
	关西绿色产业创新项目	13	143	24	3	环境净化、污染控制、生态设计
关东	西东京都市区网络推进行动	39	343	22	12	装备机械制造业、电子设备、通信设备
	TX 沿线地区网络推进行动	15	490	11	7	汽车、半导体、数字家电、航空航天和制药
	东葛－川口－筑波地区网络推进行动	34	460	20	9	基础技术产业、机电、精密机械等
	东京都市圈北部网络工程	24	340	14	34	运输机械
	三远南信地区网络推进行动	20	190	11	5	运输设备、工业设备及光学设备
	京滨地区网络推进行动	4	40	3	3	运输机械、电气机械、通用机械等产业
	生物企业培育工程	26	394	10	8	新药开发、医疗器械、微生物产业应用、生物信息技术和设备
	信息技术（IT）项目	3	320	5	—	互联网业务、宽带业务、在线游戏等

续表

地区	网络/项目	网络成员构成（家）				重点产业
		科研	企业	政府	金融	
九州	九州循环经济和环境产业广场	86	550	40	2	环境产业和资源回收
	九州硅谷项目	11	138	14	—	半导体相关产业，平板显示器相关产业
	九州生物集群项目	26	52	16	6	功能性、健康性食品以及生物技术产业
冲绳	冲绳县产业促进项目	9	350	30		卫生、信息技术、加工贸易、环境领域相关产业
中部	东海地区制造业培育项目	34	1 600	16	43	机器人、纳米技术、飞机制造等
	东海生物工厂项目	47	68	5	4	医疗仪器、生物原材料和器械、诊断和治疗、功能性食品、环境生物技术
	北陆地区制造业培育项目	20	250	3	7	生物技术、高精密加工、新材料、预防性和治疗性医疗、环境科技
	下一代主导产业培育项目	15	400	8	48	医疗设备、生物技术、机械制造与零部件加工业、平板显示
	环境友好型社会构建项目	26	260	6	63	循环经济技术，环保技术
四国	四国技术桥项目	27	455	16	19	制造业，卫生，生物科技等

资料来源：依据2008年日本产业发展报告整理。

香港特区政府由于坚持“完全自由竞争”的市场原则，政府在创新经济产业链培育方面总体的不作为或者“弱”作为没有为创新经济形态与业态的发展创造有力的保障。香港本港经济主流是商业流通经济，对于基于实体经济基础的研发平台投入一直不足。基于流通经济的各种创新资源要素一直处于相对高速的发展阶段，企业、大学、行业组织、政府职能部门及金融机构等高度集聚促进了流通经济领域的各种创新服务，但基于制造业、高科技产业的创新研发机构短板明显，产业技术创新能力明显偏弱。

四、内地重点区域经济转型升级，冲击香港传统优势经济功能

（一）内地重点区域较之香港经济发展由绝对差距弱势转变为相对差距弱势

内地经济经过 40 余年的发展，在经济规模，部分行业领域已经达到较高水平，特别是以上海为代表的沿海开放城市，正处在深度融入全球经济的过程中。较之香港，已经没有了绝对发展差距。现在及未来一段时间，香港经济的竞争力优势正在由以往的整体性优势，逐渐转变为部分行业领域的功能性优势，且随着内地经济持续转型升级，这种优势也正在弱化，而在产业结构、经济创新、人才结构、硬件环境、营商成本等方面甚至逐渐表现出相对弱势。香港经济保持相对内地的一定程度的经济“势差”优势、功能性领先及稀缺性优势是其三次转型发展成功的关键所在，现在经济“势差”优势、功能性领先正在弱化，三去其二，香港经济的相对优势正在弱化。

以上海为代表的内地重点经济地区的崛起，在竞争性行业领域冲击了香港传统的优势经济功能。上海产业经济发展已达到较高水平，但在全球产业价值链上的分工地位并不高，整体处于全球产业体系的低端环节，亟须向价值链高端环节攀升，着力形成以服务经济为主的产业结构和以创新驱动为主的发展模式，建立以现代服务业和先进制造业为主导的现代产业体系。目前，上海的经济转型正在培育上海产业体系在全球经济体系中的控制力和引领力，具体包括：以自贸区、洋山港等战略项目为依托，将上海建成亚太金融、航运服务中心；以中芯国际国家芯片自主创新项目为突破，推动微电子信息技术的发展和运用；以国家会展中心项目为基础，发展各类国际性、区

域性、专业性会展中介服务业；以迪士尼项目、创意园开发等推进研发设计、文化传媒、咨询策划、动漫制作等文化创意、旅游产业经济发展；以现代服务业的开发吸引国际顶级专业服务机构与人才进驻；以高新技术高度集成的大飞机项目为着力点，通过突破核心技术和关键领域，促进国内领先产业部门（电子信息产业、生物医药产业、装备制造产业等）在全球价值链的攀升，拓展产业价值高地。

整体来看，上海对内对外双重开放的经济格局，区域经济发展外部环境改变，由原来的产业链关系决定的垂直联系转向经济要素、技术、市场、人才等构成的垂直、水平两种联系，在区域发展涉及的技术、制度、治理、文化等方面系统创新，正在培育区域创新体系，发展新一轮经济核心竞争力。较之香港，上海在三次产业结构、制造业产业基础、区域创新体系等领域具有一定优势，在第三产业领域正在逐步弥补短板，进行功能性升级发展，与香港的差距逐步缩小。

（二）沪港服务经济结构相似性度高，上海三次产业结构与产业基础优势明显

香港服务经济占 GDP 约 93%，其中四个支柱型行业包括金融、贸易物流、旅游及专业服务，约占 GDP 的 60%，劳动就业约占 50%。本部分选择代表性的行业进行两地的经济发展对比。

1. 金融服务业。

香港作为区域性国际金融中心，金融业发展的状况直接关系全港经济发展指数，在经历 2008 年全球经济危机影响后的短暂调整，香港金融业逐步恢复活力。香港多元化的金融服务内容，包括信托、基金及相关金融工具，融资租赁及信贷机构以不涉及借贷的金融服务活动、金融辅助活动及基金管理。2013 年，香港金融服务类从业人员 23.2 万人，约占香港就业总人数的 6.2%，行业增加值 3 460 亿港元，占本地生产总值的 16.5%。

依托于长三角地区、长江流域等经济腹地经济总体规模的持续扩张，上海金融业发展在规模上持续高速增长，涵盖金融市场体系的不同组成要素逐步完备。2013 年，上海实现金融业增加值 2 823.29 亿元，比上年增长

13.7%。至2013年末，上海市各类金融单位达到1 240家。其中，货币金融服务单位564家，资本市场服务单位252家，保险业单位347家。至2013年末，在沪经营性外资金融单位达到215家，外资金融机构代表处198家。至2013年末，上海市中外资金融机构本外币各项存款余额69 256.32亿元，比2012年增加5 474.25亿元；贷款余额44 357.88亿元，比2012年增加3 297.46亿元。在金融产品方面，期货市场发展平稳，信用风险缓释工具、融资融券、单机单船融资租赁、期货保税交割业务试点等创新业务相继推出。

2. 贸易及物流服务业。

贸易及物流服务是香港四个支柱产业中最大的行业。2013年产生行业增加值5 005亿港元，占全港生产总值的23.9%，较2012年增长1.0%。其中，贸易行业增加值为4 326亿港元，物流增加值为679亿港元，分别较2012年增加1.0%和1.2%。就业人数方面，2013年为76.7万人，占总就业人口的20.6%，其中，贸易就业57.9万人，物流就业18.8万人。2013年贸易及物流服务业增长缓慢是由于外围环境表现疲软所致。

2013年，上海市进出口总额8 121.37亿美元，比上年增长1.4%。其中，进口3 130.08亿美元，增长0.9%；出口4 991.29亿美元，增长1.6%。2013年，上海市进出口总额4 413.98亿美元，比上年增长1.1%。其中，进口2 371.54亿美元，增长3.1%；出口2 042.44亿美元，下降1.2%。按市场分，对欧盟进口553.92亿美元，增长8.4%；出口362.63亿美元，下降7.4%。对美国进口227.34亿美元，增长13.6%；出口506.5亿美元，增长1%。对日本进口301.7亿美元，下降6.7%；出口249.09亿美元，下降0.2%。

3. 旅游业。

香港“自由行”政策执行后，内地访港游客推动香港旅游业持续高速增长，旅游消费需求持续上升。香港旅游业2013年实现行业增加值1 059亿港元，占全港生产总值的5.0%，较2012年增加11.9%。其中，入境旅游890亿港元，较2008年均增加19.1%，取得大幅增长。旅游行业实现就业人数26.97万人，占全港就业总人数的7.2%，较2012年增加7.5%。香港旅游业快速发展，主要受惠于个人游计划的推广，中国内地访港游客成为最主要的上升推动力。

2013 年，上海接待国际旅游入境者 757.4 万人次，比上年下降 5.4%。2013 年，入境旅游外汇收入 53.37 亿美元，下降 4.4%；国内旅游收入 2 968 亿元，下降 8%。其中，入境外国人 597.59 万人次，下降 5.6%；港、澳、台同胞 159.81 万人次，下降 4.5%。在国际旅游入境者中，过夜旅游者 614.09 万人次，下降 5.7%。2013 年，接待国内旅游者 25 990.68 万人次，增长 3.6%。

综合对比上海与香港的产业经济发展，在旅游、商贸、物流等传统服务经济领域中，两地发展水平各有优势。但在专业服务、国际金融等高端服务经济领域，上海服务经济的产业结构、能级距离香港有较大的差距，特别是在对全球服务经济制度和规则的理解和运用方面差距明显，两地经济辐射和影响的范围各有侧重，香港服务经济的国际化水平和标准是上海发展的参考目标。上海经济在三次产业结构中，因为对实体经济的长期投入，对国际前沿产业领域的持续关注，以及自身产业创新体系的培育，产业结构相对平衡，实体经济与服务经济的融合发展较为良好。香港的实体经济发展在目前阶段不足以支撑服务经济的发展，经济结构的虚拟化影响宏观经济的稳定发展。上海三次产业结构的构成比香港更具有竞争力。

第五章

香港经济转型优势基础及关键要素分析

香港经济转型的优势体现在多个方面：一是百年西方资本主义市场经济环境塑造的对全球经济运行的理解，及其为之建构的法律制度环境；二是内地经济作为其发展腹地的巨大潜力，内地经济在21世纪初的全球范围内崛起并最终成长为世界第一的经济体，由此带来的经济规模与经济质量发展的巨大需求对于香港作为一个城市经济体而言，提供了超乎历史任何一个时期的巨大机遇；三是香港作为一个自由港经济体，在其以往经济发展过程中积累的自由港经济要素、制度基础以及高端服务产业体系，更为重要的是全球人才与多元文化共处一城的包容性社会；四是在全球经济高度自由化、快速流动的全球产业链、供应链、价值链、创新链构成的网络中，香港完全自由的要素流通枢纽与渠道功能被世界所认可，即使在内部偶尔性的矛盾激化下的社会动荡，依然不能动摇世界对它的认可。香港经济转型的优势基础是在长期发展过程中积累沉淀而形成的，并内生为文化基因，外化为制度法律等形式固定下来成为独特的难以复制的优势。

一、与国际接轨的制度性软环境，获全球企业认可

香港与国际接轨的经济、社会运行机制、商业文化及法律体系等构成的香港经济制度性软环境是其核心的竞争优势。香港服务业占GDP比重90%

以上，服务业发展必须有完善的法律体系与制度支撑。尤其是金融服务业，基本上是法律上的合约概念。在香港的成文法中，经济法约占45%，有力地保障了市场的有序、自由、公平运行。例如，金融衍生产品，购买衍生产品获得的是在特定时间以特定价格买入或卖出某金融产品的权利，而非获得某种可直接消费的产品。在类似非实物交易市场上，交易是通过法律承认的合约进行的，而合约的有效性有赖于其背后的产权基础设施，包括清晰的产权界定、规范的交易平台及解决纠纷的机制。由此看出，服务业市场需要的物理空间有限，但需要非常清楚和可靠的法律空间及基础。

成熟完善的体制是香港最大的优势。而香港与国际接轨的行政制度、经济制度、金融制度与法律制度共同形成一套完善的机制，在实践中证明是非常适用于一个完全开放的经济体（人流、物流、资金流、信息流完全自由）。管理完全开放的自由市场需要强大抗脆弱性的体制。在香港这样完全自由开放的经济体中，信息流、资金流、贸易流与人流波动剧烈。这种波动是自然的，却也意味着高风险，需要强有力的监管体制。政府监管的目的与作用是完善产权基础设施而让市场能够发挥其功能。同时，与国际接轨，以西方经济世界认可的交易平台与交易机制，在共同的话语体系或“游戏规则”中运行经济活动，是最基本也是最重要的“入场券”。

香港一直实行自由的经济政策，政府极少干预经济，一向以市场主导的经济政策著称。在香港回归后，中央政府并没有改变香港的自由经济制度，保留其与国际接轨的经济社会运行机制、商业文化及法律体系。全球经济自由度指数从商业自由度、投资自由、贸易自由化、财务自由、财政自由、产权、政府支出、腐败状况、货币自由、劳动自由10个因素进行评分。2012年，香港连续18年获选为“全球最自由经济体”。这为香港引资创造了良好的制度环境。

二、经济腹地迅速崛起，经济需求总量及能级持续升级

伦敦之于欧洲，纽约之于北美，全球经济中心必须有强大的经济腹地作支撑。香港的经济腹地就是中国内地经济。经过40年发展，内地经济崛起，

10 万亿美元的 GDP 规模，世界排名前列的外资投资目的地，世界最大的进出口贸易规模，最快的年均经济增长速度。系列经济指标显示，内地经济的迅速崛起是 20 世纪末 21 世纪初全球最具影响力的经济事件，深刻改变世界经济格局。在 20 世纪 70 年代以来香港经济发展过程中，内地快速工业化、城市化过程及产业经济特点决定了对经济资源要素的需求及对外贸易的几何级增长，香港经济准确地抓住了内地经济腹地崛起的第一阶段发展机遇，成功地实现香港经济第二次转型。但这一阶段内地经济不具备支撑香港作为全球经济中心的经济能量。

在未来 30 年全球经济发展格局中，只有中国经济正处于工业化向后工业化快速发展的阶段，且具有足够的经济体量与容量。在可预期的时间节点内，是香港优势产业及全球经济中心支柱产业赖以发展与增长的新的发达经济体最具可能的地区。在新的发展阶段，随着内地经济的持续发展，对香港经济具备了比肩纽约、伦敦的经济腹地基础，抓住新的机遇是香港经济第三次转型升级的关键。

目前，由于中国资本项目尚未开放，缺乏中国世界第二大经济体的参与，因此西方全球金融市场并非实际意义上的“全球金融市场”。纽约、伦敦是非常先进的国际金融中心，能够高效地为除中国之外的全球金融客户服务，但它们都不能称为真正的“全球金融中心”。香港背后是庞大的中国市场，全球第二大经济体，全球 20% 的人口，具有庞大的市场潜力与内在需求，目前大多跨境服务需求受到抑制，未来香港国际经济中心发展的后发优势就是内地经济的持续发展与升级。

三、自由港经济体，大数据与云环境优越

香港有着 170 多年自由贸易港的历史，香港的贸易自由、投资自由、金融自由、经营自由和人员进出自由，被称为港式经济模式的“灵魂”，是香港发展成为全世界最繁华的现代化大都市之一的主要动力。国际货币基金组织认为，香港是“全球透明度最高、管治得最好、政府干预最少的营商地区”。香港作为一个高度开放的地区，在很多方面实现了真正的国民待遇和最惠国（地区）待

遇。在投资领域，外国投资者与本地企业一样享受香港特区政府给予的法律保护，外来资本可以自由选择任何行业投资，一般不受投资比例、投资方式和投资数额的限制。在贸易领域，香港特区政府实行自由贸易政策，保障货物、无形财产和资本的流动自由；香港又是无关税自由港，是亚洲与全世界通商的中心。香港对货物的进出口经营权不设限制，任何香港机构及个人均有办理进口和出口货物的权利，而该权利也无须向香港特区政府申请或登记。这些因素使把香港打造成为贸易自由、汇兑自由和企业经营的自由港口。

大数据与云环境下，全球经济资讯即时、高效、安全的处理成为自由港经济日益显著的功能优势。香港拥有世界级的通讯设施，发达的资讯连通世界。2013 年香港即拥有全球领先 ICT 经济体系；云数据处理指数亚洲领先。香港是亚洲最安全的数据中心，在以结算中心、财务中心、信息枢纽等总部经济为主体的自由港经济中，能够为顾客提供安全、迅速、准确的数据资讯服务。在国际金融交易、服务贸易及其他高端专业服务中，时间是第一要素，第一时间掌握有利资讯的机构和个人能够掌握市场主动，资讯信息越来越成为企业开拓市场最迫切需要的关键成功因素之一。

四、专业服务发达，集聚全球高端专业人才

目前，国际投资关注的重点正由过去的硬环境或优惠政策向完善的配套服务转变。自由港经济需要发达的现代服务业支撑，国际金融中心、航运中心的功能实现需要配套多元的现代高端专业服务支撑，而专业服务本身是环环相扣、互相配合的，需要系统性、整体性的发展。香港多元的商业及专业服务，包括法律、仲裁、会计、财务、管理顾问、工程、建筑、教育、设计、产品检测验证等，形成一个综合性的服务体系，有力地支持了香港自由港经济的发展。2013 年，香港专业服务产值 2 602 亿港元，占全港生产总值的 12.4%。在香港，海外律师事务所有 70 间、本地律师行有 780 多间，全球 50 大律师行半数在香港，另有 5 000 多家专业商业咨询机构，在法律咨询、创意产业、信息及通信科技产业等领域保持全球领先。专业服务作为服务经济的基础，保障了高端服务经济的专业性、多向性及复杂性需求，支撑

主体服务功能的高效发展。

香港的优势核心包括三个方面：一是区位优势；二是制度优势；三是人才优势。香港作为亚洲的商业和服务枢纽，拥有大量具有高学历的熟悉国际市场规则与标准、具有丰富营商经验的专业人才和现代化管理架构。因香港沿袭英制教育、开放包容的国际文化、优势的薪酬及职业发展空间、国际化的大都市生活硬件及软件服务等因素综合影响，吸引了全球人才的汇聚。在金融、法律、贸易、物流、专业服务等领域集聚了全球优秀的人才，其中，2013 年香港金融服务类从业人员 23.17 万人，贸易物流类从业人员 76.72 万人，专业服务类从业人员 49.56 万人。国际一流的服务企业集聚顶尖的人才，成为香港经济竞争力最重要的组成部分。

五、完善高效的经济要素流通通道，多维功能性平台

（一）发达航空海运交通网络，连通经济腹地与全球市场

作为自由港，来自世界范围的商务洽谈活动要求便捷、准时的航空服务，全球货物流通要求快进快出。香港拥有世界级的航空、航海线路网络及服务，主要航线连通亚洲及世界大部。目前，从香港起飞航班 4 小时航程可以抵达亚洲境内主要城市，5 小时内可以到达全球半数人口居住地，快速进出亚洲数个最具发展的潜力市场，且港口吞吐量及效率全球领先。同时，经济腹地珠三角是内地经济最发达的地区之一，从香港出发 1 小时路程可前往珠三角各地。由此，以香港为节点，在内部经济腹地及外部全球市场之间构建了发达的人流、物流通道，特别是高端商务人流的便捷通道，成为国际商业经济流中的重要一环。

（二）以优势经济要素资源构建多维功能性国际通道

目前，国家对外投资的规模已经超过引进外资规模，内地企业“走出去”面临的主要挑战包括融资难、市场网络局限、对国际商务规则认知有

限等问题。香港以自身资本、资讯、人才、服务等领域的优势打造多维的“走出去”国际通道。资本方面，香港以上市、信贷、私募、债券、基金等多种融资选择为企业提供低成本的、多样性的、便捷的全球融资服务。国际市场拓展方面，香港以其国际化的产品设计和营销人才提升产品品位以符合国际市场标准与消费习惯，拓展与产品匹配的全球市场空间。与国际接轨的商务运作及法规体系方面，香港在法律、会计、财务等专业领域拥有众多了解国际市场规则与运作方式的高端人才，且香港商法直接源于国际商法体系。由此，商业活动中人流、物流、资讯流、资金流、知识流等经济要素经香港的自由商港及国际通道通达全球市场，功能性渠道与平台作用显著。

第六章

香港新经济转型发展趋势研判

香港经济发展趋势基于几个大的方向判断：首先，全球产业经济发展的最新趋势，最核心的方向就是以人工智能、云计算为核心支撑的第四次产业革命带来的新的产业内涵及产业体系，与全球科技发展的最新及未来趋势接轨；其次，香港未来经济发展需要着力于弥补自身的产业结构性缺陷，在高端制造业领域，以全新的系统性要素投入与资源重组，建立新的工业体系，促进高端制造业以特定的形式回归香港经济，夯实香港经济基础，与近年来全球发达经济体普遍重视高端制造业发展的趋势契合；再次，与香港既有的经济结构优势接轨，香港经济作为亚太核心的经济枢纽，其金融、航运、专业服务等领域集聚的优势竞争要素及其制度环境，全球高度认可的自由港经济信誉，在21世纪全球快速发展的“流”经济形式中将具有核心的竞争优势；最后，香港经济发展的根本是与内地经济发展新需求接轨。内地经济的发展崛起是21世纪初全球最大的经济事件，被普遍认为是巨大的市场机遇，而香港在其中具有独特的地位与作用。香港近半个世纪的发展与内地经济高度捆绑，获得了极大的发展红利，以内地作为香港经济发展的腹地，未来内地经济进一步升级发展的需求，包括人民币国际化、服务经济开放与高端化等战略性机遇赋予香港经济历史性机遇。香港需要进一步调整自身的发展定位与方向，在国际经济与内地经济发展的大格局中找准平衡和切入点。

一、产业体系突破传统产业局限，拓展至全球新兴领先领域

世界经济危机后，实体经济，特别是高端实体经济的回归是西方发达经济体的重要战略调整方向。实体经济在稳定区域经济发展基础、塑造经济核心竞争力及平衡不同产业间的要素流动等方面的作用为全球所认识。香港以实体经济发展实现经济的第一次城市工业转型，从20世纪50年代香港近代工业体系建立，到80年代中期、90年代初期，香港制造业产业全面北移到珠三角及内地其他工业园。在经历近50年的发展后，由于香港工业化发展以体量小、周期短、低技术、低资本的劳动密集型轻工业产业体系为主体的产业结构一直保持不变，香港产业体系一是没有真正形成技术密集型、高技术含量的产业门类；二是在内地经济转型升级过程中，早期香港相对低端的制造业产业体系成为调整迁移的主要对象，后续缺乏技术密集型或者高科技产业支撑，产业发展陷入困境。

未来香港产业体系发展主要趋势之一就是重新塑造制造业领域的区域产业竞争力，突破传统产业局限，拓展至高新技术产业、智能制造、绿色工业等新领域。工业制造业及高科技产业领域传统的产业升级模式与路径不适应香港实体经济竞争力的重塑。在内地以及全球范围内重组香港实体经济产业体系，新的发展模式核心包括：一是瞄准代表全球先进产业发展方向的新材料、微电子、生物医药、第三代移动通信、航空航天制造、医疗设备、3D打印、新能源、风电等高新技术、智能制造、绿色工业等新领域；二是以全域的视野在全球配置香港实体经济发展的要素资源，包括香港优势资本资源，全球产业资讯与信息，内地及全球的创新资源，全球范围工业制造业领域、高科技领域及新概念技术产业领域具有潜力的企业或企业家，目标产业领域的产业集群或创新集群所在区域；三是突破投资办厂的初级模式以及行业领域界限，在资本、创新、企业、技术、服务等不同要素系统盈利因子中，现阶段突出以资本获得这些领域企业或者产业红利。

二、人民币“离岸”金融中心，差异化功能互补合作提升自由港经济竞争力

（一）市场、国际经济社会、国家共同选择香港作为人民币“离岸”中心

人民币国际化是国家对外开放新战略的重要组成部分，目前国家正致力于推动人民币在全球贸易和金融中的使用，迄今已在伦敦、首尔、多伦多、悉尼等多个城市指定人民币清算银行，并进行了人民币与欧元、澳元、卢布等主要货币的直接交易。人民币国际化是国家尝试中国经济在全球经济，特别是金融领域谋求新的话语权与新的国际贸易经济秩序的重要战略措施。作为人民币国际化的战略布局，一方面需要在全球性的金融中心或地区性金融中心，以及全球主要经济体金融城市进行战略布点，获得广泛的官方、市场认可；另一方面，需要既能获得国际社会广泛认可的，具有金融中心的功能支撑，同时能满足国家的经济安全与高度信任的战略性的“离岸”中心统领全局。在21世纪初，香港作为人民币的“离岸”中心是国家、市场、国际经济社会三者合一的自然选择，也是唯一选择。

香港2014年前10个月人民币贸易结算额达到5万亿元，同比增长73%，截至10月底，人民币贷款余额已近1 700亿元。在中央政府的支持下，香港成为全球最大的离岸人民币的业务中心，拥有全球最大的人民币资金池，根据全球银行协会的统计数字，香港银行处理的人民币交付的交款量和发行贸易量占了70%，香港的资金管理公司的资金管理总额已经达到16万亿港币，在人民币境外合资和投资者的应收资金方面也有279亿元人民币。随着国家战略的逐步推进，人民币离岸中心的发展将促进并最终奠定香港国际金融中心的地位。

（二）与内地自贸区差异化功能互补合作提升自由港经济总量与能级

中国（上海）自由贸易实验区建设是国家新一轮改革的重要战略措施，

其特点是突破了先前改革“政策洼地”的局限性，进行“制度创新池”式全面改革，不再是优惠政策的局部吸引力，而是与国际接轨的市场规则与制度的整体环境创建。上海自贸区发展是多目标系统集成：一是与国际接轨的高标准投资和贸易规则体系建设、新型行政管理体系建设、对外投资服务促进体系建设、监管模式创新等新机制方面；二是开发高端金融服务功能、航运服务功能、商贸服务功能、专业服务功能、文化服务功能以及社会服务等新功能、新领域方面；三是开发航运金融、船舶管理、航运经纪、航运运价指数衍生品交易等新行业、新业态方面。自由港经济的新机制、新功能、新领域、新业态、新模式等创新发展既是上海自贸区发展可复制模式的重要内容，也是重要挑战。

香港自由港与上海自贸区，以及其他国内正在申报或报批的潜在自贸区，在功能定位上具有一定的差异。现阶段内地自贸区的设立与发展更多的是配合国家经济转型与对外开放的战略需要，主要功能是优化内地经济发展质量，提升与国际接轨的经济运行与管理制度。在具体功能培育及产业发展方面与香港有着较大差异。一是内地自贸区更多的是立足于内地腹地，服务于内地经济，而香港自由港经济更多的是服务于包括内地经济在内的亚太区域经济，特别是东南亚地区；二是香港经济以金融、航运、专业服务为核心经济功能，内地自贸区发展在未来功能设计与服务内涵会更多样化，除了第三产业服务经济外，还有第二产业实体经济、政府治理体系创新、区域发展合作、社会文化融合等均会以自贸区发展为契机深刻改变区域经济空间、社会组织、文化形态等；三是香港的功能定位更多由国际经济社会定义，内地自贸区功能在相当长时期内由国家及地区发展目标设定。其他在经济区位、人才结构、运行机制、目标市场、产业结构、社会组织、政府治理、社会文化、国际认可等众多方面的差异决定了香港与内地自贸区差异化功能互补合作的机遇空间。香港传统的自由港经济发展受产业结构、人才组成、企业规模、经济空间等因素限制，已经达到阶段性峰值。与内地自贸区的差异化合作，突出优势，弥补短板，以世界第二的经济总量规模及不断提升的经济增长质量为基础，香港自由港经济总量与能级将突破发展“瓶颈”，获得几何量级的再增长。内地集装箱航运规模已居世界第一位，但航运的后来服务受内地政策及法律基础等条件限制，一时难以突破，航运经济的实际控制中心在伦敦及新加坡。香港与上海合作，以世界第一规模的硬件基础结合最自由的自由港政策体系，合作建立亚太航运经济中心。

三、经济枢纽功能优化，助推内地经济融入全球经济体系

20 世纪香港制造业经济的北上发展塑造了香港 60 年代至 90 年代中期经济发展的奇迹。新时期，香港服务业经济的全面北上与融合，再一次塑造香港经济规模与能级的提升，是 21 世纪初香港经济发展的最大趋势与特点。

香港经济较之内地的功能定位因内地的经济发展需求及香港的比较优势而确定。在内地经济持续转型过程中，新时期内地经济“走出去”趋势明显，在全球配置资源、开拓市场、建立起海外生产网络与市场网络，初步形成全球布局的产业链及资源能源供应链。在这一过程中，香港经济功能面向内地不能是资本和低端轻工业技术的输出，也不再是“前店后厂”的简单加工经济格局。香港经济对内地经济的比较优势核心转为国际经济社会认可的经济运行规则、高度自由的经济要素流通渠道及专业服务产业支撑。

在内地经济走向全球和香港比较优势的转变共同作用下，香港经济成为内地企业，特别是中小企业，走向世界经济的重要通道。在 2014 年珠三角、长三角约 400 家中小企业问卷及实地调研结论显示：70.7% 的珠三角企业、60.2% 的长三角企业会选择香港作为企业“走出去”的通道，“渠道”功能优化是香港经济发展优先方向之一。在对香港的经济功能需求选择中，产品开发及设计、品牌设计及推广策略、市场营销策略及开发新业务、相关金融服务、专业服务分别占据前 5 位。珠三角的指标数据分别是：53.5%、52.5%、46.5%、39.2%、40.6%；长三角的指标数据分别是：55.2%、52.9%、41.7%、43.0%、39.0%。香港经济的“平台服务”功能需求将进一步强化。

由此，香港经济对于内地的主要优势及功能定位在新时期转变，在内地经济由“引进来”到“走出去”转变过程中，香港由相对单一的资本输出功能，世界经济的“窗口”交流功能，逐渐转向“渠道功能”“平台服务”功能，经济功能的多样化及立体化成为未来香港经济的重要特点。特别是服

务经济将成为香港经济在国家新一轮对外开放格局中重要的竞争优势，香港“渠道”功能优化，“平台服务”功能强化，推动香港在国家对外开放格局中的功能定位升级。香港经济枢纽功能将进一步突出，助推内地经济全面融入全球经济体系，并获得发展红利，是香港突破现在服务经济发展规模与能级“瓶颈”，真正形成世界经济中心的重要战略机遇和关键步骤。

四、制度性软环境成为新时期对内地经济投入与合作的重要组成部分

区域经济比较优势的变化直接决定了合作方式与内涵的变化。香港经济较内地经济的主要优势在第二产业领域已经消失，新的优势核心在于第三产业领域。香港经济在百年市场经济环境的塑造下，经济理论、要素配置、经济活动、市场空间、经营方式，以及制度框架、法律条文、运行机制等获得世界自由市场经济的广泛认可。基于制度信誉与信用的香港与国际接轨的经济法律体系、商业制度与文化、贸易规则等成为新时期内地经济不可比拟的优势资源。

研究团队在香港瑞银、恒生银行、中银香港、招商局等企业调研发现，内地企业以香港企业的身份或者面貌参与全球范围的市场经营活动，更容易获得认可和建立合作关系。内地与香港不同的法系基础，政府宏观主导经济与自由市场经济，区域本位经济与全球国际视野，初级的“关系”特点经营环境与高度标准化、规范化的营商环境，以及反映两者差异的商业制度与文化、贸易规则、法律仲裁制度等，全面的软环境差异树立了香港比较优势的竞争力。在内地经济规模与产业结构初步完善发展后，香港的服务经济，特别是制度软环境构成要素，成为对内地经济投入与合作的重要组成部分。内地经济急需获得全球广泛认可的制度与规则要素提升经济发展的品质与质量，建立起与世界经济对话的通用“话语体系”，在新时期“走出去”“引进来”的过程中，逐步获得世界经济主体的认可。

另外，高端资源成为掌握竞争主动权的核心要素。内地经济的发展促进了资本、技术、人才等经济要素资源的发展与香港经济发展的比较优势转

变。香港经济对内地最大的优势就是与国际接轨的经济法律体系、商业制度与文化、贸易规则等，由初级经济竞争要素上升到高级竞争要素，也是香港保持的为数不多的优势资源。按照当前国际先进经济发展支撑要素的标准，内地经济发展支撑要素的短板正是香港能够弥补的。因此，除了资本之外，第三产业领域制度性软环境要素成为下一阶段与内地合作的重要组成部分。随着国家对香港服务经济的逐步开放，包括自贸区服务经济合作框架、商务部服务贸易经济便利化等措施的实施（特别是2014年7月商务部31条进一步扩大开放措施，涵盖了不少香港的优势的服务行业，包括就是取消外商投资医疗机构的最低投资准入和经营年限的限制；向外资开放一般商品的网上销售；允许港澳人士设立内地会计师事务所，取消对外商投资商品认证公司的限制，取消对投资方的资质要求）。法律、仲裁、会计、财务、管理顾问、工程、建筑、教育、设计、产品检测验证等领域的软要素成为内地吸引投资的重要对象与组成部分。

五、面向全球竞争，塑造全球特定领域的经济话语权、控制力及引领力

我国香港经济在20世纪60年代与新加坡、韩国及中国台湾地区同步起飞，并保持一定的比较优势。在后期的发展过程中，香港经济与内地经济的紧密联系，大量资本投入内地相对低端的制造业领域，以及后期的地产行业，由于内地巨大的市场容量及经济规模，香港资本获得足够发展空间及红利，产业升级的动力与压力不足。同期，韩国、新加坡及中国台湾地区，产业发展没有内地巨大市场空间红利，来自全球的产业升级与竞争压力迫使它们升级，保持全球范围经济竞争力，产业升级迅速，产业结构调整保持与世界同步，在全球特定行业领域持续保持一定的行业话语权、控制力及引领力。

香港早期发展因内地市场空间、土地、劳动力及政策、资源等优势条件支撑，经济快速发展，但一个显著特征是香港相对低端的成衣、玩具、电子产品等主要产业门类由香港城市工业规模北移至内地，企业规模、市场空

间、要素成本及政策环境等相对几何级扩大，由此与内地合作成为全球相对低端产业门类及产品的供应基地，发展成为低端产业的“世界工厂”。香港经济在获得巨大发展红利同时，一是丧失了产业升级的动力与全球先进经济竞争力，二是陷入发展的路径依赖或者路径锁定，对内地经济的依存度上升。且后期随着 CEPA 系列文件的优惠发展政策及最新的专业服务开放政策执行，香港经济在服务业领域一方面获得巨大的发展空间，另一方面也可能陷入前期制造业发展的路径困境。

在面对巨大发展机遇的同时，以制造业发展困境为鉴，香港经济“内向”与“外向”的平衡尤为重要。一方面，积极北上，抓住内地经济升级转型、主动融入全球经济体系及服务经济崛起的发展机遇，将香港服务经济的目标、特点、优势在内地经济新一轮发展过程中充分展现。内地经济经过 40 年改革开放，三次产业结构明显优化，“世界工厂”的实体经济发展急需服务经济提升其发展质量，央企及大量优秀中小型企业“走出去”的过程也急需服务经济的支撑，特别是在内地经济领先发展区域，服务经济的崛起是新一轮经济发展的核心动力。香港需要充分利用国家惠港政策，立足于经济腹地，建立起北美之于纽约、欧盟之于伦敦的全球经济中心与经济腹地的紧密联系。另一方面，保持与全球主要发达经济体，世界经济发展最新趋势以及纽约、伦敦等全球顶层经济中心的密切联系。把握世界经济发展方向的调整，瞄准核心竞争力构成要素的变化，并以此为目标积极配置资源，在人才、机构、政策、创意、机制等方面培育它们的核心竞争力构成要素，在全球经济体系中积极参与主流的经济活动与竞争，面向全球竞争，塑造香港在全球特定行业领域的经济话语权、控制力及引领力。其中，基于目前香港服务经济核心竞争优势主要由跨国企业与机构主导，本土企业规模、人才等相对弱势的局面，可积极发掘内地及全球华人经济的潜在能量，培育本港或者内地本土的全球一流的服务经济企业集团或机构。内地经济在近 40 年的发展过程中，在工业领域、高科技领域及互联网经济领域已经出现了全球领先企业及企业家，有鉴于此，在服务经济领域，在香港优势环境及因素的作用下，同样可以培育世界领先级的企业及企业家参与全球竞争，塑造行业领域的话语权、控制力及引领力。

第七章

香港经济转型发展路径选择

香港经济转型发展需要全方位、系统性的布局和调整，而香港基于自由市场经济环境的产业发展与重组，在遵循市场机制与规律的基础上，需要突破一些自由经济思想的束缚，适度导入政府的宏观引导作用，特别是在市场经济被垄断严重扭曲的情况下，处于目前的发展困境中。香港经济转型在宏观战略及细分行业领域都需要深入的调整与转变，以适应最新的全球及区域经济发展竞争要求。在发展战略定位，新的发展驱动力形成或导入，与内地建立新的合作内涵、模式与机制，具体产业、行业发展布局与突破路径，在全球寻求新的发展地位与优势，以及融入国家发展战略等方面，都需要深入的调整，以形成新的发展格局和趋势，最大限度地重塑香港发展的产业结构基础、优势竞争要素资源与制度基础。在战略定位、功能布局、发展格局、产业支撑、要素系统、制度环境等方面逐渐发展赋予香港经济新的内涵与优势，且时不我待。

一、创新突破香港“资本”+内地“土地+劳动力”合作模式

（一）新加坡与中国基于比较优势变化持续升级的合作模式创新

新加坡与香港特区均为港口城市及一定区域的经济、金融中心，在制度环境上也具有较大的相似性，因此，在产业发展上，新加坡的经验

对香港特区有一定启发。新加坡经济发展最大的基础是辖域内国际战略水道通过，依托此航运中心、金融中心发展成为立国之本，比之香港特区具有内地经济能量与潜力巨大的经济腹地。从目前发展的格局分析，新加坡经济发展对中国经济腹地的开拓较香港特区在新的发展阶段后来居上。香港特区以成衣、玩具、电子产品等相对低端的制造业北上开拓与内地的经济联系，20 年发展过程伴随内地土地、劳动力等经济要素资源的竞争优势逐渐弱化、相同行业制造业产业的崛起，创新驱动与产业升级，直接瞄准欧美主流经济体与目标市场等因素的综合影响，香港资本及其投资产业在国内领先经济区域不再受欢迎，且是各类工业园区转移、淘汰产业的主要对象，发展竞争优势逐渐局限于地产等极少数产业内别。内地巨大的市场空间及经济潜力一方面造就了香港资本在内地早期的高速发展，另一方面也促成不思进取、产业模式及形态逐渐落后的局面。

新加坡资本在中国的经济合作发展项目，中新苏州工业园、中新天津滨海生态城以及概念阶段的中新广州知识城、中新桂林旅游度假园等发展项目为标志，其他包括在重庆、武汉等地的发展项目，其核心是以新加坡的资本及先进经济管理经验、理念为优势投资资源，突破其国土空间、资源短缺、产业门类单一、人才结构局限，在现代工业制造业、生态可持续发展、知识创新等领域培育新的经济增长点，以新加坡“资本” + 内地“工业”、新加坡“资本” + 内地“生态资源”、新加坡“资本” + 内地“科技创新资源”、新加坡“资本” + 内地“旅游资源”等为代表的新加坡“资本” + 内地“X”的投资模式，关键的是以不同阶段内地产业经济升级的目标与方向布局“X”选择，与内地投资地的产业升级方向，优势资源布局及国际经济发展主流方向保持一致，进行预期投资布局。

需要强调指出的是，在新加坡产业发展过程中，政府引导与市场主导的经济发展“双轮驱动”规则被很好运用。新加坡在承袭英国传统的自由资本主义思潮和治理经验的基础上，长期奉行鼓励资本自由竞争的制度，对内、对外资本及大小资本均实行平等待遇，这一点香港特区与新加坡相似。但新加坡在自由市场经济的基础上，国家对社会经济进行间接的积极干预和调控，并保持一定的取向和力度。政府与市场之间各有其相对的独立性，尤其是市场经济活动的“自组织”能力比较强，这样就减轻了政局的波动、政府的方针变化以及领导个人的沉浮所左右。

（二）香港“资本”+内地“资本”、香港“资本”+内地“科技”，或香港“服务”+内地“资本”等新合作模式创新

香港资本在内地近40年的投资历程，主要特点是“周期短、技术低、成本低”的低端制造业或者资本密集型的地产行业，缺乏真正意义的现代工业、高新技术、网络经济、知识经济、绿色经济等新兴领域的投资，是基于绝对比较优势的香港“资本”+内地“土地+劳动力”投资模式。对于内地40年经济发展积累的资本、技术、科技等经济要素资源优势转变，及内地经济转型发展的新需求缺乏足够的经济敏感与响应机制。新的格局下，香港应突破旧的投资模式，利用内地经济新特点开创新模式，如香港“资本”+内地“资本”、香港“资本”+内地“科技”，或香港“服务”+内地“资本”等新模式，具体内容如下：

香港“资本”+内地“资本”：内地经济近40年发展，一批具有国际投资实力、进行跨国资本项目运作、进行跨国领先企业或者领先行业投资的资本集团或企业家团体已形成，香港资本集团或者个人可以联合内地优质资本集团或个人组成合作团队，在国际资本市场，不同产业领域进行具有全球影响力、行业影响力超大规模投资项目，与国际资本集团博弈；在内地市场，组成资本团队投资具有良好发展潜力的具有技术突破、行业垄断突破、新兴经济领域突破的项目；投资于具有国家战略意义的行业、部门或者具体项目；投资于具有良好国内或全球市场预期的项目或企业。以国家、内地优秀企业集团或企业家的战略魄力与眼光突破香港资本投资的战略局限性短板。

香港“资本”+内地“科技”：“创新驱动，转型发展”是中国经济“十三五”及以后更长的经济发展周期内的核心内涵。在新一轮的经济增长周期内，创新经济将成为国民经济的主要特点。将香港资本与内地雄厚的创新资源结合，重点在创新产品与技术的市场化开发与应用领域，在新能源、新材料、网络经济、智能制造、绿色工业等国内或者世界产业发展主流升级

方向，或其他具有广泛市场前景的行业、产业技术突破领域，以风险投资、项目合作、知识产权合作、技术资源共享等方式，与内地科研机构、大学、研发性企业、海外归国研发团队与个人等创新型资源主体进行投资合作。以内地的技术创新优势突破香港产业经济发展科技、技术创新资源支撑短缺的局面。

香港“服务”+内地“资本”：过去40年，引进与利用外资是内地经济发展的关键举措，未来30年，内地资本对外输出，进行跨国投资，在全球范围进行资源配置与效益最大化是主流趋势。香港作为亚洲的商业和服务枢纽，与国际接轨的多元的商业及专业服务，包括法律、仲裁、会计、财务、管理顾问、工程、建筑、教育、设计、产品检测验证等，形成一个综合性的服务体系。在内地企业“走出去”的过程中，香港现代服务业体系为内地企业与资本走向全球市场提供专业服务，在服务外资进入内地市场的同时开辟新的服务领域协助内地资本走向世界，由单通道向双通道转变，双向流通服务增加香港相关服务经济的容量与质量。

“香港+内地”+“服务+资本+产业+X”：未来香港经济与内地经济发展的“经济势差”逐渐削平，经济关系更多地表现为差异互补、优势合作。香港之于内地经济腹地的关系，达到纽约之于北美、伦敦之于欧盟的区域经济发展极核与发展腹地的关系水平，空间区位界线淡化，经济功能合作与融合强化，服务、资本、产业、能源、品牌、科技等经济要素资源实现市场最优配置原则的自由组合，打破个体经济发展的本位主义系列限制，在区域整体资源优化整合过程中倍增经济竞争力。由此，全面弥补香港经济的短板，实现由亚太金融中心、航运中心等区域性特定经济功能中心向全球性、综合性经济中心升级与转变。

二、借鉴淡马锡模式，以内地科技创新型飞地实体经济夯实产业基础

从产业发展的角度解读新加坡淡马锡模式：以国家主权资金的性质，一方面控股新加坡国内通信、金融、航空、科技、地产等为主要行业；另一方

面布局亚洲具有高速经济增长潜力的地区及行业，涉及中国、印度等新兴国家的网络、金融、能源、科研等行业与机构，把自身的发展与亚洲其他高速发展地区的经济体捆绑起来，拓展本土经济功能空间，以外部优势资源丰富完善自身经济结构与产业结构，规避国内产业风险。

香港奉行完全自由竞争的市场经济，其局限是经济发展不是静态的资源配置，而是动态变化的过程，产业结构升级的风险必须有相应的基础设施、制度环境作为基石，企业及个人难以匹配制度环境及基础环境，必须政府托底。香港特区政府对区域产业经济发展的引导与干预功能薄弱，直接的后果是香港第三次产业经济转型的停滞与困境。在周边主体经济新一轮的产业升级与功能升级的背景下，香港新的产业发展方向不明确，传统服务经济功能固化，地产经济扭曲全港经济结构，且在内地房地产市场继续释放能量，负面效应逐渐显现。

香港特区设立主权资金的投资模式，首先必须突破完全竞争自由市场经济的理论束缚。按照新结构主义经济学观点，不同发展阶段的产业技术结构及相应的上层建筑由区域内层关系决定，内层关系决定每个起点的要素禀赋。区域发展政策的目标是提升要素禀赋结构，因为要素禀赋结构在任何一个固定节点是给定的，它同时决定该节点的总预算及各种要素的相对价格。按照林毅夫对现代经济发展史的观察与总结："从第二次世界大战至今，没有一个经济体是按照西方主流的经济理论制定政策而最后成功的。"政府和市场最重要的链接点就是产业政策，技术发展是产业不断升级的过程，政府支持对加快市场经济的技术研发、产业升级、经济多元化具有重要作用，因为政府补充外部性，解决企业间的协调，产业政策是有力工具。完全竞争自由市场经济不能解决当前香港经济发展主要的问题，必须引入和强化政府对区域产业经济发展的引导与培养功能。

香港作为特别行政区，有完全的经济自主权力。以政府资本，吸收部分香港财团的资本组成香港主权资金性质的投资企业。在内地或全球范围内，围绕香港产业升级、新经济功能培育及弥补经济短板的核心方向，在新能源、新材料、网络经济、高新技术、智能制造、绿色工业等代表国家及世界产业升级与发展方向的产业部门，选择具有技术突破、行业垄断突破、新兴经济领域突破的产业项目和企业，或者具有国家战略意义的行业、部门、项目与企业，以及其他具有良好国内或全球市场预期的产业项目或企业进行投资合作，以国内经济发达地区工业园区、高新技术产业园区升级，“腾笼换鸟”为契机，变被动迁移为主导淘汰相对低端的制造业产业类型与生产方式，置入开发“香港科技城”“香港新兴技术工业园”等飞地型实体经济，发展高新技术、智能制造、绿色工业等产业，夯实香港经济产业基础。

三、专业服务经济全面“北上”，深度切入内地经济转型需求

香港作为亚洲的商业和服务枢纽，拥有大量具有高学历的熟悉国际市场规则与标准，具有丰富营商经验的专业人才和现代化管理架构。多元的商业及专业服务，包括法律、仲裁、会计、财务、管理顾问、工程、建筑、教育、设计、产品检测验证等，形成一个综合性的服务体系，成为目前香港最具有竞争力的优势经济资源。

专业服务成为香港资本之外相对内地经济的最大差异化优势资源。在内地经济开放过程与格局中，香港资本作为主要的外资来源启动内地经济发展，新阶段香港专业服务经济的“北上”将升级内地经济发展的质量，培育与国际接轨的具有国际标准的现代经济体系与企业组织，特别是专业标准与商业文化。内地经济深度融入全球经济体系，熟悉并运用全球主流的商业文化与规则、法律、机制、标准、框架等，在共同的话语体系中与世界领先企业合作与竞争，香港商业服务及专业服务经济对内地经济倍增力的提升效应将在最广大的范围内体现。

内地发达地区经济发展处于转型升级的过渡阶段，第三产业的兴起与结构升级优化是重要方向。香港专业服务经济的进入一方面树立相关行业的国际标准与标杆，成为内地企业学习与借鉴的对象；另一方面，内地经济发展新的周期内，企业的升级，管理品质与专业服务质量的提升，企业国际化进程的加速，服务经济的兴起，加之内地相关行业领域发展的空白或处于初级阶段等众多客观市场需求因素为香港商业服务与专业服务行业与企业提供了广阔的市场空间。香港专业服务行业与企业的全面“北上”。

1. 在新一轮 CEPA 追加协议框架中，积极推进内地市场开放法律、仲裁、会计、财务、管理顾问、医疗、工程、建筑、教育、设计、产品检测验证等专业服务经济市场开放，逐步放开服务经济的市场准入。

2. 投资领域的转变，由传统的第二产业或者房地产等实体经济投资，转向“办公室”投资；由工业园区、高新技术产业园区转移至城市 CBD 区域；以香港特区政府及相关行业协会的名义与中央及地方经济主管部门沟通协商，争取内地经济吸引外资优惠政策由第二产业领域向第三产业领域延伸，由硬件优化向软环境保障转变，逐步放开行业准入的类型及门槛限制，在资质认证、行业标准、企业注册、合作方式、知识产权保护、法律条文适用、行业准入等方面逐步建立起适合香港或国际专业服务行业进入发展的有利软环境。对于服务经济开放的政策制度的突破比硬件环境的塑造与优化更具挑战性，需要从国家到地方层面的战略共识。

3. 香港商业服务与专业服务企业、行业协会、政府职能部门以及专业人士，以派遣办事处、分支机构、先遣团队、与内地同业者合作等方式，积极主动开拓内地经济市场，先入者得先机。香港 20 世纪 80 年代制造业的“北上”成功，除了国际经济环境、内地经济要素优势及香港自身局限性等因素影响外，香港企业家的开拓求新进取的企业家精神亦是重要原因。香港专业服务在当前本港服务经济市场与发展空间繁荣的景象下，以更长远、更广阔的视野审视当前及未来 30 年行业发展与增长的最具潜力地区：在全球经济发展的格局下，在 21 世纪初，只有中国经济正处于工业化向后工业化发展的过渡阶段且具有足够的经济体量与容量，在可预期的时间节点内，是专业服务业赖以存在与发展的新的发达经济体最具可能的地区。提前布局内地市场是保证未来 30 年香港专业服务业高速发展的关键。

四、以优势经济功能主动融入国家“一带一路”倡议发展实践

从区域经济发展角度理解国家“一带一路”倡议具有三重意义：一是国家开放格局由过去 40 年东部地区优先开放向西部、中部内陆纵深地区全

面对外直接开放的转变，不需要经过东部的梯度跨越或连接；二是国家具有优势竞争力的基建、制造等产业加速与国外相关产业链合作及市场对接；三是“一带一路”沿线国家及地区经济要素资源与市场空间的优化配置。在“一带一路”倡议中，因为沿线政治不稳定国家可能存在的风险，需要国家在经济之外，外交、安全、政治的介入保障。在“一带一路”实施的路线图和时间表上，可以优先考虑“海上丝绸之路”的投入和发展，因为该地区政经形势相对稳定，对发展的需求比较迫切。香港主动融入国家“一带一路”建设发展中，进行“一带一路”建设的投融资和财富管理、高端专业服务供给、多元旅游服务消费、新兴产业引导、多元培训教育等功能服务支撑。在“一带一路”沿线，发挥香港特区与东盟、欧洲、中东地区传统的紧密经贸联系优势进行全方位的合作。

在具体领域：（1）构建亚投行、丝路基金的香港功能性金融分支机构。在国家“一带一路”倡议中，香港可以发挥金融融资中心的功能，作为境外或第三方人民币融资中心，可以考虑在香港设立亚投行、丝路基金的功能性运营机构，作为内地、境外企业集团的融资平台。（2）依托香港传统的优势商务模式，发达的商业经济资讯信息，发展跨境贸易电子商务服务，促进“一带一路”现代商贸“e模式”升级。跨境电商的发展将革新传统的贸易形式，将“互联网+”与国际贸易经济进一步融合，改变全球及地区的贸易格局，香港作为亚太领先的贸易经济中心，应引领这种变革，继续保持地区的领先地位和影响力。（3）以香港国际领先的枢纽空港、海港基础设施及服务功能促进“海上丝绸之路”现代商贸物流网络的发展。发达、高效、完备的物流基础与服务体系是保障“海上丝绸之路”区际要素流动的关键，香港国际领先港口的服务能力及软硬件标准引领东南沿海布局的系列港口的合作。（4）以香港国际认可的知识产权保护与交易体系促进区域专利产业技术转移。在“一带一路”跨区域经济发展过程中，不同方式与内涵的技术交流、转移与交易将成为常态，香港具有国际公信力与纠纷裁决能力的知识产权保护体系与国际仲裁机构能够取信于各方，促进知识产权与产业技术交易。（5）发挥香港经济在东南亚地区广泛而深厚的经济影响力、引领力、控制力，促进大湄公河次区域（GMS）经济合作。香港是东南亚“大中华”经济圈的核心，在东南亚广泛的投资、贸易、文化交流以及其他各种正式、非正式的民间联系发达，可以积极促进大湄公河次区域（GMS）合作的经济联系、人文交流。（6）香港特区社会开放、包容，集聚东西方文明、汇集多元文化、共存多种宗教信仰，在“一带一路”复杂多元的宗教、文化、民族背景环境中，香港可以作为难以取代的多元文化交流与合作中心。（7）香港具有发达的商务会展、旅游服务、酒店服务产业，可以服务于“一带一路”框架下双边、多边经贸、文化论坛、会展、商务交流活动。香港会展旅游业高度发达，政府间的各种专题、性质、层次的会议与交流活动可以在香港举行。（8）建设“一带一路”框架下香港金融服务、专业服务平台，发挥香港项目融资、资产评估、法律仲裁、风险评估、征信评级等高端专业服务的优势，配合区域内企业合作。首先通过香港特区政府搭桥，介绍内地的优秀项目建设企业进入香港大型基建市场，通过在香港的合作建立内地企业与香港专业服务企业的联系，加深彼此的信任和合作了解。

五、调整自身发展定位，服务内地企业“走出去”

中国企业“走出去”，向外投资已经成为未来中国对外经济发展的主要特点和“新常态”。鉴于与内地紧密的经济联系，香港在内地对外经济关系中的角色，也将随着国家经济的崛起及发展内涵与重心的变化而不断调整。香港作为内地对外经济联系的重要通道和平台，在继续帮助内地引进外资的同时，将更多地转向推进内地企业“走出去”。香港角色的转换不仅是为了适应国家整体发展，更是为了香港未来的利益。香港的经济发展历史经验表明，只有在国家整体利益框架中定位自身利益，香港的作用才能发挥到极致，其自身发展才可持续。

未来30年国家“走出去”的战略机遇可比肩之前40年国家“引进来”战略之于香港的战略机遇，而后者奠定了香港产业经济发展前一个周期的高速发展阶段。香港在内地企业“走出去”中的战略定位集中于两个方面：一是内地企业“走出去”的海外营运中心；二是内地企业“走出去”的战略服务平台。围绕战略定位，核心功能包括内地企业“走出去”的融资平台、专业服务提供、国际规则塑造、市场推广等。

在具体领域：(1) 发挥支持内地企业“走出去”的融资平台作用。通过与中央政府有关部门的沟通，对沪、深、港三地交易所进行合理分工，充分发挥“一国两制”下香港国际金融中心的作用。内地人民币资本项目下的对外开放将继续遵循积极稳妥、循序渐进的原则，而香港国际金融中心完全与国际市场接轨，监管具有世界水平，加快人民币离岸中心的发展。在与中央协商的基础上，对沪、港、深3个交易所的内地大中企业资源，进行内部的意向性合理安排，反对无统一战略规划部署下的商业竞争。修改香港市场现有的创业板上市与监管条例，抓紧组织面向内地的创业板市场。加大内地开放QDII力度，吸引更多内地外币资金进入香港资本市场。(2) 加大香港优势专业服务在内地企业“走出去”过程中的制度保障作用。内地企业在海外投资中普遍面临法律、会计、风险评估、咨询等服务缺乏的困境。香港相关服务业发达，通过多种途径合作伴随内地企业“走出去”：一是可以通过政府设立的公共信息网络平台给予全面介绍；二是香港在内地的经贸派出机构、行业协会与内地政府及企业协会间建立交流和工作协调机制。(3) 香港基于市场经济规则建立起为全球所认可的国际商业规则与运行机制，在法律体系、商业制度、企业文化、行业规则等方面对于初步“走出去”的内地企业具有良好的试验场锻炼效果。(4) 香港发达的商业文化和资讯服务，为内地企业“走出去”在目标地区进行市场拓展、产品推销、品牌推广，建立起本地化的市场销售和合作网络，以发达的商业文化和能力为企业建立全球市场网络体系。

六、与内地重点经济区域进行人民币金融及自贸区发展差异化功能互补合作

新时期，香港经济需要与作为支撑腹地的内地经济发展的改革进程与优先领域保持同步，其中关键的是与内地重点经济区域进行人民币“在岸”“离岸”金融发展及自贸区发展差异化功能互补合作。

（一）沪港人民币“在岸”“离岸”金融中心合作

1. 促进内地实体经济经香港平台融入全球经济体系，夯实人民币离岸中心的产业基础。

人民币离岸中心与内地实体经济融入全球经济体系的进程与通道密切关联。香港是亚太金融中心，金融产品及其交易体系发达完善，特别是金融制度、货币制度、法律制度等制度体系构建了完全开放金融市场必备的软环境基础，使香港完全具备人民币离岸中心必需的各项功能保障。香港目前是全球最大的离岸人民币结算中心，拥有1万亿人民币规模的资金池，占全球人民币离岸市场70%以上份额，资金管理总额已经达到16万亿港币，在人民币境外合资和投资者的应收资金279亿元人民币。较之伦敦、新加坡人民币离岸中心，香港最大的优势就是与内地紧密的经济联系及中央的战略支持。未来30年是内地经济融入全球经济体系的高速发展阶段，以香港自身的优势及国家的支持，吸引内地央企及各类中小型实体经济企业经香港平台走向世界。需要香港特区政府在国家层面与发改委、国资委、央企直接沟通协调，由香港派驻内地不同地区经济代表机构、行业协会及大批深入内地经济各层面的港商，以不同方式共同向潜在的“走出去”企业介绍香港平台的便利性及有效性，争取更多的内地不同类型、规模、性质的实体经济经香港离岸发展。在伴随实体经济“走出去”的过程促进香港人民币离岸金融中心的发展。

2. 借鉴香港金融中心制度体系与功能设置，建立上海全球交易中心。

上海要建成与中国经济规模及国际贸易地位匹配的国际金融中心，人民币国际化是一个重要的组成部分。而上海自贸区限于国家相关现行政策法规制约，金融产品种类及创新有限，金融制度、货币制度、法律制度等制度体系存在空缺，首要的是学习香港金融中心有效的政策体系、监管体系、服务体系等。

在确认人民币资本项目可兑换、金融市场利率市场化的政策大趋势及大背景下，允许金融市场在试验区内建立面向国际的交易平台，逐步允许境外企业参与商品期货交易，鼓励金融市场产品创新。具体操作方式是：建立上海全球交易中心，整合与中国有关的境外股票、债券及期货的跨境交易，以此联通境内外资本市场，允许外币直接交易。内地机构或个人在自贸区内金融机构特许开户，通过特许账户参与自贸区内金融市场的交易；为控制风险，法律可以规定内地机构或个人通过特许账户进入自贸区的金融市场参与全球金融市场交易，例如，特许账户中美元账户用于购买美国市场证券，港币账户购买香港市场证券，但资金只能留在特许账户上而不能出国境。特许账户上的外币可以自由兑换为人民币，人民币也可自由兑换为外币在自贸区内进行特许投资交易，资本账户在境内实现可兑换。

（二）香港与上海自贸试验区合作战略框架

香港与上海经济紧密联系，立足上海与香港发展的阶段特征和实际需求，探寻上海自贸区综合发展与香港发展战略的契合点，以上海自贸区发展为新的契机推进沪港合作内涵、合作模式创新，实现更高层次、更丰富内涵的沪港共赢发展格局。上海自贸试验区通过学习香港的“平台”功能、国际贸易功能和金融服务功能，推动开放型经济、实体经济和创新经济发展，借助香港的服务业开放和总部集聚趋势，推进现代服务业和战略性新兴产业转型升级，并通过自贸试验区“制度创新”溢出效应和政府管理职能转变理念，促进上海经济转型。香港经济可以通过自贸区平台寻求自身经济升级，夯实经济基础，促进与内地合作模式与内涵创新的新机遇。从功能合作、制度对接、面向全球市场三个方面构建合作框架。

1. 功能合作。

香港与上海自贸试验区合作推进香港自由港产业功能与自贸试验区经济功能创新的双向支撑，推进上海自贸试验区功能优势与香港产业功能优势的双重结合，推动推进上海产业转型升级与制度创新突破的深度融合，沪港产业转型、功能升级与制度创新的联动发展。一旦自贸试验区试行制度在国内推进，将进一步推动总部经济、航运经济、贸易经济、高端制造、城市服务、信息服务、海洋经济等领域的功能创新，并带来相应的制度创新拓展。

2. 制度对接。

通过沪港合作，深化制度创新，在自贸区有重点、有层次、有步骤地分期推进相关制度及政策，使自贸试验区总体方案中涉及的各项制度创新和开放政策在香港与国际接轨的制度环境中检验，有助于进一步推进自贸试验区制度创新的效率及实际作用。沪港自贸试验区合作可兼容贸易自由、金融开放、新兴产业促进、研发创新、城市服务以及政府治理改革等多领域制度创新，形成多体系、多层次、多领域的制度创新池，探索一批与国际接轨的经济运行规则，进一步加快内地市场与全球市场的融合贯通。

3. 市场开发。

沪港自贸试验区合作后将会带动全球市场资金、人才、产业、资讯、科技等资源要素进一步向两地及其长三角、珠三角及长江流域腹地市场集聚，推进上海产业转型升级与制度创新突破的深度融合，推进香港第三次经济转型升级。香港与自贸区试验区合作后，通过空间扩容与制度创新、功能创新、产业创新的联动，在亚太地区形成一个服务能级更高、辐射半径更长、带动领域更广的市场极核，对周边地区市场产生更为强大的辐射溢出效应，联动国内经济腹地与全球市场。

（三）香港与上海自贸试验区合作具体路径机制

1. 以“两城一心”突破“一城一心”的概念。以“沪港通”“迪士尼”“大飞机”等经济项目与功能合作突破空间与本位局限。香港因为本港经济空间局限，上海因为国家政策、法律、体制的制约，各有短板。在未来全球经济体系中，香港经济以自贸区（上海）为纽带深入根植于内地经济腹地，突破经济空间局限；自贸区经济（内地）以香港为平台突破政策、法律、体制的局限，以“两城一心”的概念突破“一城一心”的全球经济中心定位，沪港功能融合成为全球经济体系中的中国经济中心，合作成为比肩伦敦、纽约的全球经济中心。

2. 建立沪港经济发展资讯的互通与共享。在自贸区发展的第一阶段，上海作为内地经济中心，是内地商品资讯、产业趋势、企业信息、行业动态、经济政策、能源消耗、碳排放等核心经济指标信息的枢纽，而香港是国际经济、产业、商业资讯的汇集中心，加强香港自由港与自贸区第一时间动态信息共享，各取所需。

3. 加强自贸试验区制造业升级与香港总部集聚联动。把握自贸试验区及上海、长三角经济腹地制造业产业链升级的机遇，围绕装备制造、新能源、新材料、生物医药等重点培育的高端制造产业，有针对性地加强与香港跨国公司资本、技术、管理等的对接，扩大先进装备及前沿技术的进口，完善战略性新兴产业价值链，将上海及长三角经济腹地实体经济产业通过自贸区经济联系嫁接到香港产业经济系统中，加快推动香港制造业复兴，夯实经济基础。积极吸引香港跨国公司总部、功能性总部，推进自贸区总部经济、楼宇经济的集聚，发挥“以商引商、以外引外”的联动作用，推动国际高端产业在自贸区的集聚发展。

4. 以自贸实验区为载体（可将政策实施范围控制在一定空间范围内），争取香港特区法律、仲裁、会计、财务、管理顾问、医疗、工程、建筑、教育、设计、产品检测验证等服务产业在自贸区内先试先行，打开香港商业服务及专业服务“北上”的通道，率先在全国打造专业服务经济新“特区”，对接香港金融、航运产业链延伸。

5. 利用香港在国际金融市场融资便利、知识产权保护法律体系完整，信誉良好的优势推动自贸区及上海高科技产业发展，推进香港经济实体化。在香港成立由特区政府主导，社会、企业参与的科技战略投资公司，通过企业兼并、技术转让、专利参股等不同形式购买国内外重要专利授权，提供给自贸区及上海高新产业园内高科技企业使用，支持和促进其发展。逐步实现内地企业在全球范围内集聚创新资源，实行开放创新、联动研发。充分利用香港资本及技术交易的便捷优势，发挥上海科技研发基础的良好优势，在自贸试验区内建立由政府主导的沪港公共技术研发实验室，为两地企业研发活动提供支撑。

七、加入全球及区域性新经济贸易规则与制度框架谈判，谋求整体最优利益

香港作为特区在经济发展方面具有高度的自主权。全球经济及亚太地区经济格局处在深刻变革中，随着全球经济中心东移、美国重返亚洲战略经济

计划执行，地区性经贸组织及双边、多边自由贸易谈判进程日益紧密。在全球及区域性新一轮经济贸易规则与制度制定过程中，香港作为独立的经济体参与谈判，应积极与内地沟通配合，在谈判中争取最大的整体利我规则。特别是在 RCEP、TPP 谈判、东盟自由贸易谈判等内地因为地缘政治因素而被排斥、抵触的经贸谈判中，积极发声，争取更大的与内地的整体利益。

八、推动香港与内地重点经济区域建立长效定期经贸对话与合作框架机制

香港已经与内地部分地区建立了经贸发展对话与合作机制，如泛珠三角香港经贸论坛、北京香港经贸论坛、上海香港经贸论坛等。在推动香港与内地重点经济区域建立长效定期经贸对话与合作框架机制方面，有必要进一步改进如下：

1. 政府层次的高层经贸论坛及经贸派出机构由北京、上海、深圳等一线重点经济区域向内地区域进一步拓展。

随着国家经济政策导向、产业转移、资源禀赋、大纵深陆地经济发展客观规律等因素影响，国家经济发展重点区域由东南沿海向内陆经济腹地延伸，除了北京、上海、深圳等后工业化产业特点明显的区域外，内地部分区域在未来 10 ~ 20 年处于高速工业化发展阶段。香港特区政府层次的高层经贸论坛及香港经贸推广机构应逐步向以武汉为中心的中部地区，以西安为中心的西部地区，以沈阳、大连为中心的东北地区，以重庆、成都为中心的西南地区等经济增长潜力巨大的地区倾斜，在地域范围与经济空间上，与国家战略及实际的经济发展大趋势保持一致，进行全国范围的重点区域与潜力区域全面布局。

2. 香港特区长官、主要经贸官员深入内地经济快速增长潜力地区推荐与寻求合作项目。

西方主要发达经济体首脑对外交流核心议题是推动经贸合作、推介本国产品。香港特区问题首要的是经济问题，特区行政长官及高级经贸官员获得民望的重要途径就是走出香港，主动寻求与香港经济有利的潜在合作区域与

项目。香港经贸推介、路演、商谈等活动主要在国际市场及内地沿海重点城市，应逐渐调整方向，结合内地强势的政府主导经济特点，在武汉、重庆、沈阳、成都、昆明、西安等内地重点经济城市与地区，建立与当地政府经贸对话与合作机制，举办不同类型、层次、主题的经贸洽谈，以香港特区在内地经济特殊的地位进一步推广香港、寻求合作的机会。

3. 针对不同地区需求，有针对性地筹办专业功能性对接与经贸洽谈。

内地经济不同地区经济发展水平差异化特征明显，自身资源优势及与香港合作的主要诉求也各有不同。应研究不同地区的经济资源禀赋、产业基础与结构特点、经济发展方向及对区域合作的主要诉求等，有针对性地筹办专业功能性对接与经贸洽谈，提高经贸洽谈的效率。以上海、武汉为例，沪港第三轮经贸合作论坛正在筹备中，关注的重点是自贸区的发展，而武汉工业转型、城市基础设施建设是“十四五”期间首要关注的问题。找准不同地区经济发展的脉搏，有的放矢，事半功倍。

4. 发挥香港不同行业协会的经贸促进作用。

行业协会在成熟发达的经济体中作用巨大。香港奉行自由市场经济，是典型的“小政府”治理形态，经济活动主体最大的组织是各类行业协会。香港中华总商会、各类行业商会等组织能力强、专业性强、联系广泛、团结灵活。在与内地的经济洽谈中，应突出发挥商会协会的作用，邀请商会组团考察路演，举办专门推荐会，对接内地合作企业等。

第八章

基于中国经济崛起的国际金融中心发展

金融中心是高级经济形态，其金融功能演进与发展途径除了市场经济规律作用外，有其特殊的政治因素影响。香港国际金融中心发展具有全球影响力，新时期香港金融产业的发展具有多重意义。首先奠定香港金融中心地位的是其全球贸易的亚太枢纽地位，及以美元为中心的资本市场的集聚与流通。经过近半个世纪的发展，香港金融中心的市场要素构成、机构布局、制度安排、监管体系、人才结构等已经达到世界领先水平，其服务东南亚市场的功能和规模已经达到一定层级，形成全球金融系统中的独特地位。在过去的发展过程中，香港距离纽约、伦敦金融中心的最大差距是缺少北美、欧洲这样具有全球影响力的区域发达经济体及其市场需求。在新的发展阶段，中国经济规模达到全球第二位，未来 20 年左右有望达到第一位，且经济发展质量稳步提升，对金融产品的需求急剧扩张。在这一过程中，香港金融中心服务于内地经济发展需求，在资本市场全要素系统，全领域环节迎来规模和能级的几何级增长，以人民币为中心的全球新的金融市场与体系的形成，赋予香港金融中心又一项核心金融服务功能与竞争力，建立在中国经济发展与需求基础上的香港金融中心。

一、国际金融中心的模式创新和功能演变

（一）国际金融中心的模式创新

国际金融中心发展是为了满足经济发展的需要，是市场机制与相关行业

发展规律发挥内在作用、逐步发展的结果。同时，随着金融产业对国家及地区经济发展的引领与控制作用增强，政府积极地介入区域金融业的发展，通过规划促进本国有条件的城市地区跨越一定的发展阶段，快速成长为国际金融中心。基于经济增长与金融产业需求反应和供给理论，国际金融中心的发展模式包括基于市场机制与规律自然发展型和政府政策推动型两种。前者由区域经济腹地强大的产业经济需求推动，巨额的资本需求与服务催生国际金融中心形成，是区域经济发展到一定阶段，产业经济自然演进的结果。例如，伦敦、纽约等传统国际金融中心集国际经济中心和国际贸易中心于一体。后者由政府基于国家需求，积极出台相关金融政策推动，积聚金融资本和机构、从业人员在相对较短时期内快速形成，是政府判断全球经济发展趋势、抓住历史性节点机遇、创造条件跨越式发展成果。例如，第二次世界大战后，全球离岸金融产业市场需求旺盛，新加坡、巴哈马等新兴工业化国家和中美洲岛屿国家政府发挥各自产业、区位及政策优势，以政府信誉及实力做担保促进本国国际金融中心发展，逐步促成多元化、多层次的极具市场特色和吸引力的国际金融中心格局。需要指出的是，依托市场机制及产业规律自然发展形成的国际金融中心具有较强的竞争力和生命力，政府主导的国际金融中心发展最终要以区域经济和金融产业自身的快速发展为根本基础，市场机制和政府推动相协调合作成为目前国际主流的发展模式。

（二）国际金融中心的功能演进

国际金融中心的核心功能表现为国际金融资源的聚集和辐射，包括金融信息集散、金融资源配置、价格发现与风险管理、资产管理等，具体可分为金融市场中心、结算中心、信息中心和管监中心等，处于动态演进和持续升级过程中。早期国际金融中心主要提供货币兑换、贸易货款结算和金融中介服务。随着全球经济的急剧增长，经济形式、贸易形式日益复杂和综合化，国际金融中心聚集金融资源的种类和规模持续扩大，逐渐由银行业务和功能服务主导转化为市场服务主导，投融资功能日渐增强。第二次世界大战结束后，布雷顿森林货币体系建立，全球经济中心由欧洲转向美国，以美元为基础的全球金融体系快速建立，伦敦国际金融中心为适应欧洲经济发展对美元的需求，推动欧洲美元市场的迅速发展，国际金融中心跨国资源配置功能进一步突出。20 世纪 70 年代以来，全球经济、金融运行环境发生深刻变化，全球化经济体系建立，区域差异性金融需求和监管差异带来潜在的发展风险，为分散金融市场不确定性产生的风险，风险管理功能应运而生。

（三）国际金融中心模式创新和功能演进的关键要素

纵观目前国际金融中心发展的历程，影响国际金融中心发展及其功能演进的关键因素，在不同时期的要素系统及其作用机制与权重差异明显。但基本保持不变的关键因素包括经济腹地发展、金融自由与创新、金融制度适宜供给等。国家或区域经济腹地的经济规模与经济能级是国际金融中心形成、发展并保持竞争力的关键驱动力。金融自由是国际金融中心发展的重要基础，金融创新是保持国际持续竞争力和功能服务的根本。金融制度的适宜供给是国际金融中心发展模式创新及服务功能演进的重要外部推进力量。其中，在全球金融中心发展竞争日趋激烈的现代经济体系中，经济腹地的支撑和作用越来越突出，直接决定了发展的成败。国际金融中心的发展模式呈现新趋势，表现为以单个全球城市为基础的极核式金融中心向以城市群区域为基础的圈层式中心转变。例如，大伦敦金融圈以伦敦为中心，扩展至根西岛、泽西岛、都柏林和爱丁堡、卢森堡等次级金融中心，形成综合型、复合型、专业型等不同层次与特色的金融中心体系。同时，大纽约金融圈以纽约为核心，形成以波士顿、华盛顿、芝加哥、蒙特利尔、多伦多次级金融中心组团的跨区域性金融中心群。

二、新兴国际金融中心的发展格局、特色与前景

（一）金融危机后东亚金融中心发展迅速

2008 年金融危机暴发后，新兴经济体的影响力和国际地位提高、全球经济战略布局向亚太地区转移，均在国际金融中心多元化、多层次格局的变

化中有所体现。依据伦敦金融城发布的“全球金融中心指数（GFCI）”，2008年金融危机后国际金融中心格局变化：伦敦、纽约、香港、新加坡居前4位。2010年中国深圳、上海位列第5和第10；上海在2011年居第5位，2012年居第8位，此后上海、深圳均未能再出现在前10榜单之中。从2013～2015年排名可以看出，美国经济缓慢复苏，纽约超越伦敦成为全球第1的金融中心，且前10位之中还有旧金山、芝加哥、华盛顿，占据了3席；而欧洲经济复苏缓慢，仅有伦敦、苏黎世入围。亚洲经济快速、稳定增长的趋势在金融领域表现出来，香港、新加坡、东京、首尔占有4席，东亚的国际金融中心竞争力逐步提升、在国际金融中心格局中扮演着越来越重要的角色（见表8－1）。

表8－1　伦敦金融城“全球金融中心指数（GFCI）”排名

	2007年		2008年		2009年		2010年		2011年		2012年		2013年		2014年		2015年	
	城市	得分	城市	得分	城市	得分	城市	得分	城市	得分	城市	得分	城市	得分	城市	得分	城市	得分
1	伦敦	765	伦敦	795	伦敦	781	伦敦	790	伦敦	775	伦敦	781	伦敦	794	纽约	778	纽约	785
2	纽约	760	纽约	786	纽约	768	纽约	774	纽约	769	纽约	772	纽约	779	伦敦	777	伦敦	784
3	香港	684	香港	695	新加坡	687	香港	729	香港	759	香港	754	香港	759	香港	756	香港	758
4	新加坡	660	新加坡	675	香港	684	新加坡	719	新加坡	722	新加坡	729	新加坡	751	新加坡	746	新加坡	754
5	苏黎世	656	苏黎世	665	苏黎世	659	深圳	695	上海	694	东京	693	东京	720	旧金山	719	东京	722
6	法兰克福	647	法兰克福	642	日内瓦	638	苏黎世	676	东京	694	苏黎世	689	苏黎世	718	东京	718	苏黎世	719

续表

	2007 年		2008 年		2009 年		2010 年		2011 年		2012 年		2013 年		2014 年		2015 年	
	城市	得分	城市	得分	城市	得分	城市	得分	城市	得分	城市	得分	城市	得分	城市	得分	城市	得分
7	悉尼	639	日内瓦	640	芝加哥	638	东京	674	芝加哥	673	芝加哥	688	波士顿	714	苏黎世	717	首尔	718
8	芝加哥	636	芝加哥	637	法兰克福	633	芝加哥	661	苏黎世	665	上海	687	日内瓦	710	首尔	715	旧金山	708
9	东京	632	东京	628	波士顿	618	日内瓦	660	日内瓦	659	首尔	686	法兰克福	709	波士顿	705	芝加哥	707
10	日内瓦	628	悉尼	621	都柏林	618	上海	655	多伦多	658	多伦多	685	首尔	701	华盛顿	704	波士顿	706

注：根据 Global Financial Centres Index（2－17）报告整理而成。

在《新华—道琼斯国际金融中心发展指数》2014 年报告中，名列“成长发展”前茅的是上海、东京、新加坡、纽约、伦敦、香港、北京、深圳、巴黎、迪拜，其中，欧洲 2 个、美洲 1 个、亚洲 7 个；“综合”排名前 10 位依次为纽约、伦敦、东京、新加坡、香港、上海、巴黎、法兰克福、北京、芝加哥（见表 8－2）。纽约、伦敦居于前两位，东京位居全球第 3；2013 年香港超越东京位居全球第 3，2014 年受政治因素的影响，被东京反超，排在新加坡之后仅列第 5 位；上海始终位于前 10 之列，由 2010 年的第 8 位、2011～2013 年的第 6 位，与香港并列第 5 位。与 GFCI 相似，国际金融中心的位次变动具有较为明显的规律，欧洲整体下降，亚太及北美均有所提升。

表 8－2　2014 年新华—道琼斯“国际金融中心发展指数（IFCD Index）”排名

排序	综合	金融市场	成长发展	产业支撑	服务水平	国家环境
1	纽约	纽约	上海	纽约	纽约	伦敦
2	伦敦	伦敦	东京（+5）	伦敦	伦敦	纽约
3	东京（+1）	东京	新加坡（+2）	东京	香港（+1）	东京（+1）
4	新加坡（+1）	香港	纽约	香港	东京（－1）	新加坡（+1）
5	香港（－2）	新加坡	伦敦（－2）	上海	新加坡	上海（+8）
6	上海（+1）	上海	香港（－4）	新加坡	上海（+8）	法兰克福（+2）
7	巴黎	巴黎	北京（－1）	巴黎（+1）	巴黎（－1）	巴黎（－1）
8	法兰克福	法兰克福	深圳	北京（－1）	法兰克福（+1）	悉尼（+2）
9	北京（+2）	悉尼（+1）	巴黎	芝加哥	芝加哥（+1）	旧金山（+2）
10	芝加哥（－1）	苏黎世（+1）	迪拜	法兰克福	悉尼（－2）	苏黎世（－3）

注：根据《新华—道琼斯全球金融中心发展指数报告（2014）》整理而成；

括号内数字为相对于 2013 年的排名变化，“+”“－”分别代表“前移”和“后退”。

（二）政府推动、区域性国际金融中心且各具特色

新兴国际金融中心多为政府推动型，形成于第二次世界大战后。与战后欧洲美元资本的跨境流动，并流向资本管制相对宽松的地区紧密相连。例

如，新加坡在独立之初就确立了金融立国政策和金融市场国际化战略，这一时期世界政治经济局势变化，尤其欧洲美元市场的兴起是其政策和战略实现的关键机遇，而较之其他亚洲竞争对手适时决定为离岸金融业务松绑、率先建立亚洲美元市场则最终成就了其能够作为区域性国际金融中心崛起的竞争优势。

同时，因为源于离岸金融业务的兴起，与国际资本流动性的日渐增强、国际金融风险规避的日益盛行密切相关，政府推动型的新兴国际金融中心，一是避税港型的名义国际金融中心，主要包括中美洲的巴哈马、开曼群岛和中东的巴林、迪拜等；二是功能型国际金融中心，多属区域性国际金融中心，以东亚的新加坡、香港最具代表性。新兴国际金融中心广泛分布于全球各地，呈现出由集中向分散、日渐网络化的发展趋势。新兴国际金融中心为保持竞争优势，适时调整核心定位及发展重点。香港最初确立亚洲美元市场的中心地位；随着中国经济和资产管理业的迅猛发展使香港国际金融中心重新定位，由外汇交易和投资银行中心向资产和风险管理中心转变。

（三）持续创新、金融服务的集聚与辐射能力增强

国际资本流动对于管制环境、税负水平等极为敏感。新兴金融中心必须通过持续的金融创新、制度供给，金融生态优化，提升全球金融资讯的可获性与可靠性，增加金融资产的流动性和配置的有效性，使规模经济效应不断扩大、融资成本和投资风险进一步降低，以保持对国际金融资源的吸引力，最大限度地发挥金融中心的集聚和辐射能力，是新兴国际金融中心可持续发展并形成良性循环的关键要素。例如，新加坡金融服务创新：建立亚太地区第 1 家非会员制、综合证券和期货业务的交易所，首发亚洲美元债券以及大额美元浮动利率可转让存单，首倡欧洲日元期货合约的期权交易等，不断推出金融创新产品，完善金融服务体系。而巴哈马作为避税港名义国际金融中心，因为严厉的金融监管引发离岸国际金融机构的担忧和向外迁移，逐渐被开曼群岛所取代。

三、香港国际金融中心发展现状与主要问题

(一) 香港国际金融中心与传统国际金融中心的差距

在综合实力上，香港国际金融中心较之纽约、伦敦国际金融中心具有全方位的差距。最大的差距在于金融服务辐射区域范围的差异，纽约、伦敦作为全球具有统治地位的国际金融中心，其金融功能辐射范围遍及全球各个经济体，金融影响力、控制力不领先全球。而香港金融服务的主要区域以亚太地区，特别是东南亚区域为主。国际权威的 GFCI（Global Financial Centres Index）指标显示，从 2007 年开始，香港国际金融中心的综合排名一直处于伦敦、纽约之后，与两者的得分差距总体呈缩小趋势，始终处于第二梯队（见图 8－1）。同时，另一代表性金融中心发展指数 IFCD Index（Xinhua-Dow Jones IFCD Index）表明，2010 年，除“成长发展”指数外，香港金融中心主要指标得分均落后于纽约和伦敦。与 2010 年相比，2014 年香港“服务水平”指标提升显著，“产业支撑”指标下降，“综合环境”指标大幅下降，表明与两者差距扩大趋势明显。金融中心最重要的“金融市场”指标小幅下调，“综合评价”指数与伦敦、纽约的差距扩大

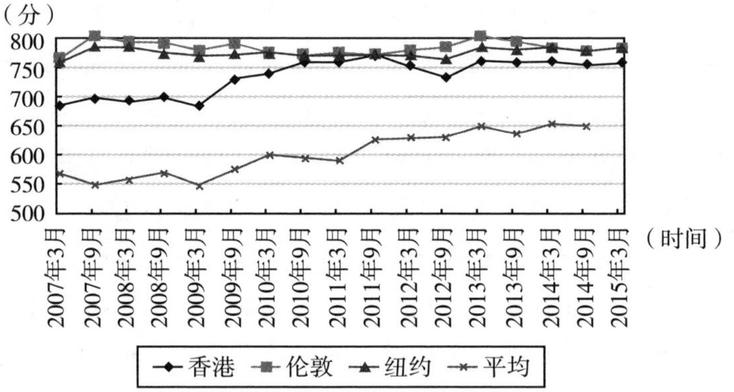

图 8－1　香港、伦敦、纽约国际金融中心 GFCI 得分和国际金融中心平均得分对比

注：根据 Global Financial Centres Index（1－17）报告数据自行绘制而成。

到 10 分左右（见表 8－3）。同时，港币非国际货币，流通使用范围有限，最为全球最自由的经济体，与全球的经济联系紧密，易受国际及区域的政治经济动荡影响。

表 8－3　　香港、伦敦、纽约国际金融中心 IFCD Index 具体得分一览

	综合评价		金融市场		成长发展		产业支撑		服务水平		综合/国家环境	
	2010 年	2014 年	2010 年	2014 年	2010 年	2014 年	2010 年	2014 年	2010 年	2014 年	2010 年	2014 年
香港	81	77.10	81.5	79.38	84.3	78.01	86.2	80.93	76.9	86.49	76.4	60.56
伦敦	87.7	86.64	91.5	86.72	77.2	79.02	93.6	92.90	90.6	87.26	85.7	87.66
纽约	88.4	87.72	89.7	87.54	82.9	79.55	94.6	97.32	88.0	87.50	87.2	87.08

注：根据《新华—道琼斯全球金融中心发展指数报告（2010 年、2014 年）》整理而成。

1. 银行业：机构数量、资产规模和质量、等级及国际化程度差距明显。

银行业是国际金融中心发展的基础性金融资源机构，也是核心竞争力的重要组成部分。20 世纪初，香港集聚亚太地区主要的国际性银行机构，居全球 10 大国际银行中心序列，目前是世界第 8 大银行中心（以银行对外头寸总额计算）。但较之于伦敦、纽约，香港银行机构的数量与资产规模、服务质量与等级、国际化程度等方面存在较大差距。2014 年，英国《银行家》发布的全球 1 000 家银行排名 20 强中，纽约集聚富国银行、摩根大通、花旗银行、高盛 4 家，一级资本 5 244.7 亿美元；伦敦集聚汇丰控股、巴克莱银行 2 家，一级资本合计 2 501.2 亿美元；而香港未有银行上榜。同年发布的全球银行品牌 500 强前 50 名中，纽约集聚富国银行、大通银行、摩根大通、高盛、摩根士丹利、花旗银行、纽约银行梅隆公司 7 家，品牌价值合计 1 148.4 亿美元；伦敦有汇丰控股、巴克莱银行、渣打银行 3 家，品牌价值合计 481.9 亿美元；香港未有银行上榜。外资银行可以利用自身银行网络及业务联系拓展海外业务，提高全球知名度与影响力。2014 年，香港有超过 70 家的全球百强的银行在港设立分支机构，外资银行比重超过 50%，是亚太地区的支付及结算枢纽，总数和占比仍落后于伦敦、纽约（见表 8－4）。

表 8 - 4　　认可机构及本港代表办事处数目一览

年份	持牌银行		有限制持牌银行		接受存款公司		所有认可机构	本港代表办事处
	香港注册	境外注册	香港注册	境外注册	香港注册	境外注册		
2007	23	119	16	13	29	0	200	79
2008	23	122	15	12	28	0	200	71
2009	23	122	14	12	28	0	199	71
2010	23	123	12	9	26	0	193	67
2011	23	129	12	8	26	0	198	61
2012	22	123	13	8	24	0	200	60
2013	21	135	13	8	24	0	201	62
2014	21	138	14	7	23	0	203	63

注：资料来源于香港金融管理局相关年份年报。

2. 证券交易：筹资能力、市场活跃度略显不足，国际化程度相对有限。

据世界证券交易所联合会统计，2014 年，伦敦证券交易所股票的总市值 40 128. 82 亿美元，上市公司 2 752 家，其中外国公司 572 家；纳斯达克证券交易所股票的总市值 69 791. 72 亿美元，上市公司 2 782 家，其中外国公司 352 家；纽约证券交易所股票的总市值 193 514. 17 亿美元，上市公司 2 466 家，其中外国公司 527 家；而香港证券交易所股票的总市值 32 330. 31 亿美元，上市公司 1 752 家，其中外国公司 91 家。香港上市公司数量、交易金额、外国公司数量等均大幅落后于伦敦、纳斯达克和纽约证券交易所。香港的融资能力略显不足，国际化程度仍然相对有限。2014 年，伦敦证券交易所上市债券 17 835 个，其中外国债券 7 171 个，债券交易价值 27 654. 16 亿美元；而香港证券交易所的上市债券数为 640 个，其中外国债券 25 个，债券交易价值 784. 89 亿美元，均为本地公司发债（见表 8 - 5）。香港债券市场无论规模还是国际化程度与伦敦相比差距极为明显，市场活跃度有待进一步提高，香港私人企业规模相对较小、获得国际评级机构较高评级的难度较大，融资能力相对弱一个量级。

表 8-5　　2014 年伦敦、纽约、香港证券交易所股票交易情况一览

	总市值（亿美元）	上市公司数		电子指令交易股票价值（亿美元）
		合计	外国	
伦敦证券交易所	40 128.82	2 752	572	25 394.57
纽约证券交易所	193 514.17	2 466	527	158 679.18
纳斯达克证券交易所	69 791.72	2 782	352	122 370.20
香港证券交易所	32 330.31	1 752	91	15 211.19

注：资料来源于世界证券交易所联合会。

3. 外汇市场：美元绝对地位，港币交易有限，场外利率衍生市场差距大。

国际清算银行报告显示，伦敦、纽约金融中心的外汇交易约占有全球外汇交易 50% 的份额。其中，伦敦国际金融中心是全球最大的外汇市场，2013 年外汇交易 27 259.9 亿美元，约占全球外汇市场 41%。纽约国际金融中心是世界最大的美元清算中心，市场份额相对稳定，在 16% ~19% 小幅波动，交易额超过万亿美元。而同期，香港外汇交易 2 746.0 亿美元，占比 4.1%，且美元占据绝对统治地位，港币交易量极为有限，与伦敦、纽约相差数个量级。在场外利率衍生工具市场，2013 年 4 月，英国、美国的日均成交额分别为 13 480 亿美元、6 280 亿美元，中国香港为 280 亿美元。

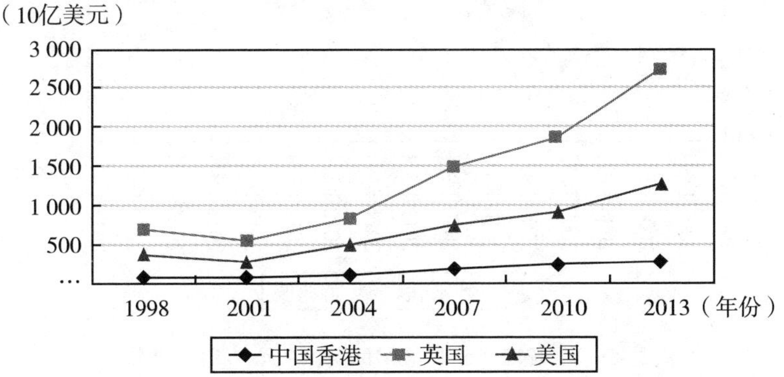

图 8-2　1998 年 4 月到 2013 年 4 月英国、美国、中国香港外汇市场日均交易

注：根据国际清算银行的数据自行绘制而成。

（二）香港国际金融中心与新兴国际金融中心的竞争压力

1. 香港与新加坡国际金融中心发展的博弈。

目前，新兴国际金融中心的竞争压力主要来自同属亚太区域的新加坡。香港、新加坡同为港口型城市、全球贸易与交通枢纽，区位条件优越，在第二次世界大战后世界经济发展对金融服务需求激增的特殊机遇窗口，建立起自身的国际金融中心地位与特色。香港国际金融中心遵循市场规律自然发展、奉行政府“积极不干预”、金融市场内外一体化，而新加坡国际金融中心是典型的政府政策推动型、金融管理体系内外有别。在一些主要的国际金融中心发展评价指数中，两地表现各有优势和侧重。GFCI（Global Financial Centres Index）表明，从 2007 年起，除全球金融危机暴发的 2008 年被超越外，香港国际金融中心的排名全面领先新加坡，但是两者的差距总体呈现缩小之势（见图 8-3）。美国传统基金会 2014 年全球经济自由度指数，香港、新加坡分列前两位。而世界经济论坛《全球竞争力报告（2014～2015 年）》，新加坡第 2，香港第 7。美国康奈尔大学等发布的《2014 年全球创新指数报告》，新加坡第 7，香港第 10。

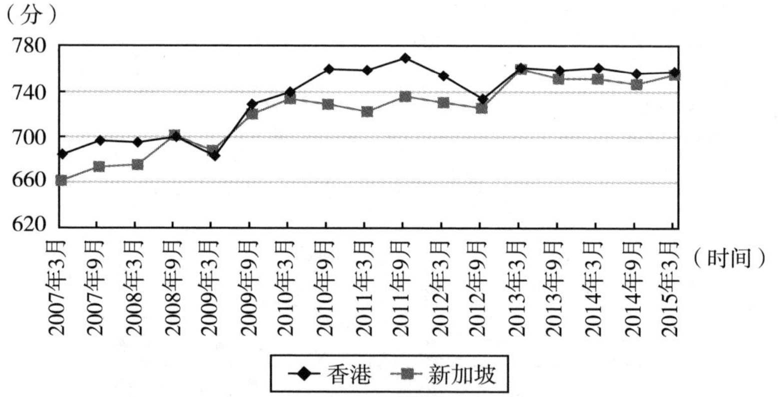

图 8-3　香港、新加坡国际金融中心 GFCI 得分

注：根据 Global Financial Centres Index（1-17）报告数据自行绘制而成。

2010 年，IFCD Index 报告显示香港的指标数据全面领先新加坡，但到了 2014 年，新加坡“综合评价”指标以 0.13 分之差反超。在具体竞争要素指标中，除“服务水平”大幅提升外，香港其他指标得分持续下降；而新加坡除“产业支撑”下降 4.5 分外，其他指标项均有 5 分以上的增长。其中，“综合环境”指标，新加坡提高 10.8 分，香港大幅下降近 16 分；“成长发展”指标，由香港超过新加坡 12.8 分逆转为新加坡领先 1.8 分；“产业支撑”的差距相对稳定；“服务水平”缩至 5 分；国际金融中心核心要素“金融市场”指标差距由 18 分大幅缩小至 2.1 分。IFCD Index 新加坡国际金融中心指数较之 GFCI 指数反映香港国际金融中心竞争压力更为明显（见图 8－4）。

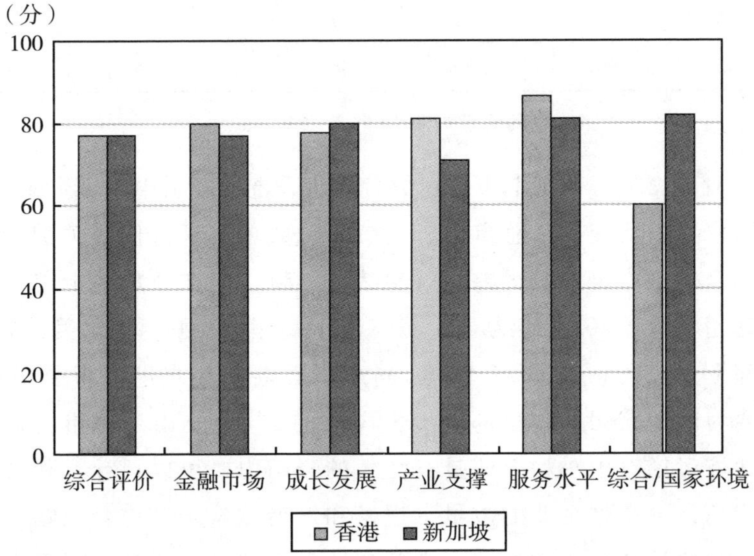

图 8－4　2014 年香港、新加坡 IFCD Index 各评价指标得分对比

注：数据来源于《新华—道琼斯全球金融中心发展指数报告（2014 年）》。

（1）银行业：新加坡国际联系强度高于香港。

目前，新加坡外国银行的数量远超本地银行，所占比重高（见表 8－6）。外国银行数量呈现缓慢增长态势，已由 2007 年的 103 家扩大为 2014 年的 119 家，是银行总数增加的绝对力量，且新加坡银行业的国际联系强度要高于香港。

表 8－6　　新加坡银行一览

年份	本地银行	外国银行				合计	银行代办事处（总部和办事处）
		全业务银行	批发银行	离岸银行	小计		
2007	5	24	36	43	103	108	399
2008	6	24	42	41	107	113	408
2009	6	27	41	40	108	114	409
2010	7	25	46	42	113	120	421
2011	6	26	50	38	114	120	428
2012	6	26	52	39	117	123	432
2013	6	27	53	37	117	123	425
2014	5	28	55	36	119	124	449

注：资料来源于新加坡金融管理局 2014 年年报。

（2）股票交易：外国上市公司数量远超香港，吸引中小型企业。

新加坡的股票交易在总市值、上市公司数、交易价值等关键指标上较香港国际金融中心仍有较大差距（见表 8－7）。但在新加坡上市的外国公司数量远超香港，2014 年为 291 家，包括东南亚地区和欧美地区企业，占其全部上市公司总数的 37.5%。同期，香港外部来港上市公司仅为 91 家，主要为内地公司，占全部上市公司数的 5.2%。由于上市门槛相对较低，新加坡市场对中小型企业具有较大的吸引力。可以预计，随着亚洲经济快速增长，中小型企业的数量、规模和发展质量未来均会大幅增长，上市企业数量预计会大幅增加，未来新加坡上市交易企业数量还具有广阔增长空间。

表 8－7　　2014 年香港、新加坡证券交易所股票交易情况一览

	总市值（亿美元）	上市公司数		电子指令交易股票价值（亿美元）
		合计	外国	
香港证券交易所	32 330.31	1 752	91	15 211.19
新加坡证券交易所	7 528.31	775	291	2 006.07

注：资料来源于世界证券交易所联合会。

（3）财富管理竞争激烈，新加坡大宗商品交易远超香港。

新加坡、香港因监管的高标准成为亚洲最先进的资产管理中心。新加坡商业银行要求流动资产占总负债的比重不得低于 18%，是全球对银行流动性监管的最高标准。根据新加坡金融管理局的数据，2013 年底，新加坡资产管理公司管理的资产总额同比增长 11.8%，达到 1.82 万亿新元（见图 8－5）。其中，对冲基金和私人股本公司管理的资产分别同比增长 20.9% 和 33.6%，约 77% 的管理资产来自境外，约 56% 的管理资产来自亚太区域，同时 67% 的管理资产投资于亚太区域，奠定了新加坡泛亚资产管理中心的地位。包括瑞士信贷、瑞银等全球知名财富管理机构在内的 500 多家资产管理公司在新加坡开展业务。而香港资产管理发展更快，2012 年在吸引海外财富方面超过新加坡，新加坡和香港在财富管理方面的竞争将持续下去。此外，新加坡是亚洲第 2 大房地产投资信托基金（REIT）市场，聚集全球知名大宗商品交易机构，大宗商品交易员数量远超香港，其衍生品交易是证券交易所发展最快的业务。

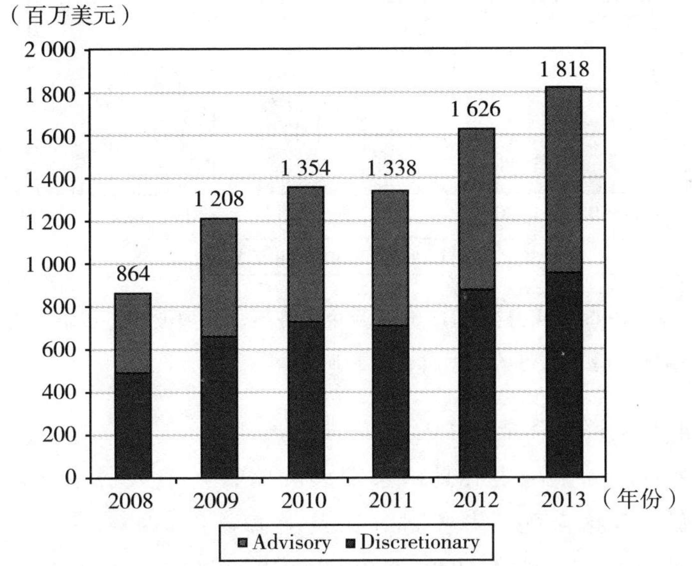

图 8－5　2008～2013 年新加坡的资产管理总额

注：资料来源于 The Monetary Authority of Singapore，“2013 SINGAPORE ASSET MANAGEMENT INDUSTRY SURVEY”，July 2014，p. 2.

（4）外汇及场外衍生品市场：新加坡外汇交易比香港活跃，亚洲最大的离岸期货市场，场外利率衍生品交易优势相对明显。

国际清算银行统计调查数据显示，新加坡的外汇交易市场比香港活跃，是全球第3、亚洲第1的外汇交易中心。由于时区位于伦敦和纽约之间，新加坡成为欧洲金融交易和美国金融衍生品交易的中间商。新加坡通过与其他国家交易所、国际机构合作，包括推出 Nikkei 225 指数等，促进自身金融衍生产品市场的发展，成为亚洲最大的离岸期货市场，其衍生产品覆盖亚洲80%的经济。国际清算银行3年一度的调查显示，以交易量计，新加坡是除日本外亚太地区最大的场外利率衍生品中心，日均成交额370亿美元，较之中国香港优势相对明显。外汇和场外衍生品市场为新加坡金融市场的发展增添巨大活力，国际化发展趋势越来越明显（见图8－6）。

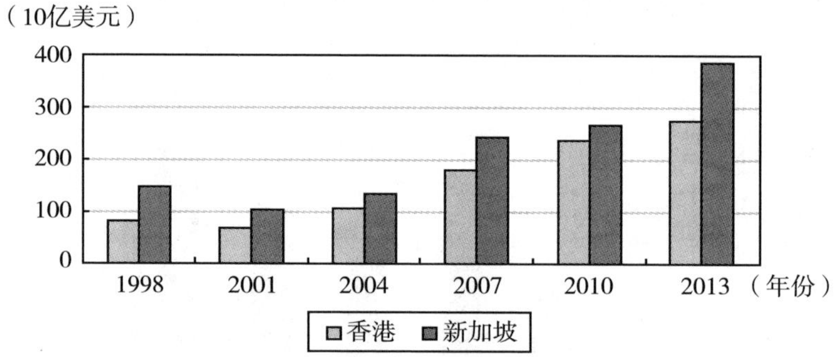

图8－6　1998年4月到2013年4月中国香港、新加坡外汇市场日均交易

注：根据国际清算银行的数据自行绘制而成。

2. 香港与上海国际金融中心发展的竞争。

建设上海国际金融中心是国家发展战略，随着人民币国际化进程的加快和自贸试验区金融改革推进，以及上海科创板的推出，上海国际金融中心发展加速。但受制于资本项目的开放程度，上海金融市场的深度、广度有待大幅度拓展，金融资源和机构的集聚及辐射能力，国际化、法治化程度距离国际金融中心的标准与要求还有较大差距，无法对香港直接竞争。

(1) 上海距离香港国际金融中心差距明显。

GFCI 报告显示，2007～2015 年上海与香港金融中心指数差距在减小，但上海作为成长型金融中心在全球金融中心的竞争力波动较大（见图 8－7）。2009 年，上海金融中心发展处于全球平均水平，波动趋势与全球平均水平基本持平。2009 年全球金融危机暴发后，上海在全球金融中心排名进入前 10，2011 年居历史最高水平全球第 5 位；2013 年以后退出全球前 10 位。与香港的差距，自 2009 年 9 月缩小至 100 分内以来，除 2011 年 9 月最低的 46 分、2013 年 3 月最高的 87 分外，其余均在 60～80 分。上海与香港国际金融中心的差距依然明显，且自 2009 年 9 月以来处于相对稳定的状态。

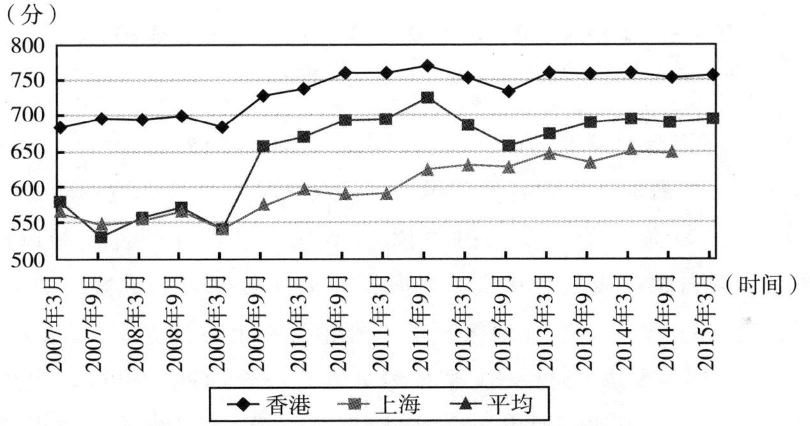

图 8－7　香港、上海国际金融中心 GFCI 得分

注：根据 Global Financial Centres Index（1－17）报告数据自行绘制而成。

在 IFCD Index 报告中，上海与香港均一直居前 10 之内，但两者的总体发展趋势呈现相反的方向，上海由 2010 年第 8 位提高至第 5 位，而香港从第 3 位下降至第 6 位。在具体指标中，上海的“成长发展”一直排名榜首，2014 年领先香港 12 分；“综合/国家环境”，上海较 2010 年提高 25.7 分进而反超香港 11.56 分；但上海的“服务水平”仍与香港有着近 10 分的较大差距；“产业支撑”方面上海小幅落后于香港；上海的“金融市场”较 2010 年提高有限，与香港差距 14 分（见图 8－8）。整体分析，上海全球排名的提升主要由于环境改善和成长潜力，“金融市场”“服务水平”的短板突出。

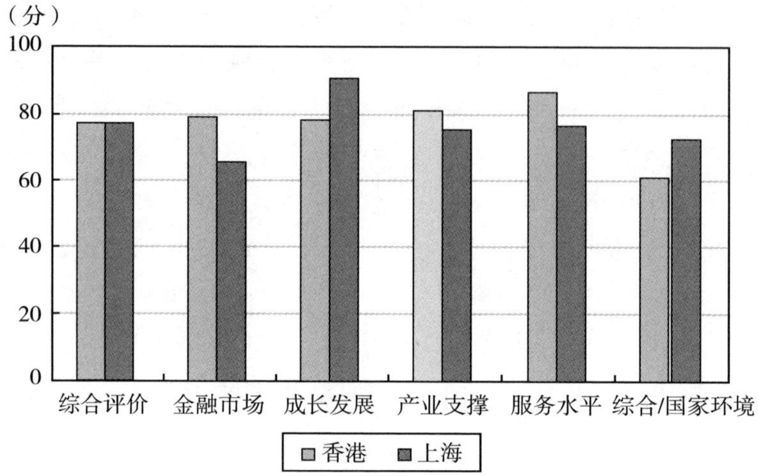

图 8-8　2014 年香港、上海 IFCD Index 各评价指标得分对比

注：根据《新华—道琼斯全球金融中心发展指数报告（2014 年）》数据绘制。

（2）上海银行业发展迅速，初步形成与香港竞争格局。

近年来，上海的外资银行发展迅速，聚集效应、规模效应不断提高。截至 2014 年底，上海市有各类金融单位 1336 家；经营性外资金融单位 216 家、外资金融机构代表处 190 家。上海银监局的数据显示，截至 2014 年 6 月底，共有来自 29 个国家（地区）的外资银行在上海设立 22 家法人银行、70 家分行、118 家同城支行、81 家代表处。上海辖内外资银行资产总额达 1.32 万亿元，占上海银行业市场份额的 11.7%；22 家外资法人银行资产总额 1.97 万亿元，累计实现净利润 132 亿元、同比增长 26.7%（见表 8-8）。同期，香港拥有境外银行 208 家，持牌银行 159 家，有限牌照银行 21 家（见表 8-9）。

表 8-8　2009～2013 年上海金融业单位数和外资金融单位数一览

指标	2009 年	2010 年	2011 年	2012 年	2013 年
金融业单位数	794	910	1 048	1 124	1 240
外资金融单位数	170	173	173	208	215
外资金融单位占比	21.4%	19.0%	16.5%	18.5%	17.3%

注：数据来源于相关年度的《上海统计年鉴》及据此计算获得。

表 8－9　　世界最大 500 家银行在香港设行情况一览

世界排名	境外银行		持牌银行		有限制牌照银行		接受存款公司		本地代表办事处	
	2010年	2014年	2010年	2014年	2010年	2014年	2010年	2014年	2010年	2014年
1～20	20	20	38	39	6	5	—	—	5	—
21～50	23	25	24	24	3	4	2	2	3	3
51～100	27	26	17	25	1	2	3	4	16	5
101～200	30	38	17	23	—	3	3	1	12	18
201～500	51	52	30	28	6	3	1	4	16	19
1～500 小计	151	161	126	139	16	17	9	11	52	45
其他	48	47	20	20	5	4	17	12	15	18
合计	199	208	146	159	21	21	26	23	67	63

注：资料来源于香港金管局 2014 年年报。

上海外资银行融入中国市场开展本地化经营进程加快，重点发展人民币业务，2014 年增资折合人民币 99.56 亿元，其中 4 家外资法人银行增资 53.56 亿元、9 家外国银行分行增资 46 亿元。在沪外资银行通过发挥自身在外汇贷款、金融衍生产品等领域的相对优势，积极助推上海金融中心建设，其外汇贷款约占上海市场份额的 37%。而上海自贸试验区跨境业务的发展，使外资银行的产品设计、国际网络、风险管理优势更加突出。2014 年，上海外资法人银行跨境人民币业务年度业务量全国前 10 名中占 4 位。上海外资银行的快速发展初步形成了对香港国际金融中心的竞争压力。

（3）上海金融市场少数细分领域呈现超越趋势，但国际化程度低。

2014 年包括外汇市场在内的上海金融市场交易总额 786.66 万亿元，同比增长 23.2%；上海证券交易所各类有价证券成交额 128.15 万亿元，同比增长 48.1%。上海股票市场规模较香港超出很多（见表 8－10），但上市公司数量明显少于香港，其中外国上市公司数为 0，国际化程度差距明显。国际清算银行每 3 年一度的统计调查数据显示，2013 年 4 月上海外汇市场的日均交易额为 440 亿美元，占全球外汇市场的份额也提高到 0.7%（见表 8－11），场外利率衍生工具市场日均成交额为130亿美元，不及香港的一半，金融市场的国际化程度与香港差距巨大。

表8－10　　2014年香港、上海证券交易所股票交易情况一览

	总市值（亿美元）	上市公司数		电子指令交易股票价值（亿美元）
		合计	外国	
香港证券交易所	32 330.31	1 752	91	15 211.19
上海证券交易所	3 932 528	995	0	6 054 218

注：资料来源于世界证券交易所联合会。

表8－11　　1998～2013年香港、上海外汇市场日均交易对比　　单位：10亿美元

经济体	1998年		2001年		2004年		2007年		2010年		2013年	
	金额	占比	金额	占比	金额	占比	金额	占比	金额	占比	金额	占比
香港	80	3.8	68	4.0	106	4.1	181	4.2	238	4.7	275	4.1
上海					1	—	9	0.2	20	0.4	44	0.7

注：数据来源于国际清算银行。

上海商品期货交易市场较香港发达，共有黄金、白银、铜、铝、锌、铅、燃料油、天然橡胶等14种期货合约在上海期货交易所上市交易，黄金、白银、有色金属的连续交易也已上线运行，2014年上海期货交易所累计成交84 229万手，合计约63.24万亿元，市场辐射及价格影响力不断增强；但较之全球期货及期权市场的交易主流，上海金融期货等衍生产品的交易品种与交易规模等均很薄弱，距离综合性、国际化的衍生品交易所差距较大。

香港是亚太地区的再保险中心，2012年所有保险业机构单位数目为2 492家，净保费2 026.19亿港元、净赔款899.39亿港元。而内地的保险业、再保险业起步晚，险种相对较为单一。截至2014年底，上海市共有50家法人保险机构、88家省级保险分支机构、213家保险专业中介法人机构；原保险保费收入累计986.75亿元，保险赔付支出累计378.66亿元；中、外资保险公司原保险保费收入比例为85∶15，较之香港差距明显。

（4）上海金融制度与人才较香港差距巨大。

国际金融中心竞争优势取决于法治、金融从业人员、会计及法律等专业人士构成的软实力。金融“软实力”是香港国际金融中心积累的相对优势，也是上海目前亟待改善的重点领域。上海金融业从业人员已从2008年的23.19万人增至2013年的30.86万人，所占从业人员的比重也由2.2%提高到2.7%，但规模与质量上与香港的差距依然明显。通过金融立法提高市场行为及环境的自由度、透明度、廉洁度和金融监管的适度性、规范性、效率性是上海国际金融中心建设的重要路径。

四、香港国际金融中心发展的约束性条件和尚待突破的“瓶颈”

香港国际金融中心处于纽约、伦敦、新加坡的激烈竞争环境中。且随着中国境外投资管理政策措施的逐步完善和人民币国际化进程的不断推进，尤其上海自由贸易港相关金融改革和投资便利化的深入发展，上海、深圳日益便利的融资平台逐渐满足内地“走出去”企业融资与其他专业服务的需求，依托特殊的功能差异、环境差异以及政策差异建立的自由港经济更加受到挑战，香港国际金融中心发展的约束性条件越来越明显，在金融中心服务能级、范围、规模及全球联系方面面临全面的升级挑战。

（一）影响国际金融中心竞争力的主要指标及其具体构成

国际金融中心竞争力构成要素多元而复杂。全球权威的金融中心指数GFCI（Global Financial Centres Index）涵盖人力、商业环境、市场准入、基础设施和综合竞争力5个因素指标（见表8－12），通过联系性、多元化、专业性3个维度，对金融中心进行系统评价。IFCD Index（Xinhua－Dow Jones IFCD Index）则构建了3级指标评价体系（见表8－13），通过“中心—外围支点生态响应模型”（见图8－9），进行具体的评估。无论GFCI还是IFCD Index均非一成不变，其对自身评价体系的不断充实与完善，反映出国际金融中心评价理念的演进与进步。目前的 IFCD Index“中心—外围支点生态响应模型”是以服务实体经济、实现产业支撑的“成长发展”为国际金融中心“中心”，“金融市场”“服务水平”“产业支撑”为“支点”，“国家环境”为外围环境。

表 8－12　　　　GFCI 指标体系构成及变化

2007 年 3 月 GFCI	
人力（8）	EMBA 全球排名
	欧洲人力资本指数
	人类发展指数
	劳动生产力
	教育支出
	生活质量调查
	幸福指数
	世界旅游目的地
商业环境（15）	行政管理和经济规则
	商业环境
	总税率
	公司税率
	雇员有效税率
	工资比较指数
	个税
	总税收收入（占 GDP 的比重）
	易于从事商业活动指数
	透明度指数
	腐败指数
	经济自由度指数
	世界经济自由度指数
	金融市场指数
	政治风险评价

2015 年 3 月 GFCI	
商业环境（4）	政治稳定和法律规则
	机构和规制环境
	宏观经济环境
	税收和成本竞争力
金融部门发展（4）	贸易量和周转率
	资本的可利用性
	工业集聚的深度和广度
	就业和经济产出
基础设施（4）	建筑和办公基础设施
	交通基础设施

续表

2007年3月GFCI		2015年3月GFCI	
市场准入（6）	资本准入指数	基础设施（4）	信息通信技术基础设施
	证券化		环境关心和可持续性
	股票和债券交易价值和交易量数据、投资基金交易量（5个单独因素）	人力资本（4）	专业技术人员的可用性
	全球银行服务中心		教育和发展
	全球会计服务中心		灵活的劳动力市场和实践
	全球法律服务中心		生活质量
基础设施（6）	全球办公占用成本	声誉和一般因素（4）	城市品牌和受欢迎度
	遍及世界的办公场所		创新水平
	竞争替代调查		吸引力和文化多样性
	有空调的办公场所		与其他中心的比较位置
	欧洲城市监管		
	全球财产指数		
总体竞争力（8）	经济景气指标		
	超成长公司		
	世界竞争力排名		
	零售价格指数		
	价格比较指数		
	国家品牌指数		
	城市品牌指数		
	全球竞争力指数		

注：根据 Global Financial Centres Index（1、17）报告整理而成。

表 8－13　　2014 年 IFCD Index 指标体系构成

一级指标	二级指标	三级指标
金融市场	资本市场	股票交易额
		债券交易额
		商品期货交易量
		证券市场国际化程度
	外汇市场	远期外汇交易额占世界的比例
		外汇储备
		汇率波动
	银保市场	大型银行总部数量
		保费总额
		保险服务
成长发展	市场成长	新上市债券增长率
		上市公司数量增长率
		股票交易额增长率
	经济成长	GDP5 年均增长率
		国内购买力近三年增速
		税收和社会保障金额增长率
	创新成长	科技创新
		近五年政府研发支出年均增长率
		近五年每百万人研发人员增长率
产业支撑	产业关联	外贸进出口总额
		全球金融服务供应商实力跨国公司指数
	产业人才	人才聚集
		高等教育投入
		受教育水平
	产业景气	制造业景气
		服务业景气
		高技术产业景气

续表

一级指标	二级指标	三级指标
服务水平	基础设施	货物吞吐量
		机场客运量
		信息设施建设
	社会管理	服务业就业比例
		监管质量
		政府数字化管理程度
		失业率
	工作生活	生活成本
		适宜人居程度
		工作环境
国家环境	经济环境	营商便利指数
		物价指数
		经济自由度
	政治环境	政治稳定度
		廉洁指数
	社会环境	社会国际化程度
		信息化普及程度
		幸福指数

注：资料来源于《新华—道琼斯全球金融中心发展指数报告（2014 年）》。

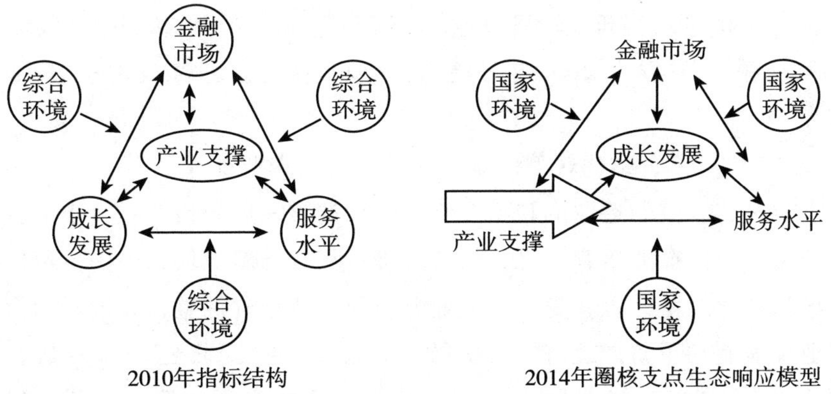

图 8－9　新华—道琼斯 IFCD Index 指标结构的演变

注：“2010 年指标结构” 图、“2014 年圈核支点生态响应模型” 图分别来自相应年度的《新华—道琼斯全球金融中心发展指数报告》。

（二）金融业制约香港国际金融中心发展的主要因素

香港在外汇市场规模和交易活跃程度、场外利率衍生品等金融创新产品方面的劣势明显；离岸期货市场、大宗商品及其衍生品交易，相较于新加坡存在短板。因为与内地债券市场的紧密合作关系，香港债券市场发展势头良好，而新加坡债券发行更具多元化、国际化特征，外国中小型企业更倾向选择新加坡市场。支撑香港国际金融中心发展的构成要素直接影响了香港金融核心竞争力。根据世界经济论坛《全球竞争力报告（2014～2015年）》，全球竞争力指数排名，香港列第7位，而新加坡居第2位；香港的问题主要包括：创新能力不足（17.7%）、政府机构效率欠缺（14.5%）、通胀（11.7%）、劳动法规严格（11.4%）、受教育劳动力不足（9.9%）、政策不稳定（9.8%）、基础设施供应不足（6.5%）、融资渠道（4.4%）。

1. 资源有限，地价昂贵，租金上涨，推升运营成本。

香港近年来经济严重倚重房地产，相关办公楼宇租金大幅度上涨，超过企业特别是中小型企业的可承受范围。据统计，相关中环、湾仔、九龙等成熟办公区域的地价、租金不断上涨，2003～2013年，湾仔、铜锣湾的甲级写字楼平均售价由每平方米3.57万港元上升为20.36万港元，平均月租金由每平方米200港元提高到700港元，运营成本较新加坡高许多。

2. “空心化”，结构转型困难，缺乏有力的产业支撑。

近年来，香港制造业的转型升级、结构调整发展缓慢，一直未能达到预期的效果，新兴产业培育不足，创新缓慢，相较于新加坡、中国台湾以及韩国等区域产业经济升级，完成制造业升级与产业结构调整，香港较为薄弱的制造业发展制约了整体经济发展格局（见表8－14）。截至2013年底，新加坡制造业占比为17.5%，涵盖电子、医药、生化和石化等，服务生产性行业占比为66.3%。

表 8－14　　香港制造业统计指标一览

年份		2003	2008	2009	2010	2011	2012	2013
占 GDP 比重（%）			1.9	1.8	1.8	1.6	1.5	1
劳动就业人数（万人）		15.06	13.06	12.49	11.76	11.04	10.53	10.37
港产品出口	同比增长（%）	－7.1	－16.8	－36.4	+20.4	－5.5	－10.4	－7.6
	整体出口占比（%）	7.0	3.2	2.3	2.3	2.0	1.7	1.5
工业生产指数制造业（2008 年 =100）		—	100.0	91.7	95.0	95.7	94.9	95.0

注：根据《香港统计年刊（2014 年版）》《香港年报（2014 年）》的数据编制而成。

3. 市场有限，外部依赖性强，易受冲击。

香港经济的外向度高。2014 年，香港货物贸易进出口总额已由 2003 年的 3.55 万亿港元提高到 7.89 万亿港元，是 2014 年 GDP 的 3.70 倍；其中，货物贸易出口由 2003 年的 1.75 万亿港元增加为 3.82 万亿港元，年均增长 8.11%，进口增加为 4.47 万亿港元，年均增长 9.37%（见表 8－15）。其中，香港本地产品出口只占整体出口的 1.5%，远低于新加坡的 53.4%，转口贸易在香港对外贸易中发挥着极为重要的作用。香港经济建立在高度外向经济基础之上，对全球市场的变化反应敏锐，对国际政治、经济环境影响敏感。

表 8－15　　香港货物进出口贸易与 GDP 一览　　单位：万亿港元，%

年份	2003	2008	2009	2010	2011	2012	2013	2014
GDP	1.26	1.71	1.66	1.78	1.93	2.04	2.14	2.26
货物出口额（离岸价）	1.75	2.84	2.50	3.07	3.42	3.59	3.82	3.88
货物进口额（离岸价）	1.79	3.02	2.70	3.40	3.85	4.12	4.39	4.47
货物进出口总额	3.55	5.85	5.16	6.40	7.10	7.35	7.62	7.89
货物贸易进出口占 GDP 比重	281.9	343.7	313.4	363.9	375.7	378.4	383.9	370.2

注：根据《香港统计年刊（2015 年版）》的数据编制而成。

4. 泛政治化，营商环境的不稳定性增加。

香港回归以前，香港社会对于政治议题比较漠视和淡然；回归后，各种原因综合影响，特别是“占中”非法集会事件的爆发，政治环境成为影响香港营商环境的重要因素之一。“占中”非法集会事件后，2014 年香港总商会发表的《商业前景调查报告》显示，6 成受访企业认为，香港竞争力下降；7 成认为新加坡作为商业及金融中心竞争力超过香港。IFCD Index “环境”二级指标评价排名，香港首次跌出世界前 10 之列，“综合评价”被东京和新加坡超越、与上海并列第 5。同年，瑞士洛桑国际管理发展学院公布的 2014 年全球竞争力排名，香港下降至第 4 位，被新加坡超越。实践证明，保持香港政治稳定是维持香港核心竞争力的重要基础。

5. 本地年轻人竞争力下降，留住外来人才的配套服务不足。

金融行业人才是国际金融中心竞争力的核心要素。香港研究协会 2013 年调查结果显示，74% 受访的香港专科以上学历青年认为工作竞争激烈，超过 50% 受访者认为主要竞争对手来自香港以外的地方，54% 受访青年面对工作竞争感到焦虑。外部迁入人才作为香港重要的人才补充，除了工作、收入等吸引力外，相关配套服务不足。目前香港相关职位占就业人口的比重下降，生活环境太过拥挤、房价高企问题短期内不能根本解决，刚参加工作的青年人的生活承受能力有限，国际学校紧张、子女入学难也对一定年龄段的专才产生较大影响。

五、香港国际金融中心发展的优势与关键机遇

2008 年金融危机暴发后，随着经济全球化不断推进，经济腹地对国际金融中心的重要性越来越明显。香港国际金融中心发展依托内地经济腹地的独特优势，随着国家经济实力持续增强、开放型经济新体制逐步构建、CEPA 全面深入实施、粤港澳经济一体化加速融合，发展机遇与挑战并存。

（一）国家全面深化改革、构建开放型经济新体制的深远意义

2008 年金融危机爆发后，香港与内地合作的内外环境均发生变化。中国相继成为全球第 1 大货物贸易国、第 2 大经济体、第 3 大对外投资国，对

世界经济增长的贡献率超过美国；中国全面深化改革、致力于构建开放型经济新体制，对内对外开放相互促进，加快实施“走出去”战略和“一带一路”建设，双向开放通道中与世界经济的新型互动之势愈加明显。为香港充分发挥既有优势、推动产业结构转型升级、提升国际金融中心竞争力、进入新的高质量发展阶段提供了契机。

1. 进出口贸易持续增长促进跨境贸易人民币结算需求的持续扩大。

据世贸组织（WTO）统计，截至2014年，中国进口占全球进口总额的比重由6.9%提高到10.3%，连续6年位居全球第2大进口国。而中国内地一直是香港最大的贸易伙伴，2014年双边贸易占香港贸易总额的50%以上，香港转口贸易的80%与内地有关。据中国人民银行统计，2014年跨境贸易人民币结算金额6.55万亿元，其中跨境货物贸易结算5.9万亿元，货物贸易进出口人民币结算比重提高至15%左右。香港作为跨境贸易人民币结算的重要试点，是跨境贸易人民币结算的主要来源。2014年经香港银行处理的人民币贸易结算额同比增长63%，达到6.26万亿元人民币，占比95.5%。2014年，香港的离岸人民币存款超过9 000亿元，开展人民币业务的金融机构增至149家。人民币国际化是香港国际金融中心发展的重要机遇，在亚太美元中心的核心竞争力基础上，构建亚太人民币中心。

2. 内地企业“走出去”平台，投融资产品多样化。

2014年中国对外直接投资流量突破1 000亿美元，已连续3年位居全球第3大对外投资国。随着“走出去”战略的加快实施，香港作为内地的战略平台又具有了新的内涵与功能。其所承担的内地对外的窗口和桥梁作用也将更多针对大规模“走出去”，努力构建内地企业“走出去”的关键平台。据香港统计，2015年，内地企业共在香港设立1 091家地区总部、地区办事处或本地办事处；人民币银行贷款余额更是由2012年底的790亿元人民币激增至2014年底的1 880亿元人民币；截至2014年底，在香港上市的内地企业876家，占香港上市企业总数的50%，占总市值的60%及全年股本证券成交总额的71%；2013年，在港发行的人民币债券金额为1 170亿元人民币，未偿还人民币债券总额同比增加23%，至3 810亿元人民币。引资、投资双向平台功能不但能够进一步促进香港与内地经济的融合，更好地分享内地稳定健康发展的经济成果，提振香港已有所弱化的窗口地位和作用，增强金融资源的集聚能力；而且可以进一步扩大对人民币的资金需求和香港的人民币资金池，完善国际金融中心功能，为具有国际视野及背景的会计、法律等与金融相关的专业服务提供更多商机和市场发展机遇，拓展外部经济空间和金融资源的辐射范围，在巩固并强化香港人民币离岸业务中心领先地位的同时，为提升香港国际金融中心的地位注入更为持久的动力。

3. “一带一路”建设的加快实施有利于香港金融优势的充分发挥。

2013 年 11 月，《中共中央关于全面深化改革若干重大问题的决定》进一步明确，扩大内陆沿边开放；建立开发性金融机构，加快同周边国家和区域基础设施互联互通建设，推进“一带一路”建设，形成全方位开放新格局。根据 2015 年 3 月发布的《推动共建丝绸之路经济带和 21 世纪海上丝绸之路的愿景与行动》（以下简称《共建“一带一路”的愿景与行动》），除设施联通、贸易畅通外，资金融通也是其 5 项主要内容之一。作为中国目前唯一相对成熟的国际金融中心，《共建“一带一路”的愿景与行动》明确提出，发挥香港特别行政区独特优势作用，积极参与和助力“一带一路”建设。显然，香港参与和助力“一带一路”建设，不仅限于加强自身与相关国家（地区）的经贸联系和合作、创造条件并携手内地企业联合“走出去”，发挥好中介角色、中转之地的作用；基础设施互联互通项目的不断推进，跨国资金需求的日渐增加和人民币国际化进程的逐步加快，香港金融服务的市场空间相应扩大，其筹集资金便利、运作资本灵活、注重风险防范、配套服务健全、国际化专业人才丰富等方面的金融优势在“一带一路”项目中发挥重大作用。

（二）CEPA 深入实施和粤港一体化经济加速融合的广阔腹地

服务贸易是 CEPA 的重点领域。经过 10 年、10 份补充协议的完善与发展，内地共对香港服务贸易开放 149 个部门、覆盖 93.1% 的 WTO 服务贸易标准部门分类，实施 403 项开放措施；截至 2013 年底，香港银行在内地共有 422 家营业性机构（含总、分、支行）、银行资产合计 9 605 亿元人民币，分别占内地外资银行营业性机构总数、资产总额的 44.56%、37.55%。2014 年，签署《内地与香港 CEPA 关于内地在广东与香港基本实现服务贸易自由化的协议》，首次采用准入前国民待遇加负面清单的开放方式，对港开放部门进一步增加到153个，WTO服务贸易160个部门总数的覆盖率提高到95.6%，开放程度进一步加深。此外，广东自贸试验区于2015年4月挂牌，《广东省参与建设“一带一路”的实施方案》也在2015年6月公布。

构建广东自贸试验区、广东参与“一带一路”建设和CEPA框架下服务贸易自由化尤其广东与香港基本实现服务贸易自由化，三者的推进政策相互叠加所产生的协同增强效应，进一步促进粤港经济的深度融合，使香港经济地位由“窗口”功能转变成为区域一体化参与者，夯实香港国际金融中心的经济腹地，更加充分地发挥其金融服务优势，提高金融资源的集聚与辐射能力。

（三）全球经济战略布局向亚太地区转移的积极影响

随着经济全球化的迅猛发展，东亚被视为当今世界经济发展最具活力和潜力的经济体，以其为代表的亚洲经济在世界经济发展中的作用不断提高。2008年金融危机暴发后，在欧美发达经济持续低迷之时，亚洲经济率先走出危机阴影，复苏之明显之快速备受关注。IMF《地区经济展望：亚洲和太平洋地区》2010年4月的报告就是以“引领全球复苏”为题，指出与以往的所有全球性经济衰退不同，亚洲首次引领全球复苏。全球经济战略布局向亚太地区转移，金融资源由于规模经济效应向亚太地区的聚集趋势愈加明显，而世界上大多数国际金融机构又以香港作为亚洲业务基地，香港国际金融中心建设因此拥有更多的机遇和空间。亚洲有着极大的空间去深化、改善其一体化的金融市场，从而为新的商业活动、新的基础设施、新的需求提供更多支持。亚洲开发银行的数据显示，到2020年，亚洲在能源、电信、交通基础设施方面的投资需求将达到8万亿美元。融资需求大于资金规模、有效的投资合作机制欠缺，巨大的资金缺口和专业金融服务需求意味着，香港作为相对成熟的亚洲区域性国际金融中心，硬件、软件完备，其居于国际领先地位的金融市场、金融产品、金融渠道优势具有更大的机遇空间。

六、香港国际金融中心的发展定位和策略选择

2008 年金融危机暴发后，香港经济发展的内地因素进一步增加，尤其“走出去”战略、“一带一路”建设的加快实施及其所蕴含的无限商机，为香港国际金融中心的发展提供了新的契机和经济动力。进一步增强自身的金融集聚和辐射能力，是香港巩固和提升国际金融中心地位、实现更大发展的重要基础。

（一）目标定位：离岸人民币业务中心、国际融资和资产管理中心

2011 年国家“十二五”规划指出，支持香港发展成为离岸人民币业务中心和国际资产管理中心，增强金融中心的全球影响力；支持建设以香港金融体系为龙头、珠江三角洲城市金融资源和服务为支撑体系的金融合作区域。随着内地改革开放的不断深入，尤其金融服务体系的日益现代化和企业“走出去”步伐的日渐加快，香港国际金融中心建设正处于一个关键时期。香港国际金融中心的发展，需要找准国际金融发展趋势、国家建设需要和自身独特优势的契合点；既应充分发挥背靠祖国、拥有广阔经济腹地的独特优势，又要巩固并提升自身面向世界的既有优势，其目标定位也因此相对明确而清晰——离岸人民币业务中心、国际融资和资产管理中心。

2008 年金融危机暴发后，随着中国经济实力和国际地位的不断提升，人民币国际化的步伐日渐加快。通过离岸金融业务推动人民币跨境流动，能够对热钱的大规模流入形成相对有效的“防火墙”，便于相关的风险管理试验，使国内金融市场和宏观经济尽可能避免不必要的冲击。一方面，“一国两制”下的国际金融中心香港显然是离岸人民币业务中心的最佳选择；另一方面，离岸人民币业务中心进一步巩固和加强香港国际金融中心地位的重要途径和基础。随着越来越多的国家认可人民币作为贸易结算和投资保值货币，伦敦、新加坡、首尔等都开始进行离岸人民币业务中心建设，而香港已

凭借自身的先发优势形成较之其他国际金融中心更大的离岸人民币资金池。与此同时，亚太区域，尤其内地经济的快速发展使区域内外的双向投资不断增加，巨大的融资和资产管理潜力使已经成为亚太区域重要资产管理中心的香港面临极为难得的发展新机遇和新动力。巩固并加强自身离岸人民币业务中心、国际融资和资产管理中心的地位也就成为香港国际金融中心建设的核心目标。

而且，无论离岸人民币业务中心建设，还是国际融资和资产管理中心建设，能够尽可能避免与上海国际金融中心建设不必要的竞争，实现优势互补、合作发展，进一步巩固并提升香港的独特角色和地位。例如，2014 年开通的沪港通，不但使香港离岸人民币市场的流动性进一步提高，而且使其作为全球离岸人民币业务枢纽的地位得以进一步巩固。截至 2015 年 4 月底，香港人民币存款和存款证余额达 10 709 亿元人民币，占全球离岸资金池的 50% ~60%。又如，根据 2015 年 5 月签署的内地与香港基金互认安排监管合作备忘录，两地基金互认安排于 2015 年 7 月 1 日实施；作为内地与内地以外市场之间的首项基金互认安排，其对拓宽跨境投资渠道起到积极的促进作用。再如，为巩固香港的资产管理中心地位，2015 年 2 月香港立法全面宽免交易所买卖基金股份或单位转让的印花税；根据 2015 年 5 月完成审议的《2015 年税务（修订）条例草案》，适用于离岸基金的利得税豁免也将延伸至私募基金。

（二）路径选择：全能型离岸人民币业务中心

香港国际金融中心与传统国际金融中心纽约、伦敦差距明显，除发展历史相对较短，金融业尚不够全面，监管制度仍需完善外，市场规模也要小很多，结构性问题相对明显，本币的流通范围更是有限。就目前及可预见的未来而言，其金融集聚和辐射的范围还是应以亚太地区为重点，香港依然是区域性国际金融中心。国际金融的资源聚集、市场均衡和体系完备不可能一蹴而就。香港国际金融中心的发展需要依托国家经济金融的发展，适应内地构建开放型经济新体制的新要求，利用 CEPA 深入实施、粤港一体化金融加速融合的先行机遇和腹地支撑，不局限于离岸人民币业务的拓展，立足于自身的金融自由化和国际化，以全能型国际金融中心为长远发展目标。

2017 年，人民币正式纳入国际货币基金组织 SDR 篮子，人民币国际化发展沿着贸易结算、投资工具、储备货币的路径逐步演化。目前，人民币在跨境收付业务、非居民持有境内人民币金融资产、人民币国际储备货币、人民币国际债券、人民币外汇交易、人民币境外流通、人民币跨境使用基础设施、双边本币互换等领域发展稳步推进。但人民币国际化进程及影响力、竞争力构建仍需要相当长的时间。一方面，据国际货币基金组织报告数据，截至 2017 年 9 月，人民币储备约 1 079.4 亿美元，而全球各种币种的外汇储备总额为 9.65 万亿美元，人民币只占其中的 1.12%。同时，据环球同业银行金融电讯协会（SWIFT）报告，2018 年 1 月人民币作为国际支付货币占全球份额 1.66%。另一方面，目前，中国对外贸易占到全球贸易总额的 12%，经济规模占到全球总量的 15%，且人民币在 SDR 中权重为 10.92。未来需要在若干重要方面持续推进人民币国际化，包括人民币利率汇率市场化改革，在风险可控前提下稳步、渐进、有序推进资本项目可兑换；完善跨境业务政策，利益中国企业全球化布局、居民配置境外资产、海外资本进入内地市场等机遇推进人民币国际化；提升人民币金融交易支付能力，升级人民币国际化动力，由传统的贸易计价结算、离岸市场向金融市场交易计价结算转型。

香港作为国际金融中心，离岸人民币市场发展迅速，在人民币国际投资、跨境结算等方面积极推进，在全球拥有最大的离岸人民币资金池，人民币金融产品交易、资产定价等方面具有全球影响力。截至 2017 年，香港人民币存款总额 6 184 亿元，银行贷款余额 1 445 亿元，全年经香港银行结算的贸易额达到 3.92 万亿元，人民币债券发行 206 亿元。香港以东南亚美元市场枢纽地位发展成为亚太金融中心，发展全球离岸人民币中心将进一步巩固和提升国际金融中心的地位和功能，在全球金融市场更具影响力和竞争力。香港人民币金融中心建设需要在人民币金融产品开发、投融资、资产管理、离岸交易、风险管理等方面加强机构发展，培育核心服务与支撑功能。

（1）继续增加香港与内地互联互通的资产类别与功能。内地金融市场通过互联互通融入全球金融市场，在此过程中，人民币资本项目实现风险可控前提下的国际化进程。在深港通、沪港通、黄金通、基金互认之后，可以继续探索香港与内地基于人民币计价的新股通、商品通、期货通等新的领域和途径，在风险可控前提下拓展人民币在金融市场的交易、计价、结算功能，逐步完善人民币金融市场的布局与功能建设，并最终推进国际化进程。

（2）“石油人民币”金融产品中心。2018 年，以人民币计价和结算的石油期货在上海国际能源交易中心正式挂牌交易，人民币原油期货上市，与纽约、伦敦等石油期货重地竞争，建立起石油美元、石油欧元之外的石油人民币体系，以多元的石油计价结算体系促进全球石油贸易公平竞争，自主选择计价结算基准。香港基于国际化的资本市场和人民币离岸市场枢纽的功能，可以为上海人民币原油期货吸引国际化的投资者、增加主体多样性，优化投资者结构，并创新人民币金融产品，成为“石油人民币”金融产品中心。

（3）依托粤港澳大湾区拓展跨境人民币市场业务。粤港澳金融合作在前海、南沙和横琴创新合作平台与机制，在跨境人民币贷款、跨境双向资金池、跨境双向发债、跨境双向股权投资和跨境人民币资产转让等领域不断突破。目前，跨境人民币资产转让类别包括贸易融资、租赁资产、自贸区融资以及不良资产。香港人民币贷款最高超过 3 000 亿元，主要针对在粤港澳地区企业。

（4）支持 CIPS 运行。人民币跨境支付系统（Cross-border Interbank payment System，CIPS）是人民币国际化战略性、基础性并具有决定意义的基础设施，是人民币全球清算体系的核心，跨境使用的主渠道。香港作为目前全球最大的离岸人民币清算中心，着力推进 CIPS 成为全球性比肩美元的 SWIFT 系统。

（5）“一带一路”沿线人民币应用。香港基于国际化的商业网络，在“一带一路”发展过程中，利用香港平台通过发行人民币债券等方式为基础设施建设项目融资；为“一带一路”沿线国家开设人民币结算账户，提供人民币清算、结算服务；协助建立人民币使用环境，提升人民币国际使用。

（三）模式选择：适度加大政府的扶持、监督和引导作用

香港是典型的“小政府、大社会”，国际社会公认的最自由的经济体系，公平竞争环境备受好评。其作为国际金融中心的形成与崛起，也更多具有伦敦、纽约传统国际金融中心的自然形成型特征。但制度的适宜供给是国际金融中心模式创新、功能演进极为关键的要素，政府推动日益成为国际金融中心提高竞争力的重要手段。面对瞬息万变的国际发展环境和日渐增大的竞争压力，香港国际金融中心的发展模式选择，还是应顺应国际金融发展趋势，在葆有自身赖以成功的金融自由化、公平竞争特色，充分发挥市场机制主导作用的同时，以前瞻性的眼光和良好而系统的整体规划及长远策略，适度加大政府的扶持、监督和引导作用。

内地金融自由化的不断推进和人民币国际化的日益加快，尤其上海自贸试验区对上海国际金融中心建设的积极推动，以及竞争对手新加坡在外汇、债券等金融业务上的迅速发展，意味着香港国际金融中心原有优势的相对缩小，而面临的挑战却越来越大。其地位的巩固和提升，需要突破制约自身发展的约束性条件和“瓶颈”，已没有足够的时间和空间让政府仅仅充当相对被动的促进者角色，而是需要通过主动制订相对明确而细致的整体规划和政策措施，有意识地强化市场力量和自身优势，适度引导和促进金融业的多元发展，并有效规避金融风险。

（四）香港国际金融中心发展的主要策略

可先行展开的有关金融业的政策建议：（1）丰富离岸人民币产品线，提供更多套期保值、投融资机会，降低交易成本；（2）适当降低上市门槛，争取更多符合资质要求的中小企在港上市；（3）进一步发展债券市场，建设人民币债券二级市场，完善债券评级机制；（4）加大金融创新力度，在监管前提下丰富金融衍生产品；（5）进一步加强内地与香港金融市场的互联互通，扩大已有平台的深度和广度，推出更多类似股票、黄金“沪港通”的对接平台，推动商品期货市场建设、大宗商品市场交易和金融产品互认，

真正形成双向流通机制；（6）联合内地相关企业，推动互联网金融发展；（7）做强做实中国企业“走出去”的主要融资平台；（8）充分利用自身资金运作管理中心的优势，力争成为亚洲基础设施投资银行的营运中心，在服务国家“一带一路”倡议的同时进一步提升香港国际金融中心的能级。

第九章

基于自由港经济参与内地自贸区开放开发

作为新时期内地进一步扩大开放的重要抓手，自贸区试点在全国范围内深度推进。内地自贸区承载探索全方位扩大金融、投资、贸易和高科技领域对外开放等重要改革试点任务，自身功能建设、制度构建、要素培育、开放程度等都处于摸索过程中，是中国经济拓展发展内涵、提升发展质量、全面接轨世界经济的关键阶段的战略步骤。内地自贸区发展受国际经济大环境、国内改革进程、部门权益重组等众多因素影响，改革过程是典型的“摸着石头过河”，急需外部市场的自贸区、自由港经济发展经验借鉴与学习。香港自由港经济发展具有全球竞争力，是全球自由港经济中的标杆性主体。在新的发展周期内，内地经济结构较之前优化升级，新的产业结构需要新的合作内涵，自由港经济与自贸区功能的衔接是成为合作新内涵之一。且在全球经济格局中，香港自由港与内地自贸区合作是深度的优势互补，避免了表面层级的产业与商业竞争，整合相关资源参与全球其他国际性自由港经济体核心的高端领域竞争，服务内地经济发展，为中国赢得全球发展先机。

一、国际先进自贸区发展理论演化及实践特点

（一）内地自由港经济发展背景

在全球化和新信息技术的支撑下，世界经济的“地点空间”正在被

“流空间”所代替，世界经济体系的空间结构已经建立在“流”、连接、网络和节点的逻辑基础之上。世界经济体系中“流”的汇集地、连接区域及节点，构成了世界经济的关键控制中心，自由港即是其中重要节点。自由港经济本质是服务经济，是全球生产网络体系中成本空间与知识空间的平衡优化，以实现全球或区域经济要素（人流、资金流、物流、资讯流、知识流）的自由流通、资源最优配置、效益最大化。新一代自贸区是以区域知识与服务创新为核心的新型综合服务功能区。

目前，中国经济面临内部转型升级与外部经贸摩擦的双重挑战，特别需要香港、上海等全球经济枢纽节点，连接内地经济腹地与全球市场。同时，中国自由贸易实验区建设是国家新一轮改革的重要战略措施，其特点是突破了先前改革“政策洼地”的局限性，进行“制度创新池”式全面改革，不再是优惠政策的局部吸引力，而是与国际接轨的市场规则与制度的整体环境创建。随着上海、广东、福建、天津、浙江、辽宁、重庆等地自贸区的陆续出台，自贸区发展是我国未来一个阶段对外开放的重要抓手。在功能服务、制度设计等不同层级、领域方面创新突破，将主导我国新一轮对外开放格局。

（二）全球自由贸易理论演化及阶段特点

俄林自由贸易理论资源禀赋观点认为，劳动力、资本、土地及生产资料等生产要素全球配置的差异是产生国际分工和贸易的原因。20 世纪 50 ~ 70 年代，西方主要发达国家实行贸易自由化政策，自贸区在各国兴起，贸易类型以工农业产品及原材料为主导，自贸区主要为全球贸易中转。70 年代末期，克鲁格曼等学者提出规模贸易理论，将规模经济和不完全市场竞争引入全球贸易网络，认为以要素禀赋为基础的贸易与分工应区分于以规模经济为基础的贸易与分工，产业间贸易决定于要素禀赋差异，产业内贸易决定于规模收益递增。由此，将比较优势和规模经济统一，基于规模经济的国际产业分工合作和贸易模式促进了全球贸易大发展，贸易园区融入了全球生产网络，成为国际产业分工的关键节点，在全球贸易网络主要节点上发展迅速，一批具有世界影响力的自贸区在全球贸易体系中脱颖而出。至 20 世纪 80 年代，赫尔普曼等学者构造了贸易动态均衡模型，将技术溢出及知识经济融入贸易增长理论，新贸易增长理论推动了传统的静态贸易利益均衡向全球动态贸易利益均衡转变，以科技、服务贸易为特点的新型贸易形式在全球范围内增长，以知识、信息、技术、金融服务为特征的新贸易经济形式推动了传统自贸区的升级转型，服务型经济成为自贸区全球竞争力的核心指标，自贸区进入以服务贸易为核心的功能升级阶段。

（三）新时期国际先进自贸区发展特点

随着全球经济的深刻转型及全球新的经济格局、贸易规则、贸易形式的形成，自贸区及自由港发展也处于转型或调整过程中，新时期国际先进自贸区发展表现为五个新特点：第一，传统“制造+贸易”功能正在趋弱，“科技+金融”成为自贸区核心新功能趋势，契合区域产业链、价值链升级的趋势与要求，如仁川国际空港等；第二，自贸区功能专业化、复合型发展，满足区域产业结构的多元化，及垂直与水平产业链合作的复杂需求，如迪拜自贸区等；第三，基于不同交通架构与互联网技术的现代物流系统及信息服务成为重要基础支撑，促进区域经济体系快速，高效地配置全球资源、商品与服务流通的需求，如汉堡港等；第四，贸易便利化、监管高效化是最大的基础优势，以制度性优势保障治理与服务的水平，在全球自贸区体系中体现软实力竞争优势，如新加坡自贸区等；第五，服务经济高度发达，以专业服务为基础构建的综合服务体系有力地支撑自由港经济核心功能，如香港自由港等。

（四）新时期国际先进自贸区发展趋势

（1）从直接的微观经济目标向间接的宏观目标演化。国际先进自贸区发展的微观目标相对明确，而宏观目标日益凸显。特别是在新兴经济体的自贸区发展规划中，除了传统的增加贸易机会、外汇创收、技术体系引进等微观经济需求外，自贸区承载了更多的区域发展宏观目标，包括发展战略调整、经济功能升级、发展方式转变、融入全球市场、建立新型经贸关系等方面，赋予了更多战略层次的意义。（2）特定优惠政策弱化，区域一体化经济。自贸区以经济刺激和行政特权为核心的特定优惠政策，如关税减免、外汇管制特权、海关监管简化等将逐渐淡出，通过实践优化选择的具有普遍意义的法规将逐渐主导自贸区制度框架，适用范畴从贸易拓展到服务、制造、治理和环境等领域，适用空间逐步扩大到自贸区以外范围，基于国民待遇的区域经济一体化政策将逐步拓展，制度空间、制度层次及制度权力普遍化。（3）由监管向多元化功能服务转变。自贸区政府导向型、独立型管理和行政区治理模式逐渐弱化，而企业导向型、混合管理型及跨领域服务逐渐成为主导模式，强调高效、便捷和服务，内涵由以监控为主向功能服务、技术支持、新经济功能培育等方向转变。（4）由第三产业主导向三次产业协同发展演变。发达国家自贸区产业结构以第三产业为主导，新兴国家以第二、第三产业协同发展为主。在产业部门中，第三产业中服务贸易比例较实物贸易比例大幅增加，第二产业中技术密集型、高科技含量产品比重逐渐取代初级加工产品，高附加值农业产品在特定区域增长迅速，整体表现出产业结构多元化、综合化趋势。

二、先进自由港发展核心竞争力构成要素及作用机制

（一）先进自由港发展核心竞争力构成模型

以波特钻石模式为基础，以汉堡港、安特卫普港、香港自由港、香农自贸区、玛瑙斯自贸区、迪拜自贸区等国际先进自由港与自贸区发展实践为参考，构建国际先进自贸区核心竞争力构成模型，包括六要素：目标指向、开放程度、功能培育、环境塑造，以及政府与市场（见图9－1）。其中，市场以其经济需求及“无形”规律作用于其他要素；由于自贸区发展的重大战略性、风险性等特点，包括中央和地方政府在内的政府部门也是竞争力不可缺少的构成主体，在发展战略制定、政策支持、环境优化、治理创新等方面

发挥着难以替代的职能；目标指向，即各类微观、宏观发展目标决定了自贸区发展的方向与功能导向，决定环境要素配置选择及开放的领域与深度；功能培育是自贸区发展的实践方式、路径与手段；环境塑造是基础保障；开放程度是发展的控制杠杆，决定了自贸区发展的步骤、速度及效率。六个要素相互影响，共同决定了自贸区核心竞争力的强弱。

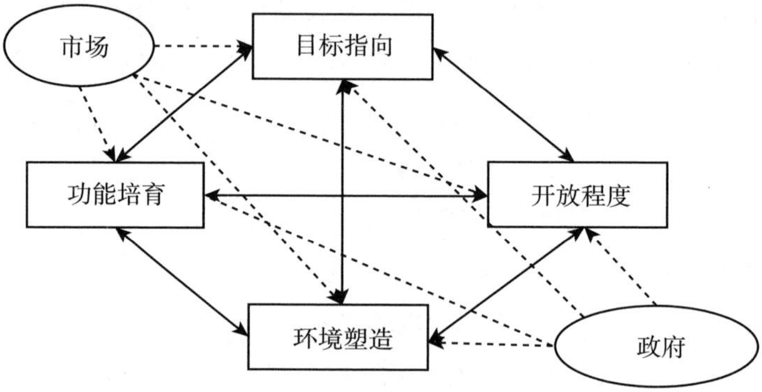

图 9-1　国际先进自贸区核心竞争力组成模型

（二）先进自贸区发展综合评价指标体系

指标体系将竞争力构成框架具体化，细分为具体要素组成，为新一代自贸区确立发展的标准及导向。评价标准是测度先进自贸区发展的标尺，而先进科学的指标体系维度及核心内涵代表着当前国际先进自贸区发展的趋势。总结世界先进自贸区及自由港发展经验，综合分析先进自贸区发展历程、经验及优劣势等，将评价标准的维度与核心内涵集中于目标指向、开放程度、功能培育、环境塑造等四个方面：目标指向——扩大贸易额、外资和技术引进、发展方式转变、与全球市场接轨等；开放程度——一线放开、二线管住、人员、资本、货物、信息自由流通度等；功能培育——以产业经济功能为主，兼顾服务功能开发，两者兼而有之；环境塑造——基础设施完善、地理位置优越、政策优惠、高效治理等。如表 9-1 所示，政府和市场要素以其主体性和作用方式融入其他四要素中。

表9-1 国际先进自贸区发展标准综合评价维度

一级指标	二级指标	三级指标
目标指向	贸易成果	进出口贸易额
	就业指数	企业数量
		就业人数
	经济收益	政府税收
		国内生产总值
	引资效益	实际利用外资
	制度创新	采用新政策数
开放程度	贸易自由	货物出入境及处置
		海关稽查
		备案控制
		电子监管
	投资自由	行业限制
		占股比例限制
		最低投资额
	金融自由	结算货币选择
		外币汇兑
		资本流通
		外币存储
	人员进出	落地签证
		免签证
		手续办理便捷度
功能培育	产业功能	物流集散
		先进制造
		离岸金融
		专业服务产业
	服务功能	中介服务
		城市服务

续表

一级指标	二级指标	三级指标
环境塑造	区位优势	经济腹地
		地理位置
		交通通达
	基础设施	园区硬件设施
		金融机构
	政策优惠	信贷措施
		税收优惠
		市场准入
	园区治理	审批效率
		互联网效率
		商务成本
		资讯渠道
		生态环境

资料来源：作者整理。

（三）内地自由贸易实验区竞争力评价——以上海为例

基于国际先进自贸区核心竞争力构成指标体系，初步评价上海自贸区的发展。在目标指向方面，其以长三角及长江经济带为核心的内地经济腹地发展为支撑，经济规模性指标达到世界领先水平，但反映全球或区域经济枢纽节点的影响力与控制力指标较弱。在开放程度方面，随着自贸区技术平台，管理机制、制度性软环境与国际接轨，以及负面清单的升级，贸易自由、投资自由、人员自由等领域会逐渐缩小与国际领先水平的差异。同时，受国家金融安全及国际金融规则博弈过程影响，资本自由是一个相对缓慢而审慎的过程。在功能培育方面，第二产业发展的功能配置已具备东亚领先的水平，但在第三产业服务经济领域，特别是高端金融、专业服务、航运后台服务等方面与世界领先水平具有较大差距，具有行业影响力或区域控制力的领先企业、功能性平台、高品质的服务经济发展等处于薄弱环节。在环境塑造方面，上海自贸区兼具传统的经济区位优势与新的服务创新激励，初步构建了自贸区的服务体系，处于逐步提升服务质量与完善功能的过程中。整体而言，上海自贸区发展具备了国际先进自贸区的基本功能构成，但在服务功能配置、与国际接轨的制度创新、先进管理理念与服务创新等方面还具有较大差距。

三、香港自由港核心竞争力构成

香港作为国际先进自贸区、自由港经济的典型代表，在亚太及全球航运、金融、贸易等经济格局中具有重要影响力，香港自由港经济核心竞争力构成要素及作用机制包括：自由经济体发展目标、高效的要素流通通道、市场制度与商业规划以及专业服务功能。

（1）自由经济体发展目标设定。香港自由港服务经济以现代专业服务为核心支撑，以金融、航运服务为主导产业构成现代多功能综合服务经济体系，其核心发展目标即实现贸易自由、投资自由、金融自由、经营自由和人员进出自由，致力于打造有国际影响力的自由港经济体。

（2）完备高效的经济要素流通通道构建。为满足自由港服务经济要素与信息流通的需求，香港着力构建了发达的航空、航海网络，匹配世界领先的专业服务来连通经济腹地与全球市场。目前，在珠三角腹地经济网络中，以香港为枢纽，在内部经济腹地及外部全球市场之间形成了发达的物流、人流通道，特别是高端商务人流的便捷通道，成为国际商业经济空中走廊的重要一环。在自由港服务经济网络中，信息、资讯沟通需求巨大，且相关标准严格。香港以现代信息技术建立全球信息数据区域中心，以世界级的通讯设施，发达的资讯连通世界，同时注重数据信息安全，在自由港经济中，能够为顾客提供安全、迅速、准确的数据资讯服务。香港的全球市场经济资讯处理优势成为它不可替代的核心竞争力。

（3）“无障碍”市场机制与商业规则运行。其表现在两个方面：一方面，基于市场经济秩序构建无障碍投资环境。自由港是经济要素全球快速流通中的一环，高效监管的核心基础是与世界接轨的法律、制度、规则等能够获得全球广泛的认可和接受，需要突出规则与运行的高透明、专业化、国际化。香港奉行自由市场经济体系，除去少数特定行业及商品外，对经济活动坚持“不管即为管”原则，其核心内涵是遵循市场商业活动自身规则和价值导向，减少政府行政干预，剔除权力“寻租”空间，进而形成自由有序投资环境。香港除去酒类、烟草等四种管制的商品需要政府审批外，一般商品进出口不受配额或其他规定限制，任何香港机构、个人均有办理进出口商品的权利，不须向特区政府申请或登记。香港对外来投资基本无限制，容许外汇自由流动，对企业所有权没有国籍限制，经营环境平等，对各种类型、资本属性及商家一视同仁。同时，港府高效、廉洁，社会司法体系健全，以严密的知识产权法例有效保护企业的权益，为个人和企业创造了公平竞争机会。另一方面，简单税制及低税率降低资本运行成本与资产保值风险。简单税制、低税率极大地降低资本运行成本，减少资产保值风险，对资金流巨大的国际金融、贸易企业，高回报的国际风险投资，以及高收入的企业家、高级管理人才、专业服务人才等具有无可比拟的竞争优势和吸引力。香港的税制以地域为征收税项的基础，只对来自香港的利润及收入征税，不全球征税，主要税种只有企业所得税和个人收入所得税，分别为 16.5% 及 15%，没有销售税、增值税、股息及利息预扣税、遗产税、酒税等。由此，香港税制体系成为其核心竞争力的重要组成部分。

（4）专业服务功能培育。首先，以专业服务为基础构建综合服务体系支撑主要经济功能。优势的营商环境和配套服务受到国际投资机构越来越多的关注。自由港经济需要发达的现代服务业支撑，国际金融中心、航运中心的功能实现需要配套多元的现代高端专业服务支撑，而专业服务发展具有系统性、整体性的特征。香港作为亚洲的商业和服务枢纽，集聚美资、英资、华资等不同性质的国际公司、本地化私营企业，吸引全球大批具有高学历的熟悉国际市场规则与标准，具有丰富营商经验的企业家、专业人才与团队。多元的商业及专业服务，包括法律、仲裁、会计、财务、管理顾问、工程、建筑、教育、设计、产品检测验证等，形成一个综合性的服务体系，有力地支持了自由港经济的发展。专业服务作为服务经济的基础，满足高端服务经济的专业性、多向性及复杂性需求，支持主体服务功能的高效发展。其次，以优势经济要素资源构建多维功能性国际通道。香港在资金、资讯、人才等领域以其自身优势打造国际通道，帮助内地企业解决“走出去”过程中面临的包括融资难、市场网络局限、对国际商务规则认识不足等问题挑战。在内地企业走向世界市场中扮演重要的国际通道角色。目前，香港在满足企业融资方面提供上市、信贷、私募资金等多种选择；在构建提升产品品质、营造国际品牌方面，利用香港的产品设计和国际营销人才，以香港国际市场推广中心的全球渠道，一方面使产品符合国际市场标准，另一方面塑造全球领先品牌的价值内涵并进行推广；内地企业融入全球市场网络、生产网络，特别是打入全球顶级市场的过程中，面对西方市场规则的商务竞争与谈判，在与国际商务运作方式及法规接轨方面，借助香港在法律、会计、财务等专业服务领域熟悉国际市场规则及标准的高级人才开展工作，更容易为合作方所接受，并按照国际商业规则、标准执行，具有良好的法律和信誉保证。由此，商业活动中人流、物流、资讯流、资金流等经济要素经香港自由商港及国际通道通达全球市场，功能性渠道与平台作用显著。

四、内地自贸实验区发展主要挑战

上海、天津、河南等地 12 家自贸区先试先行，在规则的突破与创新、新功能开发与培育、治理方式转型等方面遇到的问题与挑战在我国后期出现的其他不同自贸区发展过程中共性存在，也是我国探索与国际接轨的市场规则与制度的过程中必须解决的问题。

（一）理解国际规则与规律及有效开放与创造市场

目前，全球投资新规则及贸易新格局正在形成，整体表现为从贸易规则转向国际经济规则，从货物贸易规则转向服务贸易规则，由传统的多边平台转向双边、近边乃至区域平台。同时，国内改革在地域范围、行业领域及市场规则等方面逐步深入，由门槛开放（WTO 市场准入门槛）到全面开放（投资各环节的国民待遇），整体融入全球经济体系，在全球生产网络、市场体系、价值链及规则制定等方面追求产业引领力与控制力、市场主导权及参与核心规则制定等。上海自贸试验区本质是借鉴全球市场制度，创建融入全球的跨境服务业市场，先试先行与世界接轨的规则制度，提供可复制的市场规则及经验借鉴。

自贸区经济核心是服务经济，服务贸易对交易物理空间需求有限，而对法律制度空间要求严格，因为交易是通过基于法律架构的合约进行的，合约有效性依赖于产生契约的产权基础，包括清晰的产权界定，规范、公平、市场化的交易平台，及公正透明的纠纷解决机制等。西方市场经过百年摸索，构建了当前世界贸易体系主流的法律、制度、机制空间，并占据核心主导地位。在经济发展处于深刻转型的过程中，如何完全理解游戏规则及规律并有效开放及创造市场，是上海自贸试验区面临的首要挑战。

（二）既有功能基础单一与自贸区经济多目标集成矛盾

内地自贸区多在保税区等基础上升级筹建而成，在制度软环境构建、内涵与功能服务以及管理方式等方面与自贸区标准差距较大，特别是原来既有功能基础还较单一。以上海为例，上海自由贸易实验区在外高桥保税区、外高桥保税物流园区、洋山保税港区及浦东机场综合保税区基础上整合开发形成，由于原有园区发展的局限性，现有功能主要集中于相对传统的国际中转、保税仓储、出口加工、转口贸易、出口贸易、仓储分拨等单一方面。上海自贸实验区发展是多目标系统集成、在与国际接轨的高标准投资和贸易规则体系建设、新型行政管理体系建设、对外投资服务促进体系建设、监管模式创新等新机制方面；开发高端金融服务功能、航运服务功能、商贸服务功能、专业服务功能、文化服务功能以及社会服务等新功能、新领域方面；设立国际大宗商品交易和资源配置平台，建立亚太地区总部，建立整合贸易、物流、结算等功能的营运中心，开发航运金融、国际船舶运输、国际船舶管理、国际航运经纪等产业，加快发展航运运价指数衍生品交易业务等新业态、新模式方面，距离具有国际竞争力的综合性自由港经济体还有较大差距。自由港经济的新机制、新功能、新领域、新业态、新模式等创新发展既是上海自贸试验区发展可复制模式的重要内涵，也是重要挑战。

（三）经济腹地转型，经济规模及能级短期支撑不足

目前12家自贸区试验区广泛布局于上海、广东、天津、浙江、福建、重庆等地，在更大空间上布局于长三角、珠三角、京津冀、武汉都市圈等中国经济发达或快速发展中地区，经济腹地支撑自贸区发展潜力巨大。以上海、浙江自贸区发展为例，长三角及整个长江流域的经济能级、潜力在长期预期足够支撑上海、浙江自贸区的发展，在短期则面临着严峻挑战。自贸区核心功能在于生产资源要素中转、商品市场拓展及第三方功能服务，作为全球产业链、价值链及生产网络的特定功能环节，自贸区发展依赖于经济体发展基础及需求。目前，上海、浙江及长三角地区经济整体处于深刻转型的调整过程中，支撑转型的基础要素条件优势并不明显，劳动力、土地等要素资源正在失去优势竞争力或转变为稀缺资源，外源型技术体系的技术创新制约及限制性劣势逐渐显现。且随着全球经济进入深度转型调整期，第三次产业变革正在酝酿，生产制造环节的技术变革与美欧国家“实体经济回归”或“制造业回流”相互促进。由此促成的中小型制造业企业、加工代工型制造业企业外迁内移、地区生产力规模及能级下降，生产资源要素需求降低。全球市场需求持续低迷，且第三方服务功能在培育过程中。经济腹地转型造成区域经济规模及能级短期难以有力支撑自贸区发展。

（四）职能部门整合与重组的门槛界线制约新功能开发

以行政审批为核心的现行监管模式造就了既有部门体系，在分工合作的过程中逐渐建立起部门执法与功能界线，放弃或重组部门利益以适应新的监管模式及功能需求，既是当前自贸区发展的关键也是核心问题所在。自贸区发展的开放性、国际化要求监管必须与国际接轨，核心是尊重企业的市场主体地位，尊重市场的价值取向。在初期主导自贸区开发后，下放、简化、削减直至完全取消行政审批环节，建立投诉制、评估制、问责制、监察制等与国际接轨的监管体制，根本的是以部门权力为基础的执法体系与以市场价值

规律为基础的监管体系两种模式之间的过渡、转换与调节，其过程的效率及成果直接影响着自贸区功能开发。

五、香港自由港经济对内地自贸区发展的启示

（一）完善世界级航空、航海线路网络，外包机场、港口服务提供高效服务

内地自贸区大多依托区域性经济中心城市，一般拥有现代化国际机场或深水港码头等，上海、广州、天津等地机场、港口硬件及航线网络覆盖全球主要经济区，建议针对冷、热点区域，建立区域经济联系与航线布局的关联性动态监测机制，适时调整，逐步拓展、优化航线网络，合理布局航空、海运资源。完善机场与主要产业园区、核心商务中心、旅游集散中心等客流量集中方向的辅助交通网络，方便人流快进快出；完善港口与主要货物集散场地方向的辅助交通网络，方便物流快进快出。目前，上海、广州等地的航空航运服务距离世界一流水平还有一定差距，可借鉴香港航线、航站、码头管理经验，引进民营或者外资服务公司，公开竞标，外包机场、港口服务，政府只负责监督，以制度和管理提高航班准点率及服务水平。

（二）建立亚太第一时间全球经济资讯信息发布平台

在市场引导下，建设国际性、权威性数据库平台，为落户内地的企业提供优质资讯服务。在上海、广州等地的自贸实验区内建成现代 ICT 经济体系，与国际主要财经、证券、能源、期货、海运等方面权威资讯发布平台、机构建立合作关系，形成亚太范围第一时间全球经济、贸易、金融、航运信息、数据资讯源。结合 5G 智慧城市网络站点建设，在自贸实验区内依据实际需要建立一定数量 WiFi 点，实现区内全域免费上网。在区内建立云数据处理中心，满足客户大数据集成、处理需要，同时以技术和制度保障企业数据安全。在自贸实验区内实现最严格的知识产权保护体系，在法律仲裁、商

业认证、知识产权注册等方面参照国际或者香港有关法规、案例，严格执法，取信于潜在顾客。

（三）引进专业服务产业，培育自贸区与世界接轨的商业制度、文化与标准

内地自贸实验区已经开放部分专业服务，应以此为契机着力引进香港及国际知名专业服务企业、团队与人才，打破“大门开，小门不开”的格局，构建由法律、仲裁、会计、财务、管理顾问、工程、建筑、教育、设计、产品检测验证等专业服务形成的综合服务体系支撑自贸区发展，引领、培养本土企业、人才发展。同时，上海、广州、天津、重庆等地开放、包容的文化底蕴为国际化商业文化与制度的发展奠定良好基础，在国际社区、国际学校、宗教信仰、现代艺术巡演等方面打造优质的后期服务。由此，塑造内地自贸实验区与国际市场接轨的服务经济制度、文化与标准，形成自身的核心竞争力。

（四）构建自贸区以市场为主体的运作、调节、监管机制

通过吸引世界知名的信用评级结构，邀请国际商业仲裁机构派驻分支机构，采用国际通行通关检验系统、多种国际语言服务等方式等，在自贸实验区构建完善的产权制度、会计审检制度、商业纠纷调解仲裁制度、信用制度及信息披露制度等以市场为主体的运作、调节、监管机制。监管体系由行政监管向市场机制监管转变，实现市场自我监管，进而获得国际企业的认可和肯定。同时，发挥自贸区连接国际市场与国内长三角、珠三角、京津冀、成渝经济圈、长江经济腹地的纽带作用，主动“走出去”服务于国际国内两个市场，打开融资、市场推广、专业服务等不同功能通道。

（五）引进并培养高素质管理人才及专业服务人才

在自贸区管理、现代服务贸易、高端金融、航运等领域引进并培养大量

具有高学历的，熟悉国际市场规则、制度、标准，具有丰富营商经验的专业人才和专业企业；培育、引进熟悉全球贸易谈判框架及其运行机制、国际贸易体系及交易规则、国际贸易法律及政策的高级管理人才；在自贸区综合服务体系构建中，培育、吸引法律、仲裁、会计、财务、管理顾问、工程、建筑、教育、设计、产品检测验证等方面的专业服务人才，以优势人才塑造核心竞争力。

六、香港自由港经济融入内地自贸试验区建设的思路与建议

香港与内地经济紧密联系，立足内地与香港发展的阶段特征和实际需求，探寻内地自贸区发展与香港自由港发展战略的契合点，以内地自贸区发展为新的契机推进内地与香港合作内涵、合作模式创新，通过香港自由港经济融入内地自贸试验区建设，实现更高层次、更丰富内涵的内地与香港共赢发展格局。内地自贸试验区通过学习香港自由港的“窗口”功能、国际贸易功能和金融服务功能，推动开放型经济、实体经济和创新经济发展，借助香港自由港的服务业开放和总部集聚趋势，推进现代服务业和战略性新兴产业转型升级，并通过自贸试验区“制度创新”溢出效应和政府管理职能转变理念，促进内地经济转型。香港自由港经济亦可以通过自贸区平台寻求自身经济升级，夯实经济基础，促进与内地合作模式与内涵创新的新机遇。结合内地与香港发展实际，着眼于促进香港自由港经济与内地自贸试验区发展实践，推进内地与香港产业转型升级，从三个方面提出全面合作的政策建议。

（一）香港与内地合作推进内地自贸试验区建设战略思路

内地自贸实验区发展为推进香港与内地深度合作提供了战略机遇。两地围绕自贸区建设合作战略方向上坚持三点：一是功能合作；二是制度对接；三是面向全球市场。

在功能合作方面，香港自由港与内地自贸试验区合作重点是推进内地产

业转型升级与制度创新突破的深度融合，促进香港自由港成为内地自贸试验区功能创新的对照版。香港与内地自贸试验区发展合作需要充分发挥香港自由港产业功能对自贸试验区经济功能创新的支撑作用，推进内地自贸试验区功能优势与香港产业功能优势的双重结合，推动香港与内地产业转型、功能升级与制度创新的联动发展。一旦自贸试验区试行制度在国内推进，将进一步推动总部经济、航运经济、贸易经济、高端制造、城市服务、信息服务、海洋经济等领域的功能创新，并带来相应的制度创新拓展。

在制度对接方面，通过香港与内地合作，深化制度创新，在自贸区有重点、有层次、有步骤地分期推进相关制度及政策，使自贸试验区总体方案中涉及的各项制度创新和开放政策在香港自由港与国际接轨的制度环境中得到检验，有助于进一步推进自贸试验区制度创新的效率及实际作用。从落实国家战略要求、推动开放型经济与区域经济融合发展的角度看，香港自由港与内地自贸试验区合作可兼容贸易自由、金融开放、新兴产业促进、研发创新、城市服务以及政府治理改革等多领域制度创新，形成多体系、多层次、多领域的制度创新池，探索一批与国际接轨的经济运行规则，进一步加快内地市场与全球市场的融合贯通。

在市场开发方面，香港自由港与内地自贸试验区合作后将会带动全球市场资金、人口、产业、商流、物流等资源要素进一步向两地及其长三角、珠三角及长江流域腹地市场集聚，这对香港与内地的城市化发展、工业化升级、招商引资等都将产生积极效应。香港自由港与内地自贸试验区合作后，通过空间扩容与制度创新、功能创新、产业创新的联动，在亚太地区形成一个服务能级更高、辐射半径更长、带动领域更广的市场极核，对周边地区市场产生更为强大的辐射溢出效应，联动国内经济腹地与全球市场。

（二）建立香港与内地自贸区发展合作对接机制

发挥政府、企业、社会组织等主体作用，尽快建立香港自由港与内地关于自贸试验区合作联动的联系机制、工作机制和对接平台，为香港自由港经济全方位对接自贸试验区搭建通道。

（1）建立香港与内地政府间对接机制。加强香港特别行政区政府与内地政府职能部门，特别是自贸试验区管委会的直接联系，并建立商务、金融、税务、海关等部门的对接机制，第一时间掌握两地的动态信息，及时了解自贸试验区的改革动向，做好相关对接储备的研究。

（2）构建香港自由港与内地自贸区合作多元对接平台。依托企业、商会、行业协会、产业园区等多种平台，建立香港特别行政区政府、企业等组织与自贸试验区的多形式联系，协助自贸试验区引进国际先进技术、信息、品牌、招商资源等。

（三）扩大香港自由港与内地自贸区发展产业合作机遇

立足内地产业发展基础与未来方向，充分利用自贸试验区的功能设施和产业带动效应，对接香港的产业价值链、服务业溢出效应，加快制度创新和产业升级联动，推动内地及香港产业转型升级发展。

（1）探索与自贸试验区形成“区内注册、全球经营”联动模式。发挥内地营商成本、生活成本相对较低的优势，吸引香港注册企业入驻自贸试验区，特别是与本地产业链衔接、能够完善本地产业链的企业优先支持入驻，进一步完善本区域的产业生态环境。

（2）积极促进私营经济发展合作先行先试。香港私营经济发达，在东南亚经济体系中具有较强的引领力及号召力，可借鉴香港自由港市场开放和制度创新举措，争取支持香港私营经济领域的航运、贸易、专业服务、金融等产业内领先企业早日入住，为自贸区经济发展探索可复制、可推广的香港资本对内地投资的新型模式与创新经验。推进内地民营经济领域的市场开放，率先简化民营企业投资的审批程序，降低民企进入金融保险、医疗教育、社会服务等领域的限制与门槛，探索推动自贸区民营经济发展可复制、可推广经验。

（3）以制度创新促进中小微企业集群发展。借鉴香港自由港投资管理经验做法，进一步完善自贸试验区金融、税收、信用担保、技术创新等方面的政策创新，吸引创新型、创意型、高附加值的中小微企业集聚。

（4）积极推进现代服务业对外开放。积极对接香港服务业开放，引进并学习香港自由港服务业开放经验与发展模式，以推进内地自贸区金融产业服务创新为具体着力点，积极探索发展内地自贸区金融、航运领域的后台服务、研发中心、交割服务等相关金融服务业，加快金融服务业集聚创新发展。以自贸实验区为载体（可将政策实施范围控制在一定空间范围内），争取香港的国际医疗、教育服务、文化娱乐等服务业开放政策在自贸区内试点执行。依托自贸区配套服务和基础设施发展，推动内地经济整体转型升级，着力引进国内外领先企业总部，重点发展生产性服务业，率先在全国打造专业服务经济新高地。

（5）加强自贸试验区制造业升级与香港总部集聚联动。把握自贸试验区及内地、长三角经济腹地制造业产业链升级的机遇，围绕装备制造、新能源、新材料、生物医药等重点培育的高端制造产业，有针对性地加强与香港跨国公司资本、技术、管理等的对接，扩大先进装备及前沿技术的进口，完善战略性新兴产业价值链，加快推动香港制造业复兴，夯实经济基础。积极吸引香港跨国公司总部、功能性总部，推进自贸区总部经济、楼宇经济的集聚，发挥“以商引商、以外引外”的联动作用，推动国际高端产业在自贸区集聚发展。

（6）推进自贸试验区制造业升级与香港增值电信服务开放联动。鼓励和支持自贸区内制造企业与香港增值电信商建立战略合作、业务合作关系，完善自贸区内信息服务基础设施建设，加强增值电信业务前端的网络信息平台与后端工业生产制造环节的有机结合，推动自贸区内制造业向“专、精、特、新”的发展。

（7）利用香港自由港在国际金融市场融资便利、知识产权保护法律体系完整，信誉良好的优势推动自贸区及内地高科技产业发展，推进香港经济实体化。在香港成立由政府主导、社会、企业参与的科技战略投资公司，通过企业兼并、技术转让、专利参股等不同形式购买国外重要专利授权，提供给自贸区及内地高新产业园内高科技企业使用，支持和促进其发展。逐步实现内地企业在全球范围内集聚创新资源，实行开放创新、联动研发；支持自贸区及内地企业加快引进先进设备、技术和高端人才，加大研发投入、建设高水平研发中心，加快成果转化。充分利用香港资本及技术交易便捷优势，发挥内地科技研发基础良好优势，在自贸试验区内建立由政府主导的香港与内地公共技术研发实验室，为两地企业研发活动提供支撑。

（8）与香港自由港合作建立“前展后贸”新型贸易模式。借鉴香港低税率、免关税等发展模式，进行商品关税政策改革，在技术手段、监管方面创新，在自贸区内申请设立高端消费品保税展示交易中心、进口商品直销中心等，与香港和内地两地实践探索“前展后贸”“前展后库”等联动联营模式。

（9）加强内地自贸试验区与香港功能平台经济联动发展。依托自贸试验区贸易功能升级，大力吸引和扶持平台型、整合型香港商贸企业进驻发展，完善信用、物流、支付等电子商务支撑体系，促进香港与内地平台经济等新型业态发展。

（四）以制度创新保障香港与内地合作模式及内涵升级

以自贸区发展为契机，学习香港高效廉洁的政府运行管理机制，推进内地创新政府管理服务方式的理念、经验及相关模式，围绕当前内地政府行政管理制度改革的重点，结合香港服务型政府经验，跳出传统思维的束缚，加大减权、放权力度，深入推进内地政府职能转变和制度创新突破。

（1）探索建立负面清单投资管理模式。内地已经在自贸区实践基础上，在全国范围逐步推行部分创新政策，例如，上海在商贸流通业、专业服务业等领域采取“备案制”试点，取消项目审批，以准入后综合监督为主、准入前负面清单方式许可管理为辅；推行“鼓励清单”服务模式，推进贸易便利化，积极争取外资审批权限下放，推行重点产业备案制管理，建立与中央、市级机关及横向职能部门间的贸易便利工作协调沟通机制，推动上海以高端服饰、医药用品等行业为特色的商贸服务业快速发展等做法。相对香港自由港经济软环境的整套政策体系及服务模式，内地自贸区在探索实施负面清单管理管理模式和投资备案管理模式上初步取得了一定的进展，但距离高效有序的贸易环境塑造还有较大差距，特别是香港根植于经济活动背后的市场经济思想、理念及潜在文化作用，都是未来自贸区深入学习、研究与实践的对象。

（2）探索建立政府权力清单制度。香港特区政府权力界线明晰，依法执法，是其发展经济竞争优势的重要保障。借鉴学习香港特区政府权力运行机制，以自贸区负面清单管理理念为切入点，探索建立内地自贸区政府权力清单制度，合理划分政府与市场、政府与社会边界。加大对行政审批事项的清理、整合力度，制作权力清单列表，做到“行政权力进清单、清单之外无权力”。细化、标准化运行程序，依法公开审批目录、审批条件、审批程序、审批过程和审批结果。研究制订行政权力公开运行监督检查实施方案，保证政府权力公开透明，塑造与保障政府权力公信力。

（3）探索建立综合监管制度。基于信息公开与共享的香港社会经济信用保障体系有效地降低了经济、社会运行成本，促进经济社会公平、正义发展。以香港为榜样，在社会信用及经济信用领域，探索推行以诚信为基础的企业分类风险管理机制。整合工商、发改、税务、海关等部门的综合管理信息，逐步形成企业诚信经营数据库和信用评价分级标准，客观评估企业诚信经营状况，构建更加全面、科学、公正的企业诚信管理体系。香港发挥在这一领域的优势，以经济社会信息信用体系建设为抓手，主动参与自贸区及内地社会信用体系、安全审查等制度建设，构建统一信息共享和服务平台，实现自贸区内企业基本信用信息的查询服务，并实现香港与内地两地企业的信用信息共享。

（4）建设自贸区以社会中介组织为主体的行业自律体系。香港作为成熟发达的经济体，民间组织发达，各种社会组织、团体具有深厚的民众基础，在社会公益、行业发展、与政府协作等方面发挥巨大作用，并且自身组织建设、活动组织等方面已经完整的模式与机制，社会影响力巨大。因此，先尝试在自贸区范围，推进香港与内地两地在此方面深入的合作。以公益或者非公益的方式引入相关中介组织，探索建立自贸区企业和相关行业组织代表组成的社会参与机制，引导企业和行业组织表达利益诉求、共同参与的协商共治机制，发挥社会及民间组织在经济社会活动中的作用。培育、规范管理行业组织，引导其参与社会管理和公共服务，充分发挥其在行业自律、市场净化和矛盾调和等方面的积极作用。鼓励行业组织参与制订行业标准，推进行业诚信体系建设，构建法制健全、规范有序、分类指导、监督有力的行业组织自律体系。

第十章

基于“一带一路”倡议的“超级联系人”功能发展

当前，全球经济增长、投资、贸易格局正在深刻调整中，主要欧亚国家均处于经济转型的关键阶段，需要进一步激发域内发展活力及合作潜力。中国对外开放的外部环境也发生深刻变化，经济全球化的重心从多边主义向区域主义转变。中国经济处于新常态中，“十三五”规划指出国家经济发展向创新、协调、绿色、开放、共享的理念转变，可持续的经济增长方式正逐步显现出若干特点：中高速、创新驱动、消费市场、产能优化、开放融合等。中国“一带一路”建设的提出，既是应对当前国际经济贸易的最新发展趋势，又是国内经济深层次改革的外部延伸，两者统一。香港“超级联系人”功能的拓展与目标市场的实践为“一带一路”倡议发展提供了基础保障。

一、香港在“一带一路”建设发展中的新机遇

过去 40 年，香港一直作为内地改革开放的窗口和充当境外投资内地的中介人角色，也是内地经济与境外市场间的一道“防火墙”。在当前经济转型的困境中，“一带一路”建设及其后续发展为香港发展带来新的增长动力和发展机遇。

（一）拓展国际港口合作，促进航运中心发展

21 世纪海上丝绸之路建设，构建联通全球的海上通道网络，香港可以与内地沿海主要港口，在推动口岸基础设施建设、推进港口建设合作、增加航线和班次、加强物流信息化等方面进行全面合作；在促进国际通关、换装、多式联运衔接，形成兼容规范的国际运输规则，实现国际运输便利化等领域展开全方位的合作。

（二）与“一带一路”沿线国家建立广泛的政商民联系网络

香港通过各种类型的商贸、投资、文化、民间宗教、宗亲交流等活动，深化目标国与地区间在 G2G（Government to Government）层面推动落实中国与沿线国家各项政治、经济项目的实施。在“人心相通”领域，香港在全球范围内具有广泛的侨界联系，特别是在缅甸、菲律宾、越南、印度尼西亚、泰国、新加坡等东南亚地区具有传统的侨界交往关系，是东南亚华人社会的交流中心。香港企业业务范围遍及亚洲主要国家和城市，洞悉东南亚的经济、社会、民情。香港特区与东南亚文化渊源深厚，联系密切，可以担当内地与东南亚地区全方位合作的“超级联系人”角色。

（三）大型基建项目促进专业服务市场需求增长

基础设施建设是目前阶段“一带一路”建设发展的重点内涵，沿线国家与地区兴建港口、铁路、公路、油气管道、工业园区等基建设施，离不开金融服务的支撑。陆上与海上航线的发展，为物流、航运及其他现代服务业提供机遇，并促进区域经贸与技术的交流。香港在金融、物流、航运、仲裁等专业服务领域的优势随着国家“一带一路”项目一起“走出去”，协助推动“一带一路”的“设施联通”“资金融通”“贸易畅通”。同时，随着沿线地区贸易方式创新，跨境电商规模和效益日益增长，对于香港电子认证、信息安全技术等科技服务的需要增加，为香港科技发展带来新机遇。

（四）培育香港年轻一代的世界观、民族观及对国家的认同

“一带一路”倡议及其实施，给予香港青年进一步认识国情世情、认知祖国历史传统、拓展未来的新机遇。“一带一路”的历史内涵促进香港青年重温祖国不畏艰险、开拓进取、奋发有为的民族精神，激发受西方地理大发现、海洋大冒险精神浸染中成长起来的香港青年一代学习和发扬中华民族的和平包容、开拓进取的精神。在目前香港经济的困境中，通过“一带一路”开拓商机，从而拓展香港青年的就业局面，在发展中谋求个人事业发展新局面、新机遇。

（五）产业领域广阔，促进香港既有优势产业开拓市场

“一带一路”发展在传统的基建行业，包括工程设计与建设、工程机械设备、钢铁等产业领域；交通设施、物流、仓储、售后服务等贸易领域；采矿机械设备制造、石油冶炼与加工设备制造，核电、风电、水电等能源开采与运输领域；移动通信、生物医药、航空航天、电子器件等高科技产业领域；以及金融服务、旅游服务、酒店餐饮等服务业领域具有广阔的产业发展机会，且大部分领域都是内地优势产业与广阔市场的对接，具有广阔的地域性开拓性市场空间与前景。香港直接或间接地嵌入相关产业环节，发挥既有产业优势和综合优势，开拓新兴市场。

（六）扩大香港离岸人民币市场服务需求

随着“一带一路”建设的深入，规模巨大的贸易和基础设施建设将推动人民币计价及支付进入本地市场，人民币在跨境贸易及投资等方面的国际化进程加快，香港作为国家重要的人民币离岸中心，人民币离岸市场的规模与服务水平均居全球领先水平，“一带一路”的发展为香港发展成为国际人民币离岸服务中心提供全新的机遇。目前，“一带一路”建设主要由丝路基金、亚投行、金砖银行、上合组织开发银行等主要资金池作支撑，其中丝路

基金作为主权基金前期主要投资基础设施建设，逐步拓展到文化、旅游、贸易等领域，亚投行作为多边合作结构和政府间金融开发机构，聚焦大规模基础设施投资。在“一带一路”发展新阶段，更多国际资本、多元投资主体进入，包括银团贷款、银行授信、本币互换、人民币债券等混合投融资方式大规模应用，对于人民币离岸市场的发展具有极大的推动。

二、香港参与“一带一路”建设的优势

在引领和服务“一带一路”建设的过程中，香港最突出的优势就在于其作为内地与世界的“超级联系人”所具备的高度专业化的服务能力。以香港为“一带一路”的支点，依托香港接轨国际，连贯中西的人才、贸易、物流、资金、金融、商业、资讯、会计、法律服务等各类服务业专业化优势，可以为“一带一路”沿线丝路节点城市及中外相关企业提供专业化的服务支撑，从而为整个“一带一路”建设提供服务新平台和内在新动力。

（一）经济区位条件

香港在服务“一带一路”倡议中，地理和区位优势得天独厚。其一，香港与内地有着天然、特殊的地理联接。香港在“一国两制”以及 CEPA 的发展框架下，同内地之间开展了深入、全面的合作，并且已经积累了较为丰富的合作经验。中国作为“一带一路”的首倡国和推动方，在“一带一路”倡议的制定和实施中将发挥主导作用，由于香港与内地在经济、贸易、文化、社会等各个领域形成的“互联互通”，无疑将为中国推动“一带一路”沿线各国和地区加强互联互通合作伙伴关系起到重要的起点和示范效应。其二，香港是联接内地与东盟的桥梁。一直以来，香港特区与东盟各国之间有着十分紧密和频繁的经贸往来和人文交流关系。香港特区在促进内地与东盟经贸合作、社会文化交流等方面起到了很重要的作用，东盟也是“一带一路”沿线的重点地区，香港与东盟关于建立自贸区的谈判已于 2014

年启动，一旦确定下来，无疑将进一步增强香港在“一带一路”区域合作中的角色和作用。

（二）接轨国际的专业优势

金融市场、跨境人民币、贸易物流、专业服务等是香港的支柱产业和优势产业，也是“一带一路”的重点。通过服务于“一带一路”的融合，既能发挥专业能力和优势，也能为香港经济发展寻找到新的动力。

第一，香港在金融市场方面有着明显优势。香港自改革开放以来一直是亚洲最重要的国际金融中心之一。经过近百年的积累和发展，香港已经逐步构建形成较为完善的金融体系。香港金融体系的显著特点在于，专业化的金融分工、标准化的金融产品以及完备便捷的金融基础设施，这些优势条件大大增强了香港的金融信息聚集和金融研发能力。

第二，香港跨境人民币业务地位突出。目前的香港是全球规模最大的人民币离岸中心，据人民银行2015年6月发布的《人民币国际化报告（2015年）》统计显示，截至2014年末，全球离岸人民币存款余额累计已超过2万亿元，其中香港人民币存款资金就达1.16万亿元。另据该报告，2014年，内地与香港地区跨境人民币收付量占比为52.7%，在SWIFT国际支付货币中的占比为69%。尽管随着近年来全球跨境人民币业务的迅猛发展，全球的离岸人民币中心日益呈现出多元化发展之势，香港的跨境人民币业务在全球的规模占比也随之出现了小幅跌落，但不难预料的是，未来10年内香港在跨境人民币业务方面仍将占据绝对主导的地位。

第三，香港依然是相当重要的国际自由港。在“一带一路”所倡导的“五通”之中，贸易畅通是其中一项重要内容。作为连接中国内地与海上的重要中转站，香港是“21世纪海上丝绸之路”的重要节点，在国际贸易与物流上有着天然的优势。香港曾是中国最大的港口，也是全球重要的货物流通中心，是亚洲船运、货代、物流企业的云集之地，物流、贸易等方面的专业人才数量众多，港口、机场、铁路系统十分发达，但近年来相继被上海、深圳超越，位列全球第五。

第四，香港在产业跨境转移及基础设施建设方面积累了丰富经验。随着

“一带一路”建设的深入推进，依托“一带一路”沿线国家和地区的多个经济走廊和经贸合作区，其将成为中国实现产业跨境转移的重要路径。然而，在国内产业向这些区域转移过程中，不仅可能会面临产业承接国对中国产能输出进行各种形式的抵制和约束，而且跨境产业转移对各国的经济、社会环境也有一个适应的过程，此外，还要直面其他国家产业的激烈竞争。所有这些都将直接影响到国内企业“走出去”的进程。比较而言，香港的产业和企业自中国改革开放以来就已持续历经了由香港向内地、又从内地逐步向东南亚等国家转移等几个过程。而且，港资企业自20世纪80年代以来就积极参与世界各地的能源、发电、公路、铁路、机场、码头与电讯项目开发、建设与管理。此外，香港的金融、法律、工程与管理领域的国际化专业性人才更熟谙中西方文化差异，在商务谈判以及项目管理工作上有着先天优势。可以说，香港在产业跨境转移以及多年的国际投资经营中，已经积累了十分成熟且丰富的经验。因此，一方面，香港特区政府可以发挥产业跨境转移方面的先发优势，协助内地推进产业大规模转移落地；另一方面，香港的企业则可以把握好“一带一路”的良好机遇，拓展和深化在全球的产业布局，进一步提高自身在全球产业链、价值链上的优势。

第五，香港专业服务业高度发达。2015年，服务业占香港GDP的比重高达93%，是世界上服务业占GDP比重最高的经济体。专业服务是香港经济的4大支柱之一，法律、仲裁、会计、管理顾问、工程、建筑、设计、产品检测验证等服务业门类多元且高度与国际接轨。香港拥有大量的法律和各个专业领域的人才，他们熟悉国际法律、惯例，有丰富的处理国际业务的经验。与此同时，依托金融业发展起来的金融服务业，以及依托于内地经济开放和环亚太经济增长而发展起来的专业服务及其他工商业支援服务业，聚集了大量的专业服务机构、高端服务人才，能够提供国际化程度很高的专业服务。特别是其熟悉国际管理、西方会计制度、税例的商业管理与顾问、会计及审计咨询机构，这些都是“走出去”中宝贵的人力资源。

统计表明，香港共有约4 500家企业提供会计、审计、秘书、税务服务，这些领域的服务贸易出口额达14.4亿港元。目前，香港约有29 000名工程师、8 500名香港测量师协会成员、4 000名建筑师、37 000名会计师、1 593家审计所。此外，香港还有100多家专业的品牌经营企业和5 000多家商业顾问机构。香港贸发局2014年6月的问卷调查显示，受访长三角企业希望向外寻求法律、会计、尽职调查等专业服务（34%），产品开发及设计（55%）、品牌设计及推广策略（53%），市场营销策略服务供开发新业务、新市场（47%），节能减排、环保技术（32%），质量管理、检验检测、生产技术（32%），物料、产品库存及物流管理（27%）服务支援，其中分别有69%、60%、63%、64%、61%、54%、55%的企业希望从香港或海外获得相关服务。

（三）规范成熟的商业环境

与上海等内地城市相比，香港的另一独特优势是法律法规完善，身份保持中立，可以帮助企业规避在“一带一路”建设中面临的各种潜在风险。与内地的大陆法不同，香港法律属于普通法，由中立、专业和高效的本地与外籍法官组成独立的司法系统。海外合作伙伴一般偏好普通法，香港的法律制度更易于受到国际社会的信任。香港法律人才熟悉国外法律制度和环境，能更专业地处理海外资产整合及劳工等各类问题。同时，香港是知名的国际仲裁中心，一旦发生海外法律纠纷，选择在香港进行仲裁，其中立地位更有助于达成令双方满意的裁决。此外，以香港为桥梁“走出去”可相对减少丝路沿线国家和地区对中资企业的抵触和误解，降低海外对中资企业监管效率的忧虑。

（四）融贯中西的多元文化

“一带一路”沿途是世界上典型的多类型国家、多民族、多宗教聚集区域，古代“四大文明古国”诞生于此，佛教、基督教、伊斯兰教等也发源于此，但多元文化也带来了巨大挑战。香港是亚洲种族最多元化的城市之一，也是中西文化的交汇融合地，五湖四海不同种族、文化背景的人民相处，形成多维的经济利益和纵横交错的关系网络，不断为香港带来新的信息、新的意念，也成为众多中资企业“走出去”的首选桥头堡，扮演着“引进来”“走出去”过程中重要的中间人角色。这种独特的多元文化的形成以及积累的经验，在“一带一路”人文交流中具有重要的示范作用。

三、香港在“一带一路”建设中的功能定位

（一）“一带一路”的融资服务枢纽

作为世界公认的通往内地的贸易、服务和金融的重要门户，香港可以积极发挥国际金融中心的作用，为“一带一路”的构建提供系列的专业服务和融资方案，协助中国企业输出产能、技术、资本和劳动力等生产要素。香港金融在“一带一路”国家主权债和专项债、银行贷款、“一带一路”指数、专项基金等方面发挥重要作用，在此基础上，打造“一带一路”债券融资中心、设立基金为“一带一路”项目融资、开拓“一带一路”市场投行业务，整体形成“一带一路”融资服务枢纽的核心功能支撑。

同时，引导沿途企业加强与内地企业的合作，并进一步融入内地市场，特别是中西部地区。具体而言，首先，由“一带一路”建设及亚投行而带动的发展将促进各参与方经济的进一步融合，并形成新的区域贸易和投资圈，预计人民币将成为融资货币的主要构成之一，加速推进人民币国际化进程。香港可充分发挥金融服务的优势，成为“一带一路”的主要融资枢纽，为客户提供多种融资方案，包括离岸人民币融资。此外，“沪港通”“深港通”已成为人民币跨境使用和流通的新渠道，将进一步巩固香港作为离岸人民币融资中心的全球领先地位。其次，中国政府承诺出资400亿美元成立丝路基金，通过投资于基础设施、能源开发、产业合作和金融合作，为沿线国家和地区实现互联互通的目标服务。然而，市场预计“一带一路”新增投资额将远超过此规模。香港全球领先的融资能力能够满足巨大的资金需求，成为亚投行和丝路基金的融资及财资服务支持中心，并协助其高效管理相应的资金投放。

（二）丝路市场的投资营运中心

联合国贸易发展组织发表的《2015年世界投资报告》显示，2014年香港对外直接投资流出金额激增超过七成至1 430亿美元，仅次于美国，居全

球第二位，反映香港作为“超级联系人”及直接投资管道的角色。丝路沿线基建和产业投资的强劲增长，给香港带来参与开发的机会，香港企业可以通过各种方式，参与“一带一路”投资和建设，外来投资者将更多以香港为基地进入内地及丝路沿线其他市场，内地企业也会越来越多地利用香港进行区内并购及投资等活动。香港成为内地企业开拓丝路沿线市场的投资管理基地。

“一带一路”建设将增加香港货物转口或转运、离岸贸易和服务输出等机会，商贸洽谈、展览、品牌推广等贸易支援服务也将大幅增加。香港将有机会加强贸易转型，进一步加强供应链管理业务，借助“一带一路”倡议提供的机遇，香港完全有机会成为内地企业进军“一带一路”沿线国家和地区的商贸和供应链管理的重要平台。

香港的自由经济制度与自由港地位，内地企业在香港开展投资手续十分便利，公司的注册亦没有资本金方面的强制要求。因此，内地企业在香港这样的自由经济环境中，能够充分利用香港市场的国际化资源和品牌优势，拓展海外市场，成为内地企业开拓丝路沿线市场的境外营运中心。

（三）“一带一路”企业专业服务供给

“一带一路”投资项目属于国际性投资，必须遵循国际标准和规则。这就离不开具国际水平的法律及解决争议服务、保险及再保险、会计及审计、评级及项目评估、项目咨询及管理等专业服务的支持。目前，内地专业服务水平和体系尚无法为内地企业海外投资提供相应的服务支撑。因此，企业在参与“一带一路”过程中，主要采取聘请国际知名中介机构的方式获得相应的信息和服务。但是，国际知名服务机构的费用往往非常昂贵，更重要的是存在语言沟通和文化背景差异等缺陷，难以达到理想效果。香港的专业服务机构具有中西合璧的优势，拥有与国际接轨的法律制度与市场规则，还具备严格的监管、完善的法规。香港一方面了解内地情况，语言和文化背景没有障碍，易于沟通；另一方面云集了世界各地的人才，专业化、国际化程度高，能够为内地企业参与“一带一路”提供具有国际水准的专业服务。

（四）“一带一路”区域人文交流平台

香港是世界知名的经贸文化之都，中西方不同价值观、宗教信仰、习俗文化、传统与现代的多元复合，是开放、包容与共享文化的典范，塑造了有利于全球和平发展和可持续发展新格局的价值观。香港是东南亚和东北亚、中国与欧洲和美洲贸易的重要节点。其建立在经贸交往、文化交往、家族联系、价值观联系等基础上的区域人文交流密切。此外，香港在推进内地与东盟共同体建设进程能发挥应有的作用，并可以配合内地积极推动亚太区域经济合作。最后，香港特区还可以与“一带一路”沿线国家智库、文化、社会服务组织、教育机构之间开展联合研究、培训、合作、交流等。

（五）“一带一路”多功能战略服务

基于香港特殊的经济地位及政治文化环境，香港可以为国家“一带一路”建设的顺利推进提供若干强有力的服务：一是以独立经济体地位参与TPP谈判，为内地未来可能的谈判奠定技术及其他方面的储备和实验；二是完全开放条件下市场经济运行、监管及调控等全方位的实践与借鉴；三是西式民主价值观环境下的“政经——民生——社会”关系特点及应对策略；四是以人民币国际化战略为基础的国际金融秩序及格局的重新塑造；五是国家经济全球战略及国际经济大格局竞争博弈的前沿阵地，以市场经济为主要手段实现国家经济战略崛起的措施及应对挑战的试验场。

四、香港参与“一带一路”建设的路径选择

（一）建立“一带一路”投融资平台

香港是全球最发达的金融市场之一，“一带一路”建设的资金需求规模巨大，且资本来源多元化是保障“一带一路”项目顺利推进的重要推手。

香港国际金融中心服务于国家“一带一路”建设，为“一带一路”建设提供多样化的融资服务，包括项目融资、供应链融资、订购贷款、证券发行、股票融资等。同时，香港拥有很强的离岸清算能力以及市场辐射能力，在离岸人民币业务方面具备全球领先优势，通过加强与伦敦、卢森堡、法兰克福、悉尼等国际离岸人民币中心的互动与合作，共同推动人民币给境外投资者额度的使用，增强人民币国际投资货币的功能。目前，我国内地企业正在加快“走出去”的步伐，一方面是为了在全球范围内配置资源；另一方面是为了寻求国际性的产能合作途径。来自中国银行的预测数据显示，未来5年中国的对外投资额，其中有相当一部分是面向“一带一路”沿线国家和地区进行，香港既是祖国内地最主要的对外直接投资目的地，同时也是内地企业“走出去”的重要投融资平台。

（二）构建“一带一路”国际标准的商业模式及合作机制

香港的专业服务经济建立在深刻理解国际贸易规则及制度的基础上，高端专业人才队伍以及其积累的丰富国际关系网络构成核心竞争优势。构建“一带一路”国际标准的商业模式及机制，充分重视和发挥香港在法律制度、市场规则以及语言文化等方面与国际高度接轨的特点，积极提供优质完善的法律、会计、金融等专业服务，推动、发起或者参与建立针对“一带一路”政策目标的多边金融机构、投资基金、行业组织或争议处理机制，与中国有关部门共同构建一套行之有效的多边参与、产权及投资保护机制，促进“一带一路”项目实施处于国际标准的统一框架体系内，提高“一带一路”区域内合作商业规范及效率。

（三）以先进产业结构引领“一带一路”产业合作

内地产业体系全面、产业结构优势明显，已形成诸多具有全球优势竞争力的世界级产业集群，包括先进钢铁产业集群、化工产业集群、微电子产业集群、生物医药产业集群、汽车产业集群、先进装备制造业产业集群等。目前，内地加速推进服务业领域开放与快速发展，成为未来30年经济增长的核心驱动力。在金融、贸易、商务等现代服务业领域，新技术、新产业、新业态、新模式的“四新”经济成为经济发展的新亮点。香港历来是联系内地经济与全球市场的核心枢纽，基于新一轮的服务经济开放格局与机遇，成为“一带一路”沿线最具经济竞争力与辐射力的枢纽型经济城市。香港可依托内地全球领先的先进产业结构，结合自身的服务经济优势，通过合作在产业链全环节、价值链高端环节、创新链关键环节，以各种类型产业园区、经济特区、自贸区等形式为抓手，引领“一带一路”区域产业升级与合作。

（四）香港企业联合参与“一带一路”基建项目全流程

“一带一路”基建投资规模非常庞大，其中有相当一部分都是由政府主导的项目。因此，满足资金需求并合理设计资本结构方案是落实“一带一路”建设的重要环节。这些项目建设的资金来源渠道，除了由政策银行、丝路基金和亚洲基础设施投资银行可以提供长期低息资金外，还需要国际资本、私人资本和民间投资资金的大力支持。为此，香港金融机构可以通过银团贷款、发行丝路债券、创新金融产品等方式筹集建设资金，向丝路基建项目提供融资。香港企业也可以利用国家正在大力推广的 PPP 模式及其他常用方式，联合参与“一带一路”基建项目的招投标、投资、建设及管理。在此基础上，对于较为成熟的基础设施建设项目，可以通过香港上市进行资本运作。

（五）联合培养高端专业人才，“一带一路”国际人才孵化器和输出地

在“一带一路”建设所需的专业人才培养方面，香港具有很大的人才供给空间。其一，在“一带一路”基础设施建设项目的推进和发展过程中，将面临诸多的不确定性以及各类风险，如经济景气变化、市场环境、地缘政治、宗教冲突等多方因素都很有可能伴随投资合作的全过程。而熟谙国际规则并能妥善处理和解决各类冲突和风险的专业人才，对于“一带一路”建设的深入推进就显得极为重要。香港是国际国内高端人才的汇聚之地，丰富

的国际性人才是香港最宝贵的资源。香港的专业机构和人才可以在“一带一路”基础设施建设中发挥重要作用。例如，开展基建投资项目评估、尽职调查、商业谈判、工程咨询、法律服务、财务顾问等，以提升成功机会，减少失误和损失。此外，香港还可依托相关高校和专业培训机构，联合开展国际人才的培养和培训，吸引和资助“一带一路”沿线国家和地区派遣留学生到港访学和交流，为“一带一路”输送国际人才。针对相当多的内地企业特别是中小企业参与“一带一路”的各类困惑与疑难问题，由香港有关部门组织，在港举办短期的有针对性内容的培训班，组织各类专业服务机构和行业组织，讲授中小企业融资技术问题、国际采购及招标、国别投资环境政策、参与“一带一路”过程中的香港平台利用问题等内容。同时，进一步发展香港教育事业，吸引更多的内地学生到香港读大学，大力培养通晓香港与内地文化的专业人才，为内地企业“一带一路”建设服务。同时，香港自身的发展也需要加强人才培养和交流合作。香港的金融人才不仅具有国际市场先进成熟的操作经验，相比欧美金融人才更熟悉内地市场，双方合作潜力巨大。近年来，香港的经济增长缓慢，就业创业形势并不乐观，也由此引起了香港社会的波动。“一带一路”建设无疑为拓宽香港年轻人就业创业机会提供一条重要通道。

（六）构建“一带一路”企业公共信息网络服务平台

目前内地由政府主导或由市场主导的为企业参与“一带一路”建设提供服务的专业服务机构很少，信息、咨询等社会服务匮乏。这是当前内地企业参与“一带一路”建设过程中面临的突出问题之一。香港作为全球最为发达、自由的资讯交流中心，除了提供全球商业、财经、政治及各项专业行业即时信息资讯之外，可为参与“一带一路”的所有企业建设公共信息网络平台，提供包括“一带一路”沿线国家及地区政治、经济、法律、税制、宗教等概况；相关行业及企业名录及基本统计数据；相关商品贸易状况；中小企业融资、报关与商贸实务咨询；香港会计、律师、金融评估师等中介服务专业机构及行业协会名录、网站地址等。网络平台由专人负责，内容不断更新，可以考虑接入商务部、外交部、全国工商联等信息网络，信息内部共享。通过努力，使网络平台成为香港与内地企业参与“一带一路”建设的“第一网站”。

（七）与内地重点地区合作成立“一带一路”专责小组

为了进一步增强与内地“一带一路”重点地区的合作，可以在目前已有的香港内地合作机制框架下，设立“推动香港企业参与‘一带一路’专责小组”类似机制，由合作双方有关政府部门和机构的高级别官员组成，专责小组的主要工作可以包括以下几个方面：一是定期检讨双方有关扶持企业参与“一带一路”的政策安排，根据企业或研究机构反映的问题，及时解决困难，或就重大政策调整向双方政府提出建议；二是汇集和利用双方政府、商会、专业协会所掌握的信息，建立海外投资信息服务中心和海外投资数据库，为企业参与“一带一路”建设提供多方面信息；三是搭建企业与国外企业或政府沟通交流的平台，专责小组应加强与有关国家投资促进机构的联系，在境内外举办国别投资政策推介活动，充分利用各类经贸交流及合作平台，组织双方企业联合参展，组织内地企业到重点目标市场国家开展经贸洽谈会或投资考察；四是举办以国际企业管理、品牌推广、金融服务、海外并购等为主题的培训活动，为香港企业投资海外提供指引；五是对重大“一带一路”项目，专责小组可作为工作平台给予特别支持，为企业“走出去”提供“绿色通道”，如项目审批的“一站式”服务，为企业融资牵线搭桥以及给予鼓励和优惠政策等。

（八）推动社会智库研究机构发布国别风险报告

“一带一路”沿线地区在宗教信仰、政权更替、资源禀赋、社会风貌、族群关系、劳资协定等方面差异性突出，任何差异及变化都有可能带来潜在的合作风险，而事实上在已经进行的“一带一路”及“走出去”过程中，国别风险造成的项目损失教训深刻。其他的政策风险、合规风险及市场风险等方面也面临重大挑战。香港可以组织香港的高校与智库研究力量，撰写和发布按国别的投资风险报告：一是寻求专业的国别研究机构，进行国情、社会、经济、人文等方面的历史研究成果借鉴；二是基于不同国别社会智库资源的研究交流与共享，了解最新的投资环境与变化趋势；三是以第三方专业服务的名义进行具体项目的前期考察与评估；四是国别风险的特情预警与资讯收集；五是集长期累积与短期效益相结合的重点、支点城市及地区的风险评估。组织香港的不同类型智库研究机构力量，以灵活多样的组织方式，发挥香港的综合研究与资讯便捷的优势，以季度报告、年度报告、行业报告、重点国别/地区/城市报告及专题报告的形式，提供高水平的专业国别风险评估咨询报告，供“一带一路”投资企业决策参考。同时，基于不同国别的风险基础，引导商业保险机构开展非经营性的政治风险保险业务。

第十一章

内地企业“走出去”平台功能的发展

内地经济正在经历由“引进来”向“走出去”与“引进来”并行的发展阶段。在40年改革开放后，内地经济发展逐渐积累了世界级的经济规模、经济能级以及产业竞争力，初步具备了“走出去”的实力和需求。内地企业“走出去”，一方面需要谋求建立以中国企业主导、合作共赢的经济体系，在西方主导的全球经济格局中赢得部分领域的发展主导权；另一方面内地企业要真正成长为世界级企业，参与全球竞争，就必须“走出去”在全球布局，寻求稳定的资源能源供给，拓展全球新的市场网络，进行高新技术创新合作，整合全球资源。全球市场红利巨大，潜在的危机难以预测。香港作为全球领先的开放型经济体，在全球主要地区建立了广泛而深入的经贸网络，熟悉国际规则，懂得以国际法规避潜在风险。作为“走出去”的服务平台，香港一方面发挥既有优势，为相关产业开拓内地及全球市场；另一方面为内地企业“走出去”降低规则成本，减少风险成本，提升项目效率。

一、内地企业“走出去”遇到的主要瓶颈和障碍

（一）外部环境不确定

世界经济正处在全球化与逆全球化博弈的关键阶段，因为特定国家

的贸易、关税制裁，扰乱全球供应链，全球生产网络及资源配置体系，国际经贸大环境不稳定。全球市场体系受大环境影响，预期不稳定。美国与中国，以及其他经济体间的贸易、关税争端前景还不明确，一方面在争端加剧的可能性下，香港独立关税区的地位可能被美国取缔，带来系列严重的影响；另一方面内地的中外资企业，为了规避全球贸易摩擦风险而进行被动或主动调整，企业在复杂因素作用下"走出去"的决策难度更大。全球主要经济体和国家经济增长趋势不明显，欧盟主要经济体增长乏力，市场动力匮乏；美国经济经过次贷危机的冲击，根本性的结构性问题没有解决，与全球主要经济体的贸易纷争动摇了其经济基础。传统市场的稳定性破坏，经济增长乏力带来区域间经济冲突和保守政策占主导，新的投资和合作机遇较之上一个周期更为难得。全球生产系统格局调整带来的全球物流供应链调整、大宗商品供给与价格浮动、主要货币汇率不规律变化等不确定性增加，企业"走出去"对外投资的风险额外增加。

（二）融资难

融资是困扰内地企业境外投资的难题，这在民营企业境外投资过程中表现得特别明显。目前，银行贷款和利润积累是中国内地企业境外投资的最大资金来源，国有企业在通过资本市场和合作关系融资方面更具优势。而民营企业的资产规模和成长前景往往难以取信银行来获得低成本贷款，且债券融资和股市融资的门槛较高，也是民营企业不可企及的。近年来股权投资基金管理机构（PE）参与国内企业跨境并购受到广泛关注，但是国内 PE 的投资领域广，交易规模小，杠杆化低，着重投资中型企业市场；同时，很多国内 PE 机构的治理机制不健全、财务信息透明度不高。境外投资项目融资难归根结底是因为内地资本市场未完全开放，资本市场的各商业模式发展不均衡。为解决内地企业境外投资项目融资难问题，必须健全促进宏观经济稳定、支持实体经济发展的现代金融体系，稳步推进利率和汇率市场化改革，提供系统化的融资解决方案。

（三）宏观政策环境制约与限制

金融政策双轨机制。因为国家宏观经济发展的需要，内地在对外投资、金融监管、汇率调节等方面的具体政策的理解、制定与执行方面，与国际市场存在一定的机制、时间和内涵等方面的差别。企业“走出去”过程中，往往面临国内政策与国际规则之间的转换、适应，甚至矛盾冲突，制度成本额外增加企业成本，造成市场风险及机遇的不确定性。例如，内地为保持经济平稳及外汇稳定，对于资本进出，人民币汇率浮动的调控与国际市场的调节有一定的差异，一方面造成市场操作的差异空间，另一方面对于企业的正常市场行为形成干扰。

多头管理的境外投资管理制度。虽然境外投资项目由国家发改委管理，境外投资企业由商务部门管理，但实际上，中资企业“走出去”涉及商务部、发改委、外管局、人民银行、工信部、自然资源部、农业农村部、国资委、财政部和国税局等10个主管部门制定的政策措施，而且各部门在境外投资管理职能上存在交叉、重叠。

（四）对外投资战略不明确

以目标划分中资企业“走出去”类型，主要包括：自然资源寻求型、战略资产寻求型、市场寻求型和效率寻求型。事实上，品牌国际化是中资企业最强烈的投资动机，影响其境外投资决策的其他动机依次是：“走出去”政策及相关优惠条件、学习企业品牌管理的先进方法、提升企业品牌在国内的知名度、目的国招商引资优惠政策、扩大产品和服务的国际市场份额、发展上下游产业链、双边贸易或投资协议、寻求海外资源、利用海外制度和基础设施、寻求海外技术。

对外投资应该是企业为实现自身发展战略目标而自然将生产经营活动延伸到海外的行为，但是中资企业的境外投资决策较多受到国内外优惠政策的影响，主要由外力驱动的境外投资不利于企业长期发展，特别是政策发生巨大变化的时候，往往给企业带来很大风险。

（五）缺乏国际经营人才

国际化发展一定需要国际化的团队和人才支撑。制约中资企业国际经营和发展的最重要因素是缺乏国际经营人才。在实施“走出去”战略中，在跨国商务、跨国管理、跨国投资、跨国购并、跨国工程承包以及各类服务输出、业务外包、境外项目法律服务等领域，熟悉国际商业文化与规则，具备跨国交易与经营能力的专业人才及通用人才成为中资企业“走出去”面临的主要障碍。

（六）应对风险经验不足

中资企业境外投资最关注的风险是宏观经济不稳定。除了政治动乱和战争外，企业总体上认为成熟的民主国家的政治审查和劳动力纠纷等风险较高。中资企业在境外投资过程中的风险感知和风险防范现状，反映出大多数中资企业是风险爱好者。虽然非洲国家的政治风险水平普遍较高，但是当地接近40%的投资回报率吸引了中国和外国投资者。中资企业中，国有企业的国际化程度比民营企业高，在应对东道国政治风险方面也比民营企业更有经验，比民营企业更倾向于购买海外投资保险；而民营企业往往从降低成本的角度出发，基于机会主义，不购买海外投资保险。已有“走出去”失败案例表明，中资企业“走出去”过程中存在公司治理、信息收集、风险防范、公共关系、管理经验等方面经验不足的情况，决策者对当地政治、经济、文化状况了解不够深入，造成海外投资企业水土不服。中资企业是否购买海外投资保险除了受到自身意愿的影响之外，也与内地保险公司较少提供海外投资保险产品有关。因此，一方面中资企业应该提高东道国政治风险防范意识，另一方面境内外保险公司可以面向中资企业推出海外投资保险产品。

（七）企业社会责任（CSR）履行情况不佳

在投资过程中，国有企业和非国有企业都严重缺乏与媒体沟通的意识，对所在社区和自然环境的重视程度也偏低。伴随着中国企业大批“走出去”，中国跨国公司履行 CSR 的情况成为媒体、国际组织和政府等各界关注的一个焦点。中国企业在对外投资的过程中，受制于自身发展阶段和对东道国经营环境了解不够等因素，往往会遇到很多与社会责任有关的困扰；而这些 CSR 问题经过媒体放大，进一步恶化了中国企业所处的海外投资环境，加剧了外来者劣势。

作为发展中大国，中国在很长一段时间里过于重视经济发展，而忽视了劳工标准和环境标准等社会发展问题。某些劳工制度在中国并未完全建立，涉及强制劳动、薪酬福利和工作环境等问题。“先污染、后治理”的事情时有发生。这种现状有几个成因：中国还处于依靠低成本竞争的经济发展阶段，较高的劳工标准和环境标准不可避免地提高了企业的运营成本，降低了其竞争力；中国劳动力的“蓄水池”效应使较低的劳工标准得以维持；全民长久以来对于环境污染的后果认识不足。中国内地企业将国内的经营模式直接复制到海外，必然难以符合当地的劳工标准和环境标准。

二、香港成为内地企业“走出去”平台的机遇

香港作为亚太重要的金融中心，配合国家“走出去”战略决策，在国家新一轮开外开放格局中，在服务内地企业“走出去”过程中将充分发挥国际领先的金融渠道、金融产品、融资环境等优势作用，面临新的良好发展机遇。

（一）全球经济结构性调整及再平衡过程中资本“大进大出”市场机遇凸显

金融危机打破了原有的国际经济金融结构和格局，全球经济正在经历一个较长时期的再平衡过程，国际直接投资和资本流动出现新的趋势。全球经济和各国国际收支面临再平衡的过程，不同经济体的经济增长模式、外贸市场结构和国际资本流动都面临较大的变化。对于中国等新兴经济体，一方面外贸市场均出现不同程度的萎缩，同时也面临防范资产泡沫和扩大内需、促进经济转型的压力，中长期经济增长趋于放缓；另一方面，金融危机使部分

欧美企业陷入困境，这些企业所拥有的技术、品牌可能对中国相关产业的转型升级具有重要价值，中国资本在全球市场的收购兼并活动大量增加，危机中隐含商机，为香港资本项目市场运作提供了良好的机遇。全球经济的调整，再平衡过程也是国际资本的“大进大出”过程，为香港经济发展提供了广泛的市场机遇。

（二）内地企业“走出去”发展趋势赋予香港阶段性市场机遇

内地改革开放40年，主要格局是吸引外部资本、外源型技术及开拓外部市场，主要是“引进来”的经济特点。未来30年发展总体趋势是内地资本、技术及标准、规则等的向外“走出去”，在全球配置资源、开拓市场、建立起海外生产网络与市场网络，形成全球布局的产业链及资源能源供应链。内地企业经过40余年发展，部分领先企业的企业规模，产品竞争力、经营管理、资本实力、技术水平等已经具备全球竞争水平，且国内市场趋于饱和，“走出去”发展成为企业下一阶段核心战略方向。特别是近两年来，越来越多的中国企业具备较强的对外投资能力，“走出去”步子越来越大。例如，2014年4月，国内59家大型民营企业共同出资成立中国民生投资股份有限公司（中民投），资本规模超过500亿元。在这一过程中，具有国际视野和背景的专业团队与专业服务人才支持特别重要，香港为内地企业海外投资提供信息、法律、融资和交易等专业服务支持，赋予香港国际化的专业服务经济难得的市场发展机遇。

（三）国家“走出去”发展战略赋予香港特区政府层次的发展机遇

新时期，创新经济成为国家培育新的经济增长点，促进经济增长质量提升的重要战略。同时，“走出去”战略成为国家拓展既有经济体量与能级规模，消化国内生产能力的重要战略措施。国家及地方政府层面的“走出去”发展战略，赋予香港与内地合作内涵与合作模式创新发展的新机遇。在国家未来发展战略中，计划加快铁路、核电、建材生产线等中国装备“走出去”，推进国际产能合作、提升合作层次。在装备制造业“走出去”过程中，香港可以重点发展成为内地企业对外投资的融资中心、专业服务中心、全球营运和风险管理中心，以及技术创新向内地转移的重要平台。在金融领域，国家积极推进人民币国际化战略，2014 年人民币已经成为全球排名第 5 位的国际支付货币，内地限于资本项目局限，香港作为人民币海外结算中心，内地企业可通过在香港发行人民币债券进行融资，然后到接受人民币的国家进行直接投资，进行资本项目运作，市场空间及机遇广大。

三、内地从香港“走出去”的企业的现状和特征

（一）七成从香港“走出去”的内地企业是地方企业

根据商务部公布的境外投资企业（机构）名录，截至 2014 年底，内地企业在香港设立了约 1.04 万个企业，其中，13 个内地主要来源省市，如图 11－1 所示，前 7 个来源省市的比重之和为 79.5%。广东是在香港设立企业数量最多的内地省份，比重接近四成；排名第 2～第 7 位的省市依次是浙江、江苏、上海、山东、北京、福建。中央企业在香港设立的企业数量在各省市中排第 8 名，占比仅 4.1%。地方企业在香港设立的企业数量远远超过中央企业。

香港中联办组织的课题调研显示，截至 2013 年底，香港中资企业共在海外其他地区设立公司 2 415 家，同比增长 3.4%；当年海外新增投资 375.4 亿港元，同比增长 154.8%。为了反映从香港“走出去”的内地企业的现状和特征，这里主要根据 BvD 数据库的数据进行分析。根据该数据库的企业财务信息可获得性，截至 2014 年 12 月底，60 个内地企业通过设立在香港的 80 个子公司参控股了 587 个企业。前 7 位来源省市依次是中央企业、北京、广东、浙江、山东、福建和上海，见图 11－2，它们的比重之和高达 88.3%。中央企业在香港设立子公司的数量占总量的三成，地方企业占七成。香港与内地各省区市都有合作平台，其中，粤港、京港、沪港合作尤为密切。香港回归之后，每年举办的粤港合作联席会议和京港洽谈会为香港了解内地的经济发展动态和商讨合作事宜提供了机遇。

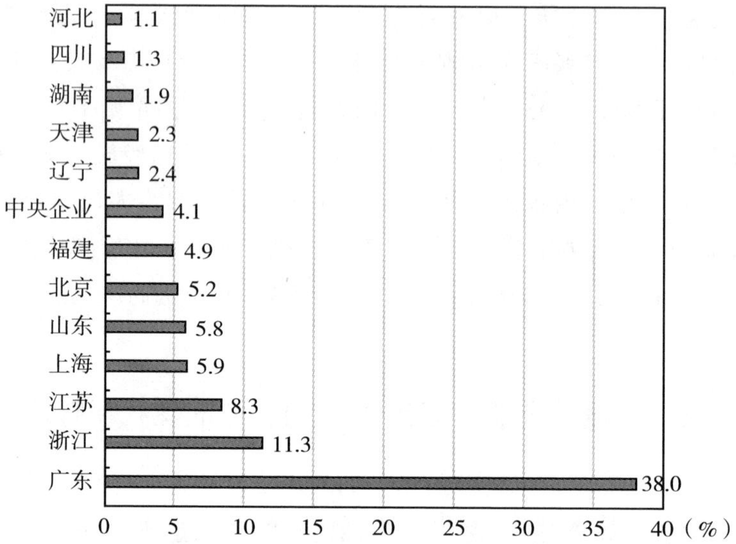

图 11－1　香港子公司的内地来源省市分布

资料来源：商务部。

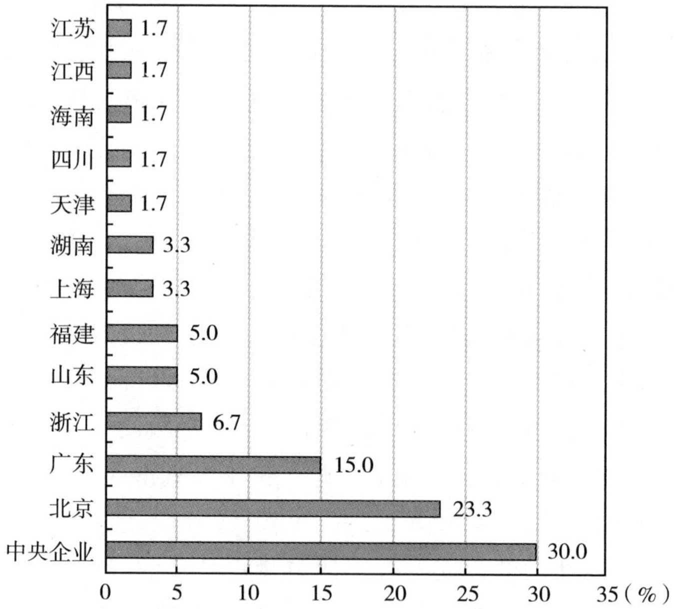

图 11－2　内地投资主体的来源地分布

资料来源：BvD 数据库。

（二）四成从香港“走出去”的内地企业来自制造业

60 个内地投资主体中有 45 个是上市公司，15 个是非上市公司。其中，16 个企业在港交所上市，29 个在上交所或者深交所上市，它们的国际化充分利用了资本市场的融资功能。95% 对香港投资的内地企业是改革开放以后建立的，55% 于 1997 年香港回归之后成立。它们的运营时间还不长，国际化经验不够丰富，香港往往是它们对外投资的第一站。香港回归之前，内地与香港的合作多体现为民间合作。而香港回归之后，两地的政府间合作成为主流，CEPA 和其补充协议的达成，更为内地企业投资香港和从香港“走出去”创造了条件。

从内地投资主体的行业分布来看（见图 11－3），10% 从事采矿业，开展石油、煤炭开采和冶炼业务；43.3% 从事制造业，开展金属和金属制品、化工、机械、制药、家电、食品、纺织、新能源、通信设备生产制造业务；23.3% 分布在金融业，开展银行、保险、证券和资产管理业务；11.7% 属于交通运输和物流业；6.7% 属于房地产业；剩余内地企业主要属于邮政通信业和建筑业。可见，内地来源企业的行业分布基本符合内地的产业结构特征。

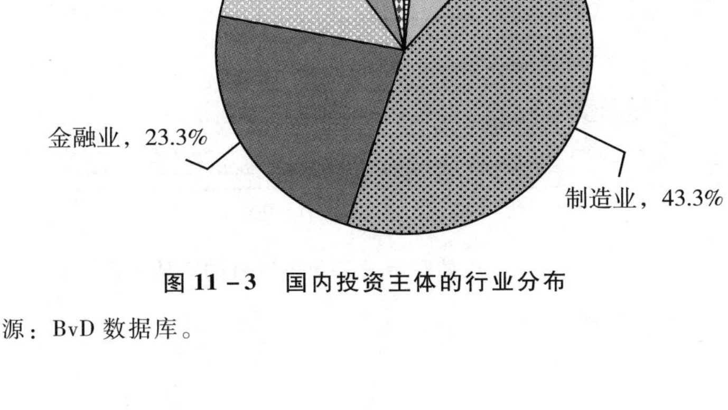

图 11－3　国内投资主体的行业分布

资料来源：BvD 数据库。

（三）香港中资企业再投资的七成流向“避税天堂”和内地

内地企业从香港投资参控股的587个公司分布在全球各地，前12位的投资目的国/地区占比约86.6%（见图11-4）。内地企业在香港的子公司再投资时首选香港（比重为31.7%）；其次是将资本投向内地（比重为23.2%），进行返程投资；这些再投资也倾向于选择英属维尔京群岛、百慕大和开曼群岛等“避税天堂”和美欧发达国家。

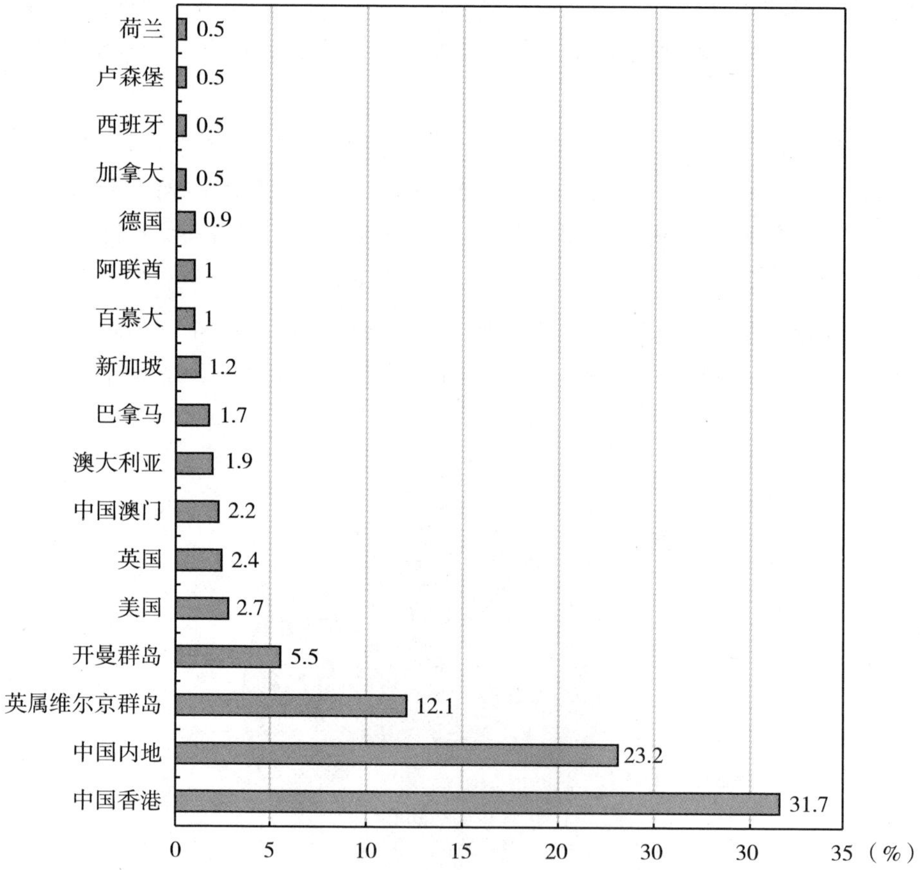

图11-4　内地企业的香港子公司再投资的主要区位分布

资料来源：BvD数据库。

内地持续的经济增长吸引了全球投资者。一些内地企业出于融资和税收筹划等目的到香港设立离岸公司，但其目标市场仍然是内地，因此形成返程投资。一些在香港上市的内地企业的股权结构是：在开曼群岛设置一个公司作为最高一层的控股公司，下设两层英属维尔京群岛公司，进一步控制香港控股公司或内地实际运营的公司。这种股权结构除避税之外，也为海外资产重组提供了便利。

（四）香港中资企业再投资首选服务业

香港子公司再投资参控股的 201 个海外企业有明确的行业信息。其中，2.5%属于第一产业（见图 11－5），包括农林牧渔业和采矿业；19.9%属于第二产业，包括建筑业、金属和金属制品生产、化工、机械、制药、家电、纺织、通信设备生产制造业；77.6%属于第三产业，包括交通运输和物流业、银行、批发零售业、邮政通信业、出版印刷业等，其中，从事交通运输和物流业、银行、批发零售业和邮政通信业的海外企业的比重约 41.6%。

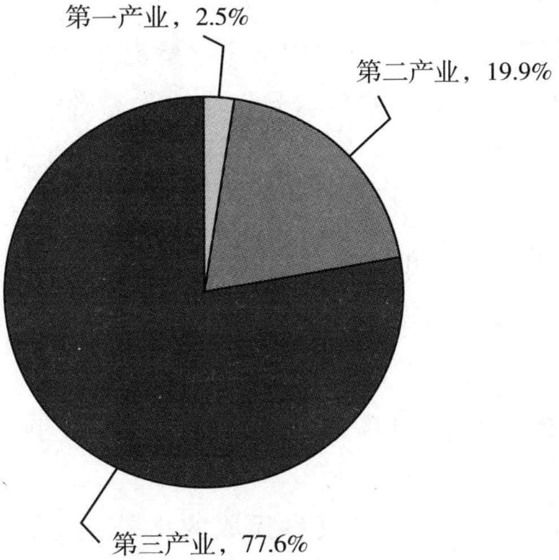

图 11－5　香港子公司再投资参控股的海外企业的产业分布

资料来源：BvD 数据库。

相对于内地投资主体的行业分布，香港子公司的再投资首选服务业，这在一定程度上体现了内地投资主体在全球重新布局职能部门的趋势：将融资、物流和贸易等服务环节转移到海外，而将制造环节留在内地。香港是国际金融中心、国际贸易中心和国际航运中心。近年来，香港服务业占 GDP 的比重稳定在 93%。比较内地的融资渠道和融资成本，以及贸易便利化水平，投资香港为中资企业了解境外市场和重新布局提供了机遇。

（五）六成香港中资企业在海外建立全资子公司

在直接持股层面，有 53.8% 的内地投资主体在香港建立了全资子公司，但是这一比例在最终持股层面提高到 63.8%。80 家香港子公司投资参控股的 420 家海外企业披露了股权结构，只有 25.2% 在直接持股层面采用了全资子公司的形式，但是这一比例在最终持股层面高达 67.6%，这种股权安排有助于资产重组。相对于合资企业，全资子公司有利于母公司保护竞争优势、提高决策效率和执行力，但是不利于降低风险。

截至 2014 年 3 月底，由中资企业最终控股的 76 个香港企业完成了 166 宗对内地资产的并购和 150 宗对境外资产的并购。其中，131 宗对境外资产的并购交易有明确的交易金额，合计约 386.73 亿欧元，平均交易额为 4.06 亿美元，约为内地企业跨境并购平均交易额的 2.7 倍。有 115 宗跨境并购有明确的支付方式，其中，82.6% 采用现金支付；4.3% 通过债券融资支付；9.6% 用股票支付；剩余 3.5% 采用其他支付方式。可见，香港中资企业实施的跨境并购采用现金支付的比重低于内地企业跨境并购，而债券支付和股票支付的比重高于后者，这得益于香港发达的股票市场和债券市场。

（六）香港中资企业的七成境外投资实现盈利

2013 年，内地企业从香港投资参控股的境外企业约 70% 实现了盈利，18.3% 亏损，11.7% 处于盈亏平衡状态。同年，接近七成境外企业的总资产增加，三成企业的总资产减少；13.8% 的境外企业增加了就业岗位，9.9% 减少了就业岗位，剩余企业的雇员数量未发生明显变化；70.6% 的境外企业的营业收入增加了，27.9% 营业收入减少了，剩余企业的营业收入未发生明显变化。从盈亏分布来看，内地企业从香港“走出去”的绩效优于内地企业直接“走出去”。香港的商业规则与国际接轨，内地企业在香港的历练，帮助内地企业积累了国际化的经验，有助于企业成功开拓其他海外市场。

四、香港作为内地企业“走出去”平台的不足之处

随着“走出去”战略的深入实施，国家境外投资管理的政策措施逐步完善，便利化水平不断提高。2014 年，国家发改委发布《境外投资项目核准和备案管理办法》，自 5 月 8 日起对中方投资 10 亿美元以下的一般项目一律实行备案制；国家商务部修订发布《境外投资管理办法》，自 10 月 6 日起实行“备案为主，核准为辅”的管理模式。中国（上海）自由贸易试验区的投资便利化和相关金融改革也在不断推进。与此同时，随着内地企业“走出去”步伐的加快和自身国际化经营能力的提高，可供内地企业选择的“走出去”平台日渐多样化。香港特区贸发局对长三角企业的问卷调查显示，美国、德国、日本、新加坡也是寻找专业服务和合作伙伴的目标，分别占 44%、27%、19%、16%。香港特区的中介作用相应减弱，传统优势慢慢消失，亟须培育新的平台优势，进一步提高自身竞争力。

（一）资源有限，地价昂贵，抬升内地企业“走出去”的运营成本

香港陆地总面积 1 104.43 平方公里；2014 年，人口 723.48 万人，常住居民 702.2 万人；每平方公里 6 540 人，是世界上人口密度最高的地区之一。加之越来越多的外来企业入驻香港，使香港在某种程度上变得更加寸土寸金。相对成熟办公区域的地价、租金不断上涨。例如，2003 ~ 2013 年，湾仔/铜锣湾的甲级私人写字楼平均售价已由每平方米 35 696 港元上升为 203 598 港元，平均租金由每平方米每月 192 港元提高到 709 港元。虽然特区政府正在力推九龙东的办公场所，但是交通及配套设施依然差强人意。运

营成本成为内地企业“走出去”利用香港平台不得不考虑的重要因素（见表 11-1、表 11-2）。

表 11-1　按类别及区域/地区划分的私人楼宇平均售价（港元/m^2）及售价指数

年份			2003	2008	2009	2010	2011	2012	2013
私人零售业楼宇	港岛		120 041	234 851	294 149	301 514	410 697	496 519	522 310
	九龙		127 944	238 032	250 032	291 401	354 557	448 250	432 934
	新界		97 068	143 937	153 702	194 559	253 835	310 223	356 174
	售价指数（1999 年 =100）		85.5	192.2	193.1	257.2	327.4	420.5	506.8
私人写字楼	甲级	上环	17 670	(124 877)	133 016	149 053	163 877	171 034	(189 940)
		中区	53 698	218 474	171 788	221 386	299 642	330 708	356 517
		湾仔/铜锣湾	35 696	125 607	105 223	145 639	180 338	196 326	203 598
		北角/鲗鱼涌	25 581	88 727	85 700	95 278	115 148	153 619	(154 809)
		尖沙咀	38 025	129 382	109 696	134 132	161 264	164 271	180 841
		油麻地/旺角		(156 686)		(193 697)			
	乙级	上环	19 405	76 333	58 749	83 786	104 904	116 778	144 557
		中区	40 723	120 872	129 067	175 740	209 256	220 314	284 008
		湾仔/铜锣湾	26 150	99 743	94 208	114 859	146 048	166 174	198 180
		北角/鲗鱼涌	18 475	57 994	56 776	66 001	82 105	96 218	120 525
		尖沙咀	30 486	94 711	83 325	101 804	122 215	132 209	159 501
		油麻地/旺角	23 266	62 872	61 714	69 297	90 824	114 970	140 064
	丙级	上环	16 683	58 760	59 916	74 719	94 560	117 984	144 054
		中区	22 039	92 260	90 975	116 558	173 019	209 802	191 149
		湾仔/铜锣湾	20 966	74 798	76 907	96 983	116 263	143 172	161 154
		北角/鲗鱼涌	20 883	62 586	59 954	74 030	97 528	120 107	141 897
		尖沙咀	21 357	61 989	65 272	79 404	95 904	121 150	144 234
		油麻地/旺角	19 034	50 047	52 672	69 320	91 194	115 243	139 871
	售价指数（1999 年 =100）		62.5	199.0	179.8	230.4	297.9	334.7	409.8

续表

年份		2003	2008	2009	2010	2011	2012	2013
私人分层工厂大厦	港岛	7 345	23 364	24 335	31 296	40 071	51 695	68 193
	九龙	7 994	27 326	24 831	31 995	41 820	55 419	69 571
	新界	4 710	12 609	12 614	16 121	22 672	30 539	43 250
	售价指数（1999 年 = 100）	71.7	235.9	216.3	284.4	385.0	489.8	655.4

注：根据《香港统计年刊（2014 年版）》的数据编制而成。括弧内的数字由少于 5 宗的交易计算出来。

表 11－2 按类别及区域/地区划分的私人非住宅楼宇新订及续租租约平均租金［港元（每平方米每月计）］及租金指数

年份				2003	2008	2009	2010	2011	2012	2013
私人零售业楼宇	平均租金	港岛		750	1 189	1 079	1 239	1 296	1 465	1 549
		九龙		826	1 106	1 073	1 172	1 243	1 443	1 482
		新界		668	892	855	942	1 038	1 161	1 176
	租金指数（1999 年 = 100）			86.4	116.2	110.9	122.9	134.3	151.3	165.5
私人写字楼	平均租金	甲级	上环	233	680	533	609	695	833	811
			中区	266	945	743	772	996	1 057	1 012
			湾仔/铜锣湾	192	526	464	484	571	661	709
			北角/鲗鱼涌	162	338	310	322	382	407	462
			尖沙咀	198	401	333	367	431	460	505
			油麻地/旺角	211	417	387	477	542	546	589
		乙级	上环	131	286	238	273	311	352	382
			中区	219	545	478	521	611	643	681
			湾仔/铜锣湾	163	367	321	353	394	427	465
			北角/鲗鱼涌	135	249	238	251	283	314	345
			尖沙咀	204	320	282	322	344	382	414
			油麻地/旺角	179	297	275	309	328	384	412

续表

年份				2003	2008	2009	2010	2011	2012	2013
私人写字楼	平均租金	丙级	上环	128	223	203	234	268	303	344
			中区	188	380	346	408	438	503	526
			湾仔/铜锣湾	169	309	275	329	364	397	428
			北角/鲗鱼涌	161	269	239	282	308	345	377
			尖沙咀	182	338	297	327	359	396	419
			油麻地/旺角	169	245	226	252	286	312	354
	租金指数（1999 年 =100）			74.6	155.5	135.7	147.6	169.9	188.3	204.1
私人分层工厂大厦	平均租金	港岛		72	109	97	106	115	128	141
		九龙		79	118	104	114	124	13	153
		新界		53	75	70	75	82	90	102
	租金指数（1999 年 =100）			74.9	109.3	99.4	108.9	118.6	131.9	147.3

注：根据《香港统计年刊（2014 年版）》的数据编制而成。

（二）缺乏实体经济支撑，联合“走出去”不易达到预期效果

香港在第二次经济转型时，将自身劳动密集型制造业的生产过程转移到内地，形成特有的“前店后厂”合作模式，极大地促进了香港现代服务业的发展。但在这一过程中，香港制造业的转型升级、结构调整进展缓慢，一直未能达到预期的效果，从而形成了较为薄弱的制造业发展局面。以新加坡为例，截至 2013 年底，其经济组成中货品生产性行业的比重为 23.1%，其中，制造业占比 17.5%，涵盖电子、医药、生化和石化等；服务生产性行业的占比为 66.3%。目前及未来相当长的一段时间内，内地企业还是以对外投资实体经济为主，香港的经济结构尤其产业的“空心化”显然不利于双方在这一领域的联合“走出去”，香港的平台作用受到限制。这也是内地企业在香港设立的多为离岸公司，而从香港对海外进行绿地投资较少的重要原因之一。

同时，如果仅仅是充分发挥香港专业服务在内地企业“走出去”中的窗口优势，香港对内地企业尚缺乏深入了解、服务内地企业能力有待提高的问题就会凸显出来。随着信息化的发展，内地大企业对香港所强调的专业服务的需求相应减少，“走出去”越来越多地直接选择投资所在地的专业服务。而香港对自身企业对外直接投资地域及行业分布等具体情况，以及由此形成的可对内地企业“走出去”起引领作用的优势，也缺少更为详细、更具说服力的统计数据支撑（见表 11 –3）。

表 11 –3　　　　　　　　香港制造业统计指标一览

年份		2003	2008	2009	2010	2011	2012	2013
占 GDP 比重（%）			1.9	1.8	1.8	1.6	1.5	
劳动就业人数		150 555	130 602	124 907	117 590	110 379	105 308	103 683
港产品出口	同比增长（%）	–7.1	–16.8	–36.4	+20.4	–5.5	–10.4	–7.6
	整体出口占比（%）	7.0	3.2	2.3	2.3	2.0	1.7	1.5
工业生产指数制造业（2008 年 =100）		—	100.0	91.7	95.0	95.7	94.9	95.0

注：根据《香港统计年刊（2014 年版）》的数据编制而成。

（三）市场有限，易受冲击，是内地企业通过香港“走出去”的潜在风险

香港资源匮乏，经济的外向度极高。2013 年，香港货物贸易进出口总额已由 2003 年的 35 482.1 亿港元提高到 76 204.0 亿港元，是 2013 年 GDP 的 3.86 倍。其中，货物贸易出口由 2003 年的 17 490.9 亿港元增加为 38 163.9 亿港元，年均增长 8.11%；进口由 2003 年的 17 940.6 亿港元增加为 43 949.3 亿港元，年均增长 9.37%。香港本地产品出口只占整体出口的 1.5%，远低于新加坡的 53.4%，转口贸易在香港对外贸易中发挥着极为重要的作用（见表 11 –4）。因此香港经济对国际经济的波动相对敏感。

表 11-4　　香港货物进出口贸易与 GDP 一览　　单位：百万港元，%

年份	2003	2008	2009	2010	2011	2012	2013
GDP	1 256 669	1 707 487	1 659 245	1 776 332	1 934 433	2 037 064	2 125 353
货物出口额（离岸价）	1 749 089	2 843 998	2 500 143	3 068 444	3 420 076	3 591 776	3 816 390
货物进口额（离岸价）	1 794 059	3 024 089	2 702 966	3 395 057	3 848 200	4 116 410	4 394 928
货物进出口总额	3 548 206	5 849 439	5 161 445	6 395 859	7 101 849	7 346 509	7 620 404
货物贸易进出口占 GDP 比重	281.9	343.7	313.4	363.9	375.7	378.4	386.4

注：根据《香港统计年刊（2014 年版）》的数据编制而成。

（四）泛政治化，恶化了香港作为内地企业“走出去”平台的营商环境

香港的泛政治化倾向愈加明显。2014 年下半年，香港“占中”非法集会事件的出现及持续，不但有损香港与内地的互信基础，而且不利于香港法治社会的国际形象，对香港国际金融中心发展的竞争力产生了一定的冲击。

香港金融界专业人士指出，香港社会现在的政治制度转型可能影响其规则，不利于工商界发展。事实上，在《新华—道琼斯国际金融中心发展指数报告（2014 年）》中，由“经济环境、政治环境、社会环境”3 个子要素构成的“环境”二级指标评价排名，香港座次下滑 8 位，由 2013 年的第 3 下滑到 2014 年的第 11，首次跌出世界前 10 之列；综合评价，香港也被东京、新加坡超越，下滑 2 位与上海并列第 5；“成长发展”评价，与新加坡的成长迅速相比，香港增长放缓，下滑 4 位列第 6 位。无独有偶，瑞士洛桑国际管理发展学院公布的 2014 年全球竞争力排名，香港自 2005 年以来首次跌出三甲之列，被新加坡超越，下降 1 位至第 4 位。

（五）留住外来人才的配套服务不足，国际化人才储备尚待进一步加强

2013 年，香港 65 岁及以上人口占总人口的比重已由 2003 年的 11.8% 增至 14.2%，老年抚养比率由 162 提高到 190。据测算，到 2041 年，香港 65 岁及以上人口将大幅增加至 256 万，占人口的 30%；20 年后，将由目前 5 名 15～64 岁适龄工作人士支持 1 名老人降至 2 人支持 1 人。“香港研究协会”2013 年 8 月公布的调查结果显示，74% 受访的香港专科以上学历青年认为现今职场竞争激烈，逾半成受访者认为主要竞争对手来自香港以外的地方；香港专科以上学历青年普遍对自身的职场竞争力评价不高，54% 受访青年面对职场竞争感到焦虑。同时，目前香港相关职位占就业人口的比重有所下降，生活环境太过拥挤、房价高企问题短期内很难改变，职场新人的承受能力相对有限，而国际学校紧张、子女入学难也对一定年龄段的专才产生较大影响。

（六）缺乏倾斜政策是香港平台相对新加坡平台的薄弱之处

香港施行的是典型的“小政府、大社会”市场经济体制，自由放任、积极的不干预。与主要竞争对手新加坡相比，香港几乎不会针对特定行业实施倾斜的政策措施；相关制度也不似强政府主导下的新加坡灵活，无论发展政策还是民生政策，对民主的强调往往以牺牲部分效率为代价。例如，特区政府的预算报告因极少数反对派议员的刻意阻挠而难以通过；外劳每年引进的指标不过千人，主要是怕引起本地劳工的反感。

尽管由于可供选择的渠道日渐增加，香港面对的竞争压力越来越大，但其作为内地企业“走出去”平台的优势依然明显；其关键在于如何适应内外环境的变化，不断提高自身竞争力，把握优势、弥补不足。就目前而言，除持续培育新兴产业和创新体系、突破第三次产业转型困境及其对香港平台作用的限制外，考虑到结构调整的相对长期性，香港应进一步加强自身的服务功能，在既有基础上将作为内地企业“走出去”平台所需要的各种专业

服务精细化；尤其应通过广泛的交流与沟通，进一步统一认识，深入了解内地企业基本情况及其“走出去”的具体需求，不断提高自身有针对性地服务内地企业“走出去”的能力。联合“走出去”、共同拓展外部发展空间对香港平台作用的重要性日渐显现。一方面，由于内地企业“走出去”未来相当长的时间仍以投资实体经济为主，香港应在明确本地企业对外直接投资地域及行业分布的基础上，及时摸清自身优势、总结经验教训、与内地分享相关投资信息，进一步挖掘联合“走出去”的投资潜力。另一方面，由于内地企业“走出去”投资主体结构的变化，香港应将服务对象进一步聚焦于民营及广大中小企业，为其“走出去”提供全方位服务。此外，香港还需要切实提高本地年轻人的国际化能力，进一步改善海外国际化人才的配套服务；推进九龙东等地的交通及配套设施建设，降低内地企业“走出去”的相关运营成本。需要强调的是，互信是内地企业“走出去”利用香港平台的重要基础；特区政府应尽可能通过相关制度和政策引导，进一步发挥行业协会等社会中介的积极作用。

五、内地企业与香港联合“走出去”的方式选择

近年来，中央政府出台的有关支持香港经济社会发展的政策措施中，明确提出鼓励内地和香港企业联合“走出去”，以多种方式共同开拓国际市场。内地工业体系比较完备，市场需求巨大，企业“走出去”的整体实力和内在动力不断增强。而香港企业的国际化经营水平高、资本市场发达，拥有较健全的法律法规体系和大批高素质人才，两地企业发挥各自优势联合“走出去”面临着难得的机遇和广阔的空间。未来，内地企业可采取以下方式或途径，与香港企业携手跨国经营，共同“走出去”。

（一）内地企业与香港企业通过多种方式联合对外投资

内地企业向外“走出去”的第一步，很多都选择了香港。这是因为香港是我国的特别行政区，其沿用的金融制度、税收制度与我国内地有很大的

区别，有利于内地企业以香港为平台或桥梁进行境外投资。具体而言，内地企业与香港企业联合“走出去”的有效架构包括以下几种方式。

第一，利用香港进行境外权益/贷款投资。内地企业利用权益/贷款投资一家有经营实质的香港公司，再由这家香港公司权益/贷款投资外国的目的公司。内地企业对香港公司投资的股息不计预提所得税（贷款投资时需要符合特定条件），香港公司对目的外国公司投资的股息只计很低的预提所得税。这是内地企业对外投资，以香港作为平台，最直接也是最普遍的方式。对于企业来说，其主要的优势在于：在权益投资时，在投资目的国对利润分配派回香港特区的税率，比分派回中国内地的税率更低的情况下；在贷款投资时，投资目的国对香港支付利息所使用的预提所得税，比对中国内地使用的税率更低时，可以省税，而且省的是外国税，能确保节省的税收收益留在中国（包括香港）境内。在贷款投资时，企业贷款所涉及的利息费用，在投资目的国的企业所得税层面还可以进行税前抵扣，也能达到节税的目的。香港公司有实质经营且有大量境外投资时，可以使企业部分贷款回收的资金按照内地外汇管理的规定，适当保留在香港特区进行再投资，递延将利润返回内地可能需要补税的情况。内地企业利用香港公司在香港特区进行融资，减少需要使用的内地资金。

需要注意的问题和限制有：投资目的国是否与香港特区签订或适用比中国内地更优惠的关于利息支付的预提所得税率的协议或安排；在香港特区没有与投资目的国签订更优惠的税收协议时，可以考虑引入中间公司；在香港特区所设立的公司必须有实质经营，内地企业能够比较容易地向香港特区派驻管理人员或者任用当地管理人员，所以香港拥有区别于其他避税地只能建立“壳”公司的重要优势。

第二，根据香港特区与一些地区的特殊协定，利用多层控股结构进行境外投资。香港特区与一些国家有优惠的税收协定，所以内地企业可以通过在香港建立的对外投资平台，投资有优惠税收协定国家的中间公司，再由中间公司向目标国公司进行投资。对于内地企业来说，这样做的优势有：中间协议国公司从目的国公司获取的股息，如果符合特定免征税条件，可以免税；香港特区公司从特定协议国公司获取的股息也可以免除预提所得税；利用香港特区与中间协议国公司之间的税收协议优惠，及中间公司所在国与其他税收协定国家的优惠，补充某些投资目的国与香港特区没有税收协议的不足；可以通过多层的税收协定安排，使企业可以在其他国家进行融资并贷款给投资目标国家，这样在所有利润通过香港汇回内地时，可以减少在境外的整体税务。需要注意的问题和限制有：投资目的国是否与中间公司所在国签订或使用比香港特区和内地更优惠的协议或安排；在香港设立的公司必须有实质经营。此外，中间公司也需要有经营实质。

第三，利用香港进行返程投资。内地企业利用香港平台向其他投资者进行筹资，再由香港公司将筹得的资金投资回内地企业。对于内地企业来说，这样做的优势有：企业可以利用香港在境外融资，且融得的资金可以投入内地进行生产建设；香港公司投资的内地企业，在符合特定条件的情况下（高新技术企业、基建工程、节能环保等鼓励性行业），仍可享受国家关于这些行业的税收优惠；香港特区与内地之间签订税收安排，香港公司从内地企业分回股息的预提所得税率比其他地区低，即使是对比其他与中国签订税收协定的国家或地区，其税率也是较低的，且对于内地企业来说，利息还有抵税的作用。由于香港和内地签有避免双重征收税收协议，因此对于香港公司所缴纳的香港利得税和内地企业已经缴纳的国内所得税，在不超过25%的总体税负下可以扣除（采用间接据实扣除的方式）（按《内地和香港特别行政区关于所得避免双重征税和防止偷漏税的安排》第十三条第五款）。需要注意的问题和限制有：当企业的返程投资符合特殊目的公司的定义时，企业要按照国家发改委、商务部和外汇管理局的有关要求进行申报和详细披露；在香港设立的公司需要有实质经营。

第四，利用香港建立有效的并购和退出架构。首先在香港设立对外投资平台，然后由香港公司控制一家不征收资本利得预提所得税的公司（如英属维尔京群岛公司），作为中间公司，由中间公司控制与目的国有税收协定的中间公司，中间公司再通过新设或者并购方式控制目的国的目的公司。以后内地企业如果要出售目的公司，可以在中间公司的层面上进行处理。对于内地企业来说，这样做的优势有：在处置上如果有收益，不涉及中国内地、香港特区和目的国的税收；中间公司本身没有对资本利得的所有税，也不会影响处置的投资收益；通过香港公司这个平台，可以在日后处置中间公司时将有关资金存放于香港，在有合理经营目的的情况下可以继续利用香港进行境外再投资，并可以暂缓将利润汇回内地进行补税。需要注意的问题和限制有：投资目的国是否会对此架构进行干涉；要注意中国关于境外税收间接抵免层级方面的要求。

第五，利用香港进行资金池设计。内地企业利用下属香港公司和其他境外公司账户上多余的资金，通过往来款或银行的协议安排，将资金汇集于香港公司的账户上，然后将香港公司账户上的多余资金贷款给下属另一家资金紧缺的境外公司。对于内地企业来说，这样做的好处是：香港公司只是从香港银行收取利息收入，有关的银行存款不会作为银行借贷融资的担保，且利息在没有申请免税的情况下，香港公司的银行利息收入通常可以按照香港的税法不用征税；从境外银行收取的利息收入，可以界定为非源自香港而不用征税。

（二）内地企业在香港设立海外投资和经营平台到海外开展再投资

香港的社会服务和机构十分发达，是优良的国际企业营运平台。首先，特区政府廉洁高效，创造了自由与秩序并存的投资环境，利用“投资香港行”扩大影响，利用“香港科技园”切实为投资者提供了机会和平台。其次，香港拥有健全的法制体系、严密的知识产权条例，能够确保投资环境的安全、稳定，保护企业尤其是高科技企业的知识产权。最后，香港拥有大量高技术并了解中国文化、通晓两文三语的各类专业人才，资讯流通自由，对外信息交流频繁。最重要的是，香港具有国际资本进入中国市场的最大门户优势，具备世界级的良好基础设施，这是香港成为国际企业营运平台不可缺少的助力。目前，全球共有近 4 000 家公司选择在香港成立地区总部或地区办事处。这些地区总部和办事处在香港主要从事高增值活动，促进香港国际营运平台不断提升。因此，在海外开展业务的内地企业，以香港作为“海外运营中心”，可以实现资金的自由、高效调度，有效管理企业海外资产，宣传企业品牌，建立品牌形象，使产品走出国门，走向世界，并利用香港发达的专业服务业，为企业日常运营提供国际化高质素的服务和支持，从而更好地在全球范围进行布局和运营。

（三）内地企业与香港中资银行、中资实业机构组建基金，以香港企业和资本名义进行再投资

目前，我国“走出去”投资以国有资本为主，很多国家将我国企业投资认定是政府行为，渲染“中国威胁论”。中国国有企业在“走出去”时会经常遇到各种政策限制。一些人出于文化和意识形态差异等方面的原因，对中国缺乏信任感，恶意炒作“中国威胁论”，中国投资被指责危及东道国的“国家安全”，正常的海外并购活动常因“威胁论”而受到阻碍。例如，澳大利亚政府宣布禁止华为参与投标澳大利亚全国宽带网项目，而这已不是华为第一次在海外开拓中受阻。事实上，除了华为以外，很多中国企业在“走出去”投资海外项目时，都遇到了类似“中国威胁论”的困扰。相对而言，内地企业通过香港国际化平台投资收购海外企业是容易被国际市场接受的途径。针对一些国家对我国企业在海外能源、资源投资项目设立各种障碍的情况，可考虑与香港中资银行、中资实业机构组建基金，以香港企业和资本名义进行投资，实施国家“走出去”战略。

六、香港助推内地企业“走出去”的策略建议

（一）加大对内地民营企业从香港“走出去”的吸引和服务力度

近些年，随着中国民营经济的快速发展和企业实力的不断增强，加之政府支持民营企业“走出去”的政策环境大大改善，民营企业的对外直接投资日益活跃。与国有企业相比，民营企业产权明晰、机制灵活、应变能力强，有很强的创新意识和进取精神，寻求国际市场发展机会的积极性更高。而且，相对国有企业，民营企业的对外投资更容易被国际社会接受和认可。因此，民营企业将有望成为内地企业“走出去”的主体。对此，香港应逐渐加大对内地民营企业的关注、服务和支持力度，吸引更多内地民营企业利

用香港平台“走出去”。香港应重视完善对内地民营企业“走出去”的融资支持，制订相应投融资信贷扶持政策，同时加快将香港建设成为最主要的人民币离岸中心。开展民营企业从香港“走出去”的调研，及时了解企业从香港“走出去”遇到的困难，协调解决并推动政策环境优化。鼓励和支持香港各类社团组织依据自身优势健全服务职能，积极开展经验交流，协调企业相互协作，引导企业信息共享，抱团闯关，互补多赢。支持香港各类商会与内地工商联等组织联合开展民间经济外交，加强与国外各类经济社团和组织的合作，帮助内地民营企业增强防范和风险意识，减少企业跨国经营的阻力。

（二）进一步发挥好内地企业“走出去”的融资平台作用

抓紧与中央政府有关部门沟通，对沪、深、港三地交易所进行合理分工，充分发挥“一国两制”下香港国际金融中心的作用。内地人民币资本项下的对外开放将继续遵循积极稳妥、循序渐进的原则，而香港国际金融中心完全与国际市场接轨，监管具有世界水平，这是内地任何金融中心短期内难以达到的，也是鼓励内地企业“走出去”的重要一环。与中央政府有关部门沟通，进行充分的磋商，对沪、深、港 3 个交易所的中国大中企业上市资源，有一个内部的意向性的合理安排，反对无统一战略规划下的商业竞争。吸引内地行业领头企业两地上市。同时研究相关措施，鼓励在港上市的海外大企业在沪港两地上市。对内地国有企业与民营企业在港上市按联交所上市标准，一视同仁。支持深圳做大中小企业板市场。修改香港市场现有的创业板上市与监管条例，抓紧组织主要面向内地的创业板市场。与此同时，加大内地开放 QDII 力度，采取有力措施，吸引更多的内地外币资金进入香港资本市场。

（三）建立两地金融信息共享机制，为内地企业到香港银行融资贷款提供便利

融资难是目前企业“走出去”过程中面临的最突出、最紧迫的问题。

由于境外银行对内地企业的资信情况不了解，对中资企业在内地的资产不予承认，因此中资企业在内地的资产不能用于境外银行贷款的抵押担保。香港是内地企业的一个重要融资平台，但目前内地企业在香港融资还存在一些障碍。一是“内保外贷”审批周期长。国内企业在境外贷款一般采取“内保外贷”的方式，即企业通过向香港银行的内地合作银行提交贷款申请和提供资产抵押证明，由内地银行向香港银行出具融资性担保函，并向国家外汇管理局报备登记，香港银行就可以凭收到的担保函向内地企业的海外公司发放贷款。但是“内保外贷”的审批手续十分复杂，整个流程需要3~6个月的时间，容易错失市场机遇，遭受经济损失。二是项目融资比较困难。目前香港银行针对中国内地企业海外发展项目的项目融资较少，本地项目融资则以建筑类项目融资占较大比重，一般性内地企业的海外项目，较难在香港申请。针对这些问题，两地金融监管当局可以加强信息交流与沟通，例如，香港金融管理局可与人民银行沟通将征信局已建立的内地企业资信数据库与香港企业资信评级信息联网，建立信息共享平台，供内地和香港两地有关金融机构参考，切实解决目前困扰内地企业的“内保外贷”问题。

（四）加快两地服务业开放步伐，为企业“走出去”提供更有效及时的服务

目前，香港专业服务业在内地直接为企业提供服务尚有困难。内地与香港已经在47个服务贸易领域公布301项开放措施。但对于香港中小型服务企业来说，在内地注册公司手续烦琐，所需时间长；资质评定门槛较高。以会计师事务所为例，入内地标准为年收入1 000万元，资质为审计师100人，一般中小企业很难达到要求。香港与内地没有建立全面的专业资格互认机制，香港专业资格人士难以直接在内地提供服务。为此，在服务业开放方面，内地要加大开放力度，打开各个小门，让香港企业进来进行大胆的尝试。在金融开放方面，香港应以人民币国际化和打造香港人民币离岸中心为契机，向中央争取更多先行先试的措施，为内地企业在香港融资、通过香港“走出去”提供更多便利。同时，内地应鼓励各类银行加快金融工具创新，以满足企业海外业务发展的需要。

（五）尽快促成内地与香港企业联合“走出去”细则的出台实施

2011 年 8 月，李克强访问香港时，代表中央政府宣布的惠港措施中提出“内地与香港企业联合‘走出去’”。2012 年 7 月，胡锦涛莅港时带来的惠港措施中进一步强调，要“推动内地与香港企业联合‘走出去’”。可见，国家领导人在这个问题上要求越来越明确，迫切需要抓紧实施和落实。但遗憾的是，迄今为止，有关内地与香港企业联合“走出去”的实施细则迟迟未见出台，不利于两地企业联合“走出去”工作的推进和落实。香港特区政府可联合香港中联办以及香港的民间组织等有关部门和机构，对内地和香港企业在联合“走出去”过程中所遇到的困难，以及需要中央政府支持的具体政策等进行深入调研和讨论，切实提出合理性建议，为中央政府或相关部门尽早出台“推动内地与香港企业联合‘走出去’”的实施细则提供决策参考和依据。

（六）加大香港专业服务优势在内地宣传力度，提升各类中介机构增值服务水平

调研近年来内地企业“走出去”的众多案例，可以发现内地企业在海外投资中普遍面临法律、会计、风险评估和咨询等中介专业咨询服务方面的困难。由于国内专业服务水平和体系离国际标准还相去甚远，难以为企业海外投资提供服务，只能聘请国际知名中介机构。但这些机构费用很高，且存在语言沟通和文化背景差异等缺陷，难以达到理想效果。香港的专业服务机构具有中西合璧的优势，一方面了解内地情况，语言和文化背景没有障碍，易于沟通；另一方面云集了世界各地的人才，专业化、国际化程度高，能够为内地企业“走出去”提供相当好的技术、法律等各项咨询支持。但目前内地企业对香港情况并不了解，为此，香港专业机构应进一步通过多种途径加大宣传力度，让内地企业了解香港的专业服务。一是可通过上述设立的政府公共信息网站给予全面介绍；二是香港的中介机构协会应与内地相关的协

会建立信息交流和工作协调机制；三是利用多种形式和渠道，加强对内地的推介力度。

（七）鼓励香港商会组织吸纳内地商会会员，提升香港的国际企业营运平台优势

通过调研发现，由于内地缺乏统一有效的协调和组织，内地企业“走出去”刚刚起步，势单力薄，企业在海外的正当权益得不到保障，不少企业对建立海外中国企业商会呼声很高。但由于内地的海外企业数量少、规模小，且缺乏长期海外经商的经验，难以组织有力的商会组织。香港有四大商会组织和一系列小商会组织，共 100 多家，其中在全世界已建立 25 个地区委员会、拥有 100 多年历史的香港总商会，下属 4 000 多家中外会员公司，90% 的会员是金融、贸易、物流、中介服务领域的服务业会员，具有全球性的人脉资源和商贸经验。但目前由于资金、人员有限，在帮助内地企业“走出去”方面，力所不能及。建议香港特区政府采取措施，充实商会力量，准备大量迎接和吸收更多的内地企业加入香港各类商会，以商会为载体，在支持内地企业“走出去”的过程中，不断提升香港作为亚洲最优、最主要的国际企业营运平台的优势地位。

（八）为内地企业高管来港工作和进出香港提供更多便利

随着内地企业“走出去”进程加快，内地企业利用香港平台的需求日益增强，人员的自由进出自然甚为迫切。目前，香港在签证和通关政策方面仍存在一些不足。内地企业在香港设立分公司或分支机构，派遣来香港工作的员工主要通过两种途径获准来港工作：一是“内派”来港工作人员，这主要是内地国有企业员工来港工作的入境安排；二是通过香港的“输入内地人才计划”。不少企业反映“专才计划”的申请资格过于严苛，没有为在香港设立分公司的内地母公司人员，特别是高层管理人员提供便利的出入境措施。因此建议：一是完善“专才计划”对申请人资格的限制。除考虑教育背景和专业资格外，可规定在内地中小企业已获聘高级管理职位或在大型

企业获聘中高级管理职位的，都适用于“专才计划”。同时，放宽非本地人任职的限制，规定凡属内地企业在港子公司或分支机构的企业，雇用员工不受优先雇用本地人的限制。二是根据内地在港企业的经营规模（如营业额或员工总数）给予其内地母公司一定配额，允许部分高管申请香港工作签注，方便其来港处理海外业务及进出香港。三是由香港特区政府建议中央政府，除中央直管企业外，对内地普通企业的管理比照民营企业，其经营管理人员可自由申请香港的工作签证。

（九）政府应为内地企业“走出去”提供更为便捷高效的服务

加大对内地企业“走出去”的金融支持力度。政府应考虑建立政策性金融机构、中国投资公司、用汇企业之间规范、可持续的资金融通链。发挥政策性银行支持“走出去”的优势，联合国内外商业性金融机构、国际金融组织等增加“走出去”的信贷支持。政策性银行获得外汇资金后可通过项目融资、银团贷款、综合授信、“资源、信贷、项目”一揽子合作等方式支持“走出去”；注重发挥中国投资公司作为国家主权投资基金的作用；借鉴“非洲基金”“中委合作基金”模式组织设立不同领域的合作基金。

建立和完善“走出去”投资的风险防范机制。加强对投资国的深度国别跟踪研究、监测预警，降低政策、法律和政治风险；建立企业与政府信息研究与服务渠道。对资源类对外投资，政府部门应建立风险预警系统和矿业投资风险预警处理机制。加强我国企业的现代企业制度建设和文化建设，减少经营管理风险；实施本地化经营策略和利用当地企业分销渠道，降低生产成本；重视东道国企业的文化因素，增强企业竞争力。加快建立统筹协调机制，减少审批程序，下放权力。对民营企业的对外直接投资，除了关系到国家安全的重大项目外，一律将审批制度改为备案制度。为企业提供更多信息，实现对外投资的科学决策，避免恶性竞争。充分发挥各种进出口商会和行业协会专业性强、联系面广、信息灵通等优势，强化其对会员在市场、价格等方面的协调、指导、提供信息咨询服务的作用。

七、内地企业从香港“走出去”的成功经验

在内地“走出去”企业群体中，首先是央企、国企群体，包括“中农工建”四大商业银行、中国电建、中国交建、中冶集团、中国中铁、中石油、中石化、中海油、中核集团、中海集运、徐工集团等。其中，中核集团在沙特、埃及、苏丹等国合作开发核电设施；中海集运与阿拉伯国家远洋航运企业进行海运合作；中国银行、中冶集团、中石油、广东农垦、海航集团与东盟国家建立多个合作项目；招商集团、华润集团、中国交建集团进入非洲、印度半岛进行港口、码头、园区合作开发；中石油、徐工、中科重工、中石化、中冶集团、同仁堂进入俄罗斯不同产业领域等。国有企业在“走出去”的各个领域积累了大量的成功经验，同时也包括各种失败教训。其次，民营企业在“走出去”过程中也取得了很多成功经验，包括三一重工、港湾集团、华为公司、复星集团、阿里集团等，也包括各类中小企业。这些“走出去”企业从不同角度、不同领域、不同层次、不同程度利用香港的各类经济功能及产业服务。比较典型的案例总结如下。

（一）复星国际善用香港资本市场和投行服务

1992 年，复星集团的前身——广信科技发展有限公司，在上海成立。此后，复星涉足医药、房地产、综合百货业、建材、采矿业和保险业，并转型为一家投资集团。伴随着复星医药于 1998 年 8 月在上交所上市，复星进入资本市场，开始利用资本进行产业整合，并通过资本运作培育稳定的融资渠道。复地集团于 2004 年 2 月在香港联交所 H 股主板上市，拓展了复星在境外资本市场的融资渠道。2007 年 7 月 16 日，复星集团的母公司复星国际由瑞银香港分行保荐，在香港联交所 H 股主板上市，因此完成了由内地企业到香港企业的身份转换，并借助香港资本市场和投行服务实现快速国际化。2009 年 9 月 23 日，复星医药成功登陆 H 股。2011 年复地集团私有化退市。复星国际的运营分布在内地和海外，它的国际化顺应了国内经济形势和

全球产业发展趋势。近3年来，复星国际收购的海外资产都不在香港，但是充分利用了香港国际金融中心的融资和投资咨询服务。复星国际的经验可以归纳为以下几点。

1. 善用香港的资本自由进出规则。

内地企业“走出去”只依赖境内融资会带来资金出境、担保等方面的困难，还面临外汇风险，而且内地要求融资有明确和限定的用途。而香港没有外汇管制，从香港获得的资本可以用于世界其他地区。在企业申请贷款时，香港银行出于风险评估的考虑，会要求企业填写贷款用途，但是企业取得贷款以后，银行对资金用途并没有特别的限制。企业在银行的抵押品也可以消除部分贷款风险。即使国家外汇管理局放松了担保政策，香港在资金出境、担保方面仍然具有较大优势，这种优势特别体现在跨境并购方面。复星将母公司设在香港，解决了境外投资的资金出境、担保问题。

2. 善用香港多元化的融资渠道。

大企业倾向于多样化融资渠道，尝试银行贷款、股市融资、债券融资和PE融资等融资方式。

银行过桥贷款。复星国际与邵氏在2014年3月31日完成收购香港清水湾地块，购买价格在17亿~18亿港元。2014年6月，复星国际以该地块作为抵押物，从台湾银行和国泰世华银行获得7亿港元1年期过桥贷款，该贷款综合收益260~270个基点，利率比香港银行同业拆借利率（HIBOR）高185个基点。并购存在时间、目标、金额等方面的不确定性和保密的重要性，往往需要过桥贷款，而内地的过桥贷款服务还很少。香港的金融机构在这方面积累了丰富经验，可以服务内地企业的跨境并购。

股市融资。复地集团、复星国际和复星医药先后在港交所上市，便利了复星利用股市筹集资金。复星医药既是A股上市公司，也是H股上市公司，可以同时利用内地和香港的资本市场融资。但是复地集团的负债率过高，最终导致它在2011年的私有化退市。香港股市对全球投资者开放，是上市公司募集资金的重要途径。股市的信息披露机制也能够促成上市公司自律。

债券融资。由复星国际担保，其注册在英属维尔京群岛的间接全资附属公司Logo Star Limited于2013年11月6日在香港联交所发行了2018年到期的有担保可换股债券，总价值38.75亿港元，年收益率为1.50%。瑞银香港分行和摩根士丹利亚洲有限公司担任该项债券发行的联席全球协调人和联席账簿管理人。该可换股债券提呈并出售给其通常业务涉及在美国境外依据S规例购买、销售或投资于证券的非美籍人士，不提呈发售给香港公众散户。

境外发行债券的监管简单、规范，从动议到发行只需要1~2个月时间。国内发行债券主要看监管，而境外主要看信用，涉及财务报表和业务经营，信息的真实性和准确性都很高。境外债券发行之后，投资人会有后续跟踪和信息披露，整个流程很透明。境外债券品种繁多，便于企业根据业务类型选择发行地和发行种类。

PE融资。香港的金融机构众多，基金、保险公司、资产管理公司和私人银行都可以提供融资服务。2014年，复星医药的全资附属公司复星实业（香港）有限公司与私募股权投资基金TPG和美中互利医疗CEO李碧菁等组成买方集团，向美中互利发出收购邀约，以每股24美元的价格受让美中互利公众股份。

3. 善用香港多元化的交易支付方式。

复星实业收购美中互利，是通过所投资的Healthy Harmony Holdings L. P. 的全资附属公司Healthy Harmony Acquisition Inc.，以不超过22 362万美元现金和持有的美中互利3 157 163股A类股票参与美中互利私有化交易。至美国东部时间2014年9月29日，与美中互利已完成股份置换及合并。

4. 善用香港的投行顾问服务。

复星国际和其附属企业在港交所H股上市都选择了瑞银等国际投行担任保荐人。而该公司发行债券、票据时再次选择瑞银、摩根士丹利和高盛等国际投行担任联席全球协调人和联席账簿管理人。复星国际实施跨境并购也往往向瑞银等国际投行进行咨询。

5. 香港企业的身份减少了境外投资阻力。

作为民营企业，复星的境外投资比国有企业面临的各方阻力要小。作为母公司设立在香港的上市公司，复星的境外投资被认为更尊重国际规则。除了并购法国地中海俱乐部（Club Med）的交易颇费周折之外，复星国际的一系列跨境并购都较少受到来自被并购企业股东、工会、东道国监管机构和我国内地监管机构的阻力。

（二）招商局集团在香港积累与国际接轨的境外投资经验

招商局集团现为国资委管理的驻港中央企业，是中央直接管理的53家重点企业之一，经营总部设于香港。它在境外的长期运营中积累了丰富经验。

1. 设立非实体公司以方便交易和避税。

招商局集团主要通过招商局香港投资境外，另有通过内地子公司直接投资境外企业9家。2013年底，集团境外投资总额83.73亿美元，其中股本投资22.04亿美元。2013年底，境外实体企业89家，其中香港57家；非实体企业393家，其中香港169家。非实体公司的设置是为了方便交易和避税。这种股权安排与香港上市公司常见的股权安排一致。

2. 在香港积累国际运营经验。

内地的法律是大陆法，只在内地适用，而且其中一些法律法规施行的时间还不长。内地的法律法规很简单，但是其适用依赖于最高人民法院的解读。香港的法律是普通法。普通法已经有800年历史，英联邦国家都适用普通法。国际商事条款源出普通法。香港的企业管理模式与国际接轨。内地企业首先到香港投资运营，积累的前期经验有助于后续的境外投资。

内地一些国有企业把国家战略作为境外投资项目决策的第一影响因素，即使亏本也要投资。而境外的长期运营让招商局集团在境外投资决策时虽然也考虑国家战略，但首先评估项目本身的盈利前景。招商局集团境外投资的历史上有一些投资后再退出的项目，例如，将友联银行（现名：工银亚洲）出售给工行。这些项目虽然后来退出了，但是有助于招商局集团在香港塑造影响力，也帮助集团学习商业模式、积累管理经验、拓展后续业务。

3. 善用香港的专业服务。

国外的土地、工程造价、配套生产等与国内的情况不同，不能随意套用，因此尽职调查非常重要。对于预期风险（涉及文化、法律），应该提前做好解决方案。香港汇聚通晓国内外规则的法律、会计、审计、税务、调查公司、公关、估值、评级等专业人才，便于招商局集团在香港组织对外投资团队。

4. 融资方式以银行融资和债券融资为主。

招商局集团现在的融资方式比重与2012年底接近，银行融资占63.9%，债券融资占36.1%。因为招商局集团在境外市场运营的时间较长，所以集团现在的银团贷款一般都由自己牵头、组织。招商局集团发行的债券品种涉及市场上的各种债券类型。投资项目币种决定了发行债券的币种，投资项目的周期决定了债券的期限结构。自2003年起，招商局集团尝试在内地发行企业债券，但直到2007年才得到批准，此后还需要接受人民银行的利率审核，时间很长，而且各部门多头监管，给集团造成较大困扰，因此集团较少在国内采用债券融资方式。境外的监管简单、规范。只要债券发行人能够在市场上找到投资人，就可以发行，从动议到发行只需要1~2个月时间。2013年底，招商置地用20天就完成了境外债券发行。

（三）上海五岸传播有限公司在香港进行税务筹划

香港税制仅以来自香港的收入为准征税。香港不设商品及服务税/销售税、增值税、股息及利息预扣税、遗产税、全球征税、酒税。香港特区在过去4年先后与29个国家/地区签订了避免双重征税协定，这吸引了更多国际大企业来香港做税收筹划。

上海五岸传播有限公司成立于2004年11月，是上海广播电视台、上海文化广播影视集团有限公司（SMG）下属的专业从事版权运营的全资子公司。该公司已经在中国及海外多个市场建立了完善的销售网络，成为“国家文化出口重点企业”。在出口业务不断上升，以及与海外伙伴合作日渐增加的情况下，该公司开始关注不同国家及地区的税制及有关规定，对其税务负担及利润的影响，并且通过香港寻求有效的税务筹划方案，完善了该企业整体的财税安排。

（四）商务部台港澳司——政府视角的香港平台作用

1. 香港回归之后与内地的经贸关系发生根本性变化。

香港回归之前，香港与内地的民间交流多，且主要受到市场化导向的影响，而政府间交流少。香港回归之后，特别是2003年以后，中央政府与香港特区政府之间的交流趋多，并且在CEPA框架下形成合作机制，涉及货物贸易、服务贸易和贸易投资便利化等10个方面，货物贸易实现零关税，服务贸易领域不断扩大。CEPA签署之后启动“自由行”，香港市场立刻从SARS的萧条中复苏。内地与香港的进出口额占全国进出口贸易总额的比重约为10%；香港对内地的直接投资占内地吸引外资的45%；内地对港直接投资占内地对外直接投资的60%，其中60%又投向第三地。近年来，内地对外大规模直接投资和跨境并购都是途经香港。

2. 香港在我国未来改革开放中的作用不可替代。

香港在我国未来改革开放中的作用是内地城市不能替代的，也是内地“境内关外”地区无法替代的。香港的硬件设施可能已经比不上内地城市，但是它的软件环境多元且细致。香港企业职员国际化、专业化特征明显，是很多内地城市学习的对象。香港与上海相比，人员出入自由、外汇自由、信息自由。虽然外资企业主管在中国的收入是全球最高的，但是高收入阶层对生活品质的要求也很高。深圳前海、广东南沙等地区在生活环境和生活品质方面距离香港的国际标准还有较大差距。内地的雾霾等环境因素也影响了人才流入的意愿。

香港最大的优势是应变，而不是规划。而内地属于大国经济，需要规划。香港曾经是内地进出口贸易的最大中转站，后来成为内地利用外资的最大中转站，现在正转型为内地对外投资的最大中转站。香港的城市规划、法律环境与执行的概念更有助于香港吸引全球顶尖人才。

3. 香港企业与内地企业联合“走出去”。

2011年8月17日，《中央政府支持香港经济社会发展的36条政策措施》提出内地企业与香港企业联合“走出去”，这是内地企业发展到一定阶段以后的要求，也有助于发挥香港的优势。但是受惠于这些政策的香港阶层不同。香港的税基低，因此二次分配无法解决收入分配差距。联合“走出去”涉及三方：内地民营企业，香港律师、会计师和税务师，外国企业和机构。香港中小企业的人脉在全球分布广，联合“走出去”也可以帮助内地民营企业迈过语言关。

2013年，欧洲很多家族企业经营上难以为继，待转让。因此，商务部台港澳司和香港贸发局联合组织浙江和山东的民营企业“走出去”到意大利、法国和英国，内地民营企业主要由各省区市商务主管部门来组织。利用香港的会计、法律、税务等现代服务，通过香港贸发局、商务部驻外经商机构，组织当地企业开展配对，短短的时间里组织了285个层次的对接。国有企业已经在全球布局，可以自行组织对外投资；但是民营企业自身不具备这种实力，迫切需要政府提供此类服务。内地民营企业通过参加这类活动，可以逐步建立海外客户群。工商联和香港贸发局通过建立民营企业库，可以掌握企业信息。商务部台港澳司和香港贸发局联合在杭州、南京、济南和北京举行了4场推介会，请香港的中介机构讲香港的优势，请在香港生根、发芽、成长的企业回内地介绍经验，有130多个内地民营企业出席。此外，组织民营企业去加拿大温哥华、美国波士顿和洛杉矶，帮助民营企业了解海外市场，效果良好。香港贸发局、商务部联络驻外经商机构与民营企业的这种合作有望形成常态机制。

4. 大力发展中介机构。

长远来看，政府不插手经济运行，只提供公平的竞争环境，依赖行业自律。中介机构面向政府和企业分别提供专业服务。例如，香港的注册机构大多已注册完成数个“壳”公司，有企业打算去注册企业时，若无特殊要求，可直接购买“壳”公司，尽快开业。注册机构也负责税务、秘书等服务，直接与政府打交道，有助于提高办事效率。香港企业要履行社会责任。香港的商会有按照行业、地域、姓氏等来组织的。香港的商会有一批优秀人才，并向会员提供服务，但是内地的商会不一定向企业提供服务。鉴于内地的中介机构发展现状，十八届三中全会《决定》提出要大力发展社会中介机构。

（五）瑞银——内地企业“走出去”的合作方

1. 瑞银业务范围简介。

瑞银的业务以投资银行和私人银行为主。四大产品领域包括ECM（股票市场）、DCM（债券市场）、融资和并购（M&A）。瑞银的亚洲投行业务有一半以上与中国相关。瑞银利用中国境内外两边的平台同时服务内地客户。而一般的国际投行主要是在香港为中国内地企业提供融资和并购业务服务。2005 年，瑞银收购北京证券 20% 的股份，成为管理股东。2007 年，经证监会批准，北京证券更名为瑞银证券，因此瑞银证券是中国境内的一家全牌照证券公司，可以在 A 股从事 IPO、股市融资和境内人民币企业债券等业务。瑞银了解境内外的业务，与中国国有企业客户常年合作，经验丰富。瑞银在国内是外商独资银行，可以向企业客户提供融资服务。作为外资投行，一方面瑞银接受企业的委托，另一方面向企业提供并购标的信息。

2. 瑞银服务内地企业“走出去”的情况。

（1）IPO。瑞银认为境内外市场在企业“走出去”方面是互补关系，鼓励大型中资企业在境内外同时设立平台，利用两边的优势服务企业的长远发展。过去数年，瑞银帮助数十家内地企业在 A 股和 H 股上市，涉及银行（中国银行、招商银行、民生银行）、保险（例如，太平洋保险、新华保险）、工业（三大石油公司、三大电信公司），企业上市的后续服务（债券融资和股票融资服务）也由瑞银在中国境内外的团队提供。企业 IPO 的团队构成：投行、律师（来自多家律所，涉及中国内地和香港特区的法律、美国法律）、审计师、内控专家、行业专家、调查公司（调查民企老板和主要股东）、公关、路演、估值、评级。团队人员可以有发行人组织，但是投行会提供意见。以前，团队成员主要来自香港。现在，团队人员来自香港、上海和北京等地，但是以香港为主，要求中文是团队成员流利的母语。实际上，香港很多机构（金融机构、会计师事务所、律师事务所）的大部分从业人员来自国内。瑞银作过的内地企业 IPO 类型包括 A 股上市之后到 H 股上市，H 股上市之后到 A 股上市，以及 A 股和 H 股同时上市。

（2）企业“走出去”必须有境外平台。瑞银认为企业“走出去”必须有境外平台，因为只依赖境内融资会带来资金出境、担保等方面的困难，还面临外汇风险，而且内地要求融资有明确和限定的用途。而境外市场融资深度远超内地，例如，香港有全球最大的银行、区域内的银行等类型的银行。因此，即使外管局放松了担保政策，但是香港等境外市场仍然具有较大优势，这种优势特别体现在跨国并购方面。

（3）并购与过桥贷款。并购存在时间、目标、金额等方面的不确定性和保密的重要性。特别是英国、美国和中国香港特区等的一些公开并购要求在签约但还未完成时，就要有资金的确定性，而签约到完成之间有 6 ~ 9 个月的时间。这种情况下，境外的常规做法是向企业提供过桥贷款，而过桥贷款服务在境内还很少，因为牵涉各方面的技术和经验。例如，中海油并购加拿大的尼克森、双汇并购美国史密斯菲尔德，这两宗并购案一开始都使用了过桥贷款，宣布交易时已经准备好了短期资金（一般是半年到 1 年，最长不超过 2 年），此后通过发行更长周期、更低融资成本的企业债券还款。中海油是在宣布交易之后的 6 个月逐步以长期美元债券融资偿还过桥贷款。

3. 并购的三个需求。

香港的不可替代性：（1）寻找目标，外资银行更熟悉海外情况。投行的行业专长体现在对海外并购目标的估值。投行、基金、行业研究等相关人才集中在香港。最了解中国市场的投行群体集中于香港。（2）融资，可以采用上市融资、债券融资和过桥贷款等方式，企业对融资方式的选择受制于企业的负债结构；可以针对目标市场发行相应货币的债券。即使融资币种和目标国不一致，瑞银也可以为企业做对冲业务，降低汇率风险和利率风险。相关人才也集中在香港。（3）外汇，牵涉不同币种，而外资银行的平台对各币种都比较熟悉。

4. 内地企业对海外上市平台的选择。

内地企业与香港本地企业联合再“走出去”的情况很少，但是与早期到港投资的中资企业联合再“走出去”的情况却多一些，例如，与香港老牌的国企和红筹公司（如中信等）。（1）行业的影响。与网络、电商、科技相关的企业上市主要是去美国，其他行业的企业上市首选香港。如果企业需要境外市场的配套服务，香港是非常重要的平台。（2）境外投资目的影响。企业是否选择香港平台，还要看企业对外直接投资的不同目的，包括市场、效率、战略资产等。实际上，多数内地企业“走出去”是采用绿地投资的方式，而不是跨国并购，逐步国际化。近年来，跨国并购占中国对外直接投资总额的比重提高至 50%。近年来，新加坡发展了很多与油田服务、海洋服务相关的地区。美国硅谷发展了互联网相关产业，吸引了腾讯、阿里巴巴等国内科技企业。而电商企业看中了印度尼西亚市场的市场容量，内地企业对这些地方的投资常常不需要借助香港的平台。

5. 比较香港与其他“走出去”平台。

香港的中资银行多，适合小企业借贷，小企业还无法进行债券融资和上市融资。内地企业初到香港，向中资银行借款的可能性较高。新加坡的中资银行规模小，难以满足中资企业的融资额度要求。小企业不是投行的客户，但是瑞银的私人银行适合小企业。香港更靠近内地，交通便利，也更了解内地。国内金融管制使国内银行忽视小企业，这些客户就流失给影子银行。招商银行和民生银行在服务小企业客户这方面做得较好，2008 年招商银行并购香港永隆银行，民生银行近年来在香港的发展也很快。

6. 中国企业跨国并购的绩效。

（1）并购成功与否主要看衡量的指标。2008 年，招商银行并购永隆银行。当年的市净率接近 3 倍，受到很多批评。但是并购之后，永隆银行的客户群和与国内的交流进行了大幅改变，有助于服务招商银行的国内客户对外投资；联想国际化的战略清晰，并购 IBM 的 PC 部门是比较成功的。

（2）并购的几个要点：企业实力强、战略清晰；了解当地市场、锁定目标；时机；并购之后的整合（包括文化、激励）。万向美国并购的战略：不购买不便宜的资产，有时候可以等到境外企业去破产法庭才出手收购，并购之后可以很好地整合，善用当地人才。例如，上汽并购韩国双龙的失败案例，有多方面的原因。吉利收购沃尔沃的希望打开中国国内市场，而现在中国已经过了卖合资汽车的时代。现在评价这宗并购的成败也还言之过早。

（3）中国企业跨国并购的估值偏高。受到海外监管机构和股东的反对，中国企业的出价持续走高，这在国有企业的跨国并购项目中特别明显。这有时候也与经济周期相关，例如，中信并购澳大利亚的铁矿。在有竞争性的跨国并购中也会这样。

（4）瑞银服务内地企业跨国并购的行业分布。之前，瑞银合作的资源能源行业的案例较多，现在行业分布广泛，更加多元化。复星基本上所有的融资、并购都是由瑞银来提供服务的。复星并购地中海俱乐部之后的变化：中国游客的比重迅速提高；地中海俱乐部（Club Med）在国内开了 3 家度假村；企业股价也随之上升。复星并购了希腊的 Folli Follie，此后该品牌在国内的发展也非常快。复星近年还收购了葡萄牙最大保险集团 Caixa Seguro 控股权。复星收购的海外资产都不在香港，但是充分利用了香港国际金融中心的服务。2007 年复星国际由瑞银保荐在香港上市。复星药业采用了先 A 股再 H 股的模式。近 3 年来，瑞银为复星在香港做了 12～13 宗交易，涉及融资、配股。复星来香港瑞银做融资和投资咨询，其他运营分布在内地和海外，但是复星自己寻找海外并购项目。

（5）内地企业对香港的贡献。内地企业的经营模式是：实体在境内，融资在境外。复星在香港有一家再保险公司。复星为香港提供了很多金融相关行业的就业机会。每年 3 月中旬到下旬，港股上市公司都要来港公布业绩，大型国企至少组织一个 10 人的团队来港，5 家左右的酒店会爆满，带来很多相关就业和服务机会。虽然香港的优势是围绕金融业展开的，被一些人士担忧和诟病，但这也是香港难以被其他国际金融中心替代的地方。香港应该扩大、深化和多元化这个优势，而不是转而从其他行业寻找优势。瑞银的离岸人民币业务比 4 年前有了很大发展，而商业银行的这类业务的比重更大。过去，债券不是香港的强项，但是伴随着离岸人民币资金池的形成，香港债券市场也在蓬勃发展。人民币国际化为香港国际金融中心创新人民币产品提供了机遇。香港和上海的金融可以持续互补。

7. 香港和内地投行业的发展。

相对于内地投行，瑞银有全球网络、悠久历史和本地化的程度，特别是跨境相关的优势；瑞银在境外销售上也有优势。但是中资投行的国内网点多，可能与一些规模略小的内地企业有更深关系。近年来，中资投行发展很快，比较有名的是中信。中信并购里昂证券（CLSA）之后，已经在全亚洲陆续开展业务。例如，中信 CLSA 作为一个募集人，最近为印度 Reliance 集团做发行业务，这一方面是因为中信银行向该企业提供了贷款，另一方面是因为中信通过 CLSA 获得了当地的销售网络和研究报告。海通通过收购香港的大富证券，扩大了在香港的网络。其他中资券商希望通过在香港的并购活动扩大规模。瑞银的短板是：在境内力量需要不断加强。瑞银希望巩固优势：在中资竞争对手里面更国际化，在国际竞争对手里面更中国化。瑞银香港聘请了很多内地专业人才，在国际投行中是最中国化的。

综合来看，中国内地企业的成长和“走出去”战略推动了越来越多内地企业到境外投资。2013 年，地方企业占内地对外直接投资存量总额的三成；民营企业在对外投资企业的数量上占优势，而国有企业在对外投资额上占优势；受到不同的投资动机驱动，内地投资主要流向“避税天堂”、邻国和发达国家；境外投资集中于租赁和商务服务业、采矿业、金融业、批发和零售业、制造业五大行业，表现出内地企业境外投资的海外知识资源寻求和自然资源寻求特征；跨境并购帮助企业快速获得海外专有资产，成为内地企业进入海外市场的重要方式；在国际化过程中，内地企业境外投资总体水平不断提高。

但是内地企业"走出去"仍遇到一些"瓶颈"和障碍：多头管理的境外投资管理制度、融资难、企业对外投资战略不明确、缺乏国际经营人才、较少采用商业措施应对东道国风险、CSR 履行情况不佳。因此，中国政府应在改革境外投资管理制度的同时逐步开放资本市场，提高境外投资便利化水平，增加融资渠道、降低融资成本。对外投资企业要根据自身实力和发展目标制订发展战略，在积极引进跨国经营人才的同时，加强对跨国经营人才的培训；提高风险感知和风险防范能力，为海外投资购买保险；着眼长远，积极履行企业社会责任，强化海外经营的合法地位。

香港既是内地最大的外资来源地，又是内地企业"走出去"的最大目的地。香港的市场狭小，内地企业往往把香港作为境外投资的第一站，后续将借助香港的"走出去"平台再向海外投资。目前，七成从香港"走出去"的内地企业是地方企业；四成从香港"走出去"的内地企业来自制造业；香港中资企业再投资的七成流向"避税天堂"和内地；香港中资企业再投资首选服务业；六成香港中资企业在海外建立全资子公司；香港中资企业的七成境外投资实现盈利，内地企业从香港"走出去"的绩效好于内地企业直接"走出去"。

内地企业从香港"走出去"的成功经验集中在：善用香港的资本自由进出规则、多元化的融资渠道和交易支付方式，以及完善的专业服务；借助香港企业的身份减少境外投资阻力；在香港积累与国际接轨的资产管理和投资决策经验，利用香港的简单低税制在香港进行税收筹划。

第十二章

香港国际科创中心建设

香港回归20多年来，处于经济转型的阶段性困境中，最突出的问题是制造业产业“空心化”及创新型经济的薄弱。尽管香港特区政府多次试图推动创新经济的发展，但是近年来香港科技创新产业较之韩国、新加坡等表现落差比较大，创新型经济在区域经济增长中贡献率明显不足。依据《2015年全球创新指数》报告，香港的创新指数列第11位，其中基建、商业环境、创意产业、市场流通等指标位居前列，但在知识与科技产出指标、高科技产品出口、知识产权申请等指标方面落后主要创新经济体。同时，2015~2016年《全球竞争力报告》（World Economic Forum）显示，在140个经济体的全球竞争指数（GCI）中香港竞争力排名第七位，呈下降的趋势。

一、香港科创中心发展的现状

（一）香港科技创新发展演进特点

香港科技创新发展具有三个特点：一是制造业产业周期决定科技创新兴衰。20世纪80年代，香港基于电子产品主导的轻工制造业，相关科技研发与设计能力处于领先地位，但随着轻工业产业“北上”珠三角地区，香港经济结构转向金融与服务业，基于产业链的研发逐渐衰退。二是地产等传统强势产业制约科技创新发展。1997年香港回归后，香港成立创新科技委员会，新建香港科技园和数码港，设立香港应用科技研究院等创新基础建设设施，港交所于 1999 年开通创业板。但由于香港地产行业的强势进驻与负面影响，数码港等一批创新基础设施最终成为变相的房地产开发项目，科技创新基地没有有效的集聚创新资源。三是经济转型困境与压力引入创新激励。2015 年香港创新科技局成立，在深港河套地区共建“深港创新及科技园”，重点发展创新科技、高等教育和文化创意三个方面产业，以期吸引世界各地的顶尖研发机构进驻，促进香港、内地以及境外的人才、资本和技术等创新要素的交流与合作，预计将为香港创造约 5 万个优质就业机会，以及每年约 570 亿元的经济效益。随着香港着力推进科技创新发展，相关园区发展有了新的进展。截至 2017 年，约 630 家科技公司入驻香港科技园，其中 260 家为初创企业。约 900 家科技企业入驻数码港，包括 200 家金融科技企业。

（二）香港研发人才集中于高校

截至 2015 年，香港从事各类研发的科研人员约 2.8 万人，其中大学集聚超过 50% 的高端研发人才，达到 1.4 万人规模，在近 10 年中，高端科研人才的数量增长相对缓慢，总体累计增加 6 000 人左右，且增幅主要集中在高校，企业则保持相对稳定的研发人才规模，总体保持约 9 000 人规模，反映了香港企业研发的停滞，香港主要研发由大学主导，与美国的研发人员结构差异很大，与内地的结构相似（见表 12 - 1）。

表 12 - 1　　香港主要研究机构研究人员统计

类别	2005 年	2010 年	2011 年	2012 年	2013 年	2014 年	2015 年
工商机构							
研究员	8 930	8 447	7 894	8 316	8 962	9 738	9 000
技术员	1 914	1 640	2 008	2 296	1 571	1 487	2 125
辅助人员	1 339	813	1 163	773	910	921	1 092
小计	12 184	10 900	11 065	11 385	11 443	12 146	12 217

续表

类别	2005 年	2010 年	2011 年	2012 年	2013 年	2014 年	2015 年
高校机构							
研究员	8 811	11 632	11 975	12 377	13 011	13 575	14 112
技术员	381	443	395	424	447	417	482
辅助人员	310	460	420	446	554	593	653
小计	9 502	12 536	12 790	13 247	14 013	14 584	15 247
政府机构							
研究员	283	503	513	543	493	519	563
技术员	51	75	59	59	62	81	84
辅助人员	34	46	34	30	34	48	53
小计	368	624	605	633	588	648	701
所有机构							
研究员	18 924	20 582	20 381	21 236	22 466	23 831	23 675
技术员	2 346	2 159	2 462	2 779	2 080	1 985	2 692
辅助人员	1 683	1 319	1 617	1 249	1 499	1 563	1 799
小计	22 054	24 060	24 460	25 264	26 045	27 378	28 165

数据来源：香港特区政府统计处。

（三）不同行业领域研发投入差别明显

从近 10 年的持续投入研发变化情况来看，保持持续上升的只有生物科技研发领域，在资讯科技领域保持总体性的大幅增长，而中医药研发出现明显的衰减趋势，电机与电子研发领域呈现整体的缓慢下降趋势，制造科技、材料科学、纳米科技、环境科学领域研发投入呈现周期性的变化，与研发周期及产业发展环境密切相关。在项目研发支出总额方面，2016 年，资讯科技、制造科技、电机与电子投入资金额度分别为 2.58 亿、1.74 亿、1.22 亿港元，占据研究总投入的前三位，反映了香港对应用科技领域研发的侧重，及目前制造业领域的产业发展重点与优势，而在纳米科技、生物科技、材料科学等基础研究投入较少，分别只有0.62亿、0.60亿、0.34亿港元。一方面，说明香港在三个国际基础研究的前沿领域保持密切关注；另一方面，也说明了基础研究在香港总体研究范围的相对薄弱地位。而中医药、环境科学两个领域的投资只有0.11亿和0.27亿港元，对比同期内地大幅度的提升两个领域的研发投入，说明香港在这两个领域的相对弱势发展（见表12－2）。

表12－2　**香港不同类型产业研发投入**　单位：百万港元

产业类别	2006年	2011年	2012年	2013年	2014年	2015年	2016年
生物科技							
项目数量	12	20	23	30	26	31	33
资助金额	25.6	29.9	43.8	58.8	55.8	60.2	60.6
中医药							
项目数量	6	3	6	7	8	7	12
资助金额	15.0	2.4	4.5	8.2	7.9	7.2	11.0
电机电子							
项目数量	41	31	25	41	35	31	32
资助金额	136.6	137.8	125.0	135.5	121.3	103.3	122.3
环境科技							
项目数量	5	5	16	12	8	7	13
资助金额	7.3	5.9	46.0	17.1	9.6	9.4	27.1
资讯科技							
项目数量	35	49	57	62	65	83	67
资助金额	162.9	143.4	232.1	202.3	271.8	464.8	257.7
制造科技							
项目数量	19	33	40	49	65	58	63
资助金额	193.3	43.6	144.9	130.0	204.7	377.5	174.1
材料科学							
项目数量	12	13	7	8	10	3	16
资助金额	29.2	37.3	28.4	15.4	25.0	4.1	34.4

续表

产业类别	2006 年	2011 年	2012 年	2013 年	2014 年	2015 年	2016 年
纳米科技							
项目数量	2	13	18	23	38	71	38
资助金额	63.2	21.2	226.8	35.2	65.0	440.9	62.0
其他							
项目数量	9	199	265	327	344	379	362
资助金额	10.0	74.2	106.2	114.7	164.5	198.9	168.2
总计							
项目数量	141	366	457	559	599	670	636
资助金额	543.0	495.7	957.7	717.2	925.6	1 666.5	917.5

数据来源：香港特区政府统计处。

（四）科技创新产业规模较小

虽然近 10 年来工商业机构和高等教育机构都加大了在科研活动和产品创新活动上的投入，香港科技创新产业的增加值有所上升，但其占本地生产总值的比重一直维持在 0.7% 左右，产业规模仍然十分微小。香港特区政府统计处数据显示，自 2008 年至今，香港科技创新产业的增加值绝对数有较大幅度的上升，2015 年为 167.17 亿港元，比 2014 年增长了 7.14%，与 2008 年相比更是上升了 6 451%，但其占本地生产总值的比重仍不足 1%。而 2015 年香港金融业、旅游业、贸易及物流业、专业服务及其他工商业支援服务业这四个主要行业的增加值则分别占本地生产总值的 17.6%、5%、22.2%、12.4%，加在一起达到 57.2%。

（五）初步融入国家科技创新体系

香港已经确立建立全球科技创新中心的发展战略目标，成为国家级科技创新中心。近年来，香港大学、香港科技大学等 6 所高校先后建设了 16 家国家重点实验室的合作实验室，以及6家国家工程技术研究中心香港分中心，并在香港科技园设立3家国家级产业化基地，依托香港在科研基础、资讯交流、市场信息、专业服务、知识产权等领域的优势竞争力，积极吸引全球科技创新人才进驻香港创新体系。目前，香港学者参与的国家重点研发计划立项数达到61项，获得30余项国家科学技术奖，成为国家科技创新体系的组成部分，发挥了独特作用。

二、香港科创中心发展的基础与挑战

（一）国际金融中心与创新资本不足的矛盾

香港作为全球知名的国际金融中心，在金融资本规模、资本流动、融资成本、融资渠道、融资方式等方面具有世界领先的竞争力，表现出融资成本低、渠道多、规模大等特点。2016年，香港上市融资规模总额达1 950亿港元，资本市值总额约26万亿港元，汇集了1 900多家上市公司，拥有超过150家持牌银行，银行业对外交易量超过2.3万亿美元。内地企业海外投资在香港融资比例超过50%，且根据联合国贸发会议《2017年世界投资报告》，香港全年吸引的外商直接投资排名全球第四。香港资本市场的融资能力和便捷程度在传统行业资本运作过程中充分展现。随着内地经济的进一步发展，对外开放呈现新的格局，尤其是“一带一路”倡议落地，CEPA全面深入实施、粤港澳经济一体化加速融合背景下，香港国际金融中心的作用越来越凸显，其服务的功能和范围持续升级，为香港的经济转型带来极大的促进作用。

另外，在香港的创新经济发展过程中，存在融资困难、资金不足、风险过大等现象。香港特区政府的研究及开发投资（R&D）存在明显不足，2014年香港研发开支167亿港元，研发开支占本地生产总值约0.7%，比例严重偏低，且其中45%是社会的投入，特区政府投入只占GDP的0.385%。在近10年时间内，中国香港研发支出占比一直保持在0.7%~0.8%的较低水平，且公共研发支出仅占本地生产总值的0.4%。同期，新加坡研发开支占

GDP 比重 2.1%，韩国研发开支占 GDP 比重 4.2%。中国深圳市研发开支占 GDP 比重 4.05%，内地整体研发支出占 GDP 比重 2.1%，相比较下，香港特区政府研发投入比重明显较低。在资本市场风险投资方面，调研显示，香港创业种子资金：自筹占 88%，银行贷款占 6%，风险投资占 8%。2009～2013 年，只有 1.8% 的香港风险投资和 21% 的香港天使投资选择香港新创企业。在初创企业 A 轮、B 轮种子轮融资过程中，每家初创企业获得资金，香港 8 万美元，新加坡 18.2 万美元，伦敦 20 万美元；纽约 34 万美元（见表 12－3 和表 12－4）。

表 12－3　香港 2009～2015 年创业投资额　单位：百万港元

年份	2009	2010	2011	2012	2013	2014	2015
创业投资	371	192	331	568	119	583	995
增加	—	－48%	73%	72%	－79%	392%	71%

数据来源：亚洲投资期刊。

表 12－4　2015 年中国香港及选定经济体系创业投资总额　单位：百万港元

地区	中国香港	日本	中国内地	新加坡	中国台湾
创业投资	995	5 027	101 696	7 157	1 857

数据来源：亚洲投资期刊。

香港创新资本不足的根本原因：一是香港资本市场的投资偏好。长期以来，香港资本市场主流的商业文化倡导“短、平、快”的营利模式，对于低技术含量、规模化扩张、短期收益明显的传统产业投融资便利化程度高，而创新研发产业化过程周期长，投资回报周期长，且风险系数高，前期投入比例大，与香港的投资文化相悖。二是科技创新企业初创阶段需要大量资金持续投入，市场转化要求高，对于企业并购或者上市没有其他行业企业积极，缺乏有效的市场退出机制，降低了风险投资的投资预期，使初创阶段的科技创新技术企业难以获得香港资本市场的青睐，科技创新活动难以进入可持续环节，资金链紧张，企业生存和发展的压力巨大。

（二）国际领先高校体系与创新人才不足的矛盾

香港拥有世界一流的大学体系，吸引全球优秀学生。根据 QS 世界大学排名（Quacquarelli Symonds，2016、2017），香港大学、香港科技大学、香港中文大学、香港城市大学，分别居全球优秀大学排名的第 27 名、第 36 名、第 44 名、第 55 名，在计算机科学、数学、电子工程学等领域的排名均列世界前 30 名，达到世界领先水平，如香港科技大学、香港中文大学、香港城市大学、香港理工大学全球领先的人工智能实验室、专家、团队（见表 12－5）。

表 12－5　　香港人工智能研究

大学	研究平台	领域	代表人物	行业影响
香港中文大学	中大多媒体实验室	深度学习、视频监控、网络规模影像及图像搜索、人机交互系统	汤晓鸥、王晓刚、蒙美玲、李丹等	国际人工智能研究先锋、国际论文引用超过 3 万次、世界公认人工智能专家
	天石机器人研究所	机器人	刘云辉等	
香港科技大学	微信香港科技大学人工智能联合实验室	机器学习、自然语言处理、机器人、数据挖掘、语言辨别	杨强、汪扬、李泽湘、王煜等	国际公认人工智能专家、国际论文引用超过 3 万次、国际领先的智能专家团队
	华为诺亚方舟实验室	数据发掘、人机交互、智能系统、大数据系统		
	大数据生物智能实验室	深度学习方案、直推式迁移学习		
	自动化技术中心	机器人		
	机器人研究院	机器人		
香港大学	高端机器人实验室	机器人	田志楠	
香港城市大学	机器人与自动化研究中心	机器人	孙东	

资料来源：《香港智能经济白皮书》。

在研究方面，与瑞典卡罗琳学院、麻省理工学院、中国科学院、哈佛大学等全球众多顶级的研究机构保持紧密的合作网络，反映出香港在吸引全球顶尖创新人才方面的优势。同时，香港特区政府的教育开支逐年大幅提升，2014 年度高等教育投入 220 亿港元，占政府教育经费支出的 30%，开展科技创新奖学金计划、博士研究生奖学金计划、杰出青年学者计划等系列资助计划，进行人才培育。大量香港“理科”“工程科和科技科”毕业生成为科技创新产业的生力军。

但当前，香港科技创新发展面临严重的人才困境，整体呈现领军人才稀缺，中坚支撑人才、成熟人才流失严重，青年人才培育不足的特点。据香港特区政府统计处数据，2015 年全港科技创新产业从业人员约 3.5 万人，占总就业人数的 0.9%，是香港低就业人口产业。一方面，因研究经费不足、薪酬停滞、退休年龄限制、高房价、生活成本等因素影响，香港高等学府研究环境吸引力下降，除少数特定行业外，香港科技创新领域高端人才向新加坡、欧美大学流失严重，领军人才缺乏。另一方面，年轻人才培养和使用方面，因生源不足，香港各大学理、工科专业近年大幅缩减，工科、工程技术类专业每年本科毕业生约 3 000 人，研究生约 1 000 人，远远不能满足科技创新产业发展需要。又因为科技创新行业风险较高、回报周期长、科技创新相关的就业机会在港不多。相对比条件下，薪酬相对更高、更稳定的金融、旅游、贸易等行业就业吸引力大，年轻的工程专业或科技专业人才毕业后向金融、保险等行业分流趋势明显。近年中国内地科技创新企业更多，企业成长环境更好，融资渠道多、配套产业支撑明显，工作机会更多，造成香港 IT 人才八成选择广东及内地就业，进一步促使香港科技创新人才外流。在人才引进方面，因为引进程序复杂，进展慢，配套政策不足，只提供香港公民身份，没有配套优惠福利政策，优质的科研岗位及经费不足，难以大规模吸引国际优秀人才进驻香港发展。

（三）国际最自由营商环境与创新创业环境恶劣的矛盾

香港具有世界一流的营商环境，依据世界银行最新的《全球营商环境报告》，香港在全球所有经济体中名列第 5，位于新西兰、新加坡、丹麦、挪威之后。在税收政策、法律环境、商业友好型环境、基础设施、资本流通、自由流通的资讯及完善的资讯基础建设、国际资源网络与对外合作经验等关键指标领域保持领先，对于知识型、创业型企业具有极大的吸引力。同时，香港作为国际化大都市，一流的生活环境、医疗保险、教育质量等附属支撑环境对吸引国际企业及人才方面具有很大的竞争力。

香港拥有全球领先的自由营商环境，但香港的创新创业环境近年来一直处于相对不利的状况。按照2017年《IMD世界竞争力年鉴》报告数据（见表12－6）。近年来，香港在创新的社会文化环境、高等教育、创业培训等方面具有较大的劣势，在65个参与统计的经济体中排名第32、第37位，相关指数处于进一步下滑的趋势，其中创新文化由2009年的3.78下降至2016年的2.87，高等教育由3.17下降至2.81，且仅8.7%的受访香港高管认可香港的创新研发文化环境。在创业成本方面，香港的创业成本位居全球第二，员工薪酬达到7.67万英镑人/年，仅次于纽约，而高于伦敦、东京、巴黎、旧金山等创新城市经济体（见表12－7）。在香港，较高的创业失败的机会成本催生相对保守的创业家庭文化，创业者面临较大的家庭、社会情感压力，且创业经验不被社会视为工作经验，年轻人缺乏社会安全感；相关创业培训指数又低于世界平均水平，产学研合作存在较大的薄弱环节。

表12－6　香港创业环境核心指标对比

年份	创业融资	政府支持	税收与行政	创业培训	高等教育	科研转化	基础设施	社会文化
2009	2.93	2.05	4.14	2.25	3.17	2.49	4.61	3.78
2016	2.92	3.24	4.18	1.82	2.81	2.45	4.80	2.87

数据来源：《世界创业观察》2016年。

表12－7　创业企业成本最高的城市及员工年均薪酬　单位：万英镑

城市	纽约	香港	伦敦	东京	巴黎	旧金山	新加坡
成本	8.67	7.68	7.61	6.49	6.30	5.04	4.66

数据来源：Savills Live－Work Index 2016.

（四）国际适用标准的法律环境与知识产权转化不足的矛盾

香港采用普通法系，优良的法律制度和独立的司法机构构建了具有全球声誉的法律体系，国际标准的知识产权保护制度、机构及专业人士能够提供相关行业全面的专业服务，是亚洲重要的知识产权交易中心之一。2014 年香港的专利申请数为 13 129 项，获批专利 6 454 项，分别较 2004 年增长 26%、41%。

香港高校科研体系的知识产权转化率比较低。其中原因主要有四个方面：一是香港大学体系考核机制偏重学术成果，对成果转化的市场产品的评估与考核较为薄弱；二是没有建立起有效的区域创新网络，大学等科研机构与市场企业主体间没有建立有效的沟通平台，对市场的需求及最新趋势没有及时的反馈和沟通；三是香港本地制造业的衰退和退出，本地市场空间有限，科研成果在本地市场转化利益驱动力不足；四是随着内地，特别是珠三角地区的产业升级转型，以“机器换人”为标志的科技产业支撑与创新需求带动最新的科研成果转化，市场竞争和广阔前景吸引大量的香港科研成果、创新人才、创新资本等创新资源要素进一步向内地集聚，进一步降低了香港科研成果的本地转化效果。

（五）全球创新经济机遇与区域竞争困境矛盾

全球处于科技创新与产业革命的深度进程中。高速发展的信息技术和互联网技术引领全球新一轮科技创新和产业革命。以云计算、人工智能、智能制造、物联网、3D 打印等为标志的新科技、新经济、新产业正在全方位地、深刻地改变传统的经济形态。全球主要经济体积极推出和布局自己的科技战略和政策，包括英国的“工业 2050 战略”、中国内地的“中国制造 2025”战略、德国地“工业 4.0 计划”、日本的“机器人新战略”等。全球创新经济进入深度发展进程中。

香港所处的区域性经济环境正在变化，中国内地经济正处于根本性的转型过程中，宏观经济结构转型、产业升级、供给侧结构性改革、新型开放型经济等布局和改革逐步改变中国经济的根本支撑要素和发展驱动力。香港传统的经济辐射腹地——东南亚地区的菲律宾、印度尼西亚、泰国、越南、柬埔寨等国家经济发展进入新的层面，以中国投资、中国市场和中国要素为核心外在驱动的经济增长局面正在形成。新的经济格局一方面削弱了传统的香港经济影响力；另一方面增强了东南亚各国对高科技产品、创新产品的购买力和需求，将极大地拓宽香港科技创新产品的潜在市场，增加香港经济在科技创新产业领域的投资。

在这一过程中，目前香港经济的结构性特点和核心竞争力存在着边缘化、弱化的趋势和挑战。首先，香港产业结构与内地发达地区产业结构升级需求的脱节风险。目前，珠三角经济产业结构，特别是在制造业领域出现明显的科技化、智能化、重型化趋势，与传统香港产业经济轻工化、规模化、低成本的特点不协调。珠三角先进制造业合作出现“去香港化”倾向，以香港资本为支撑的产业链体系、企业群体正面临被动“迁移”的局面。珠三角先进制造业的投资以内地民营资本、国有资本和跨国公司为主导，香港资本和企业介入途径和发挥作用的空间逐渐趋窄。其次，香港在高科技产业领域发展长期缺少内在和外在动力，与珠三角地区的研发体系及高科技产业链缺少紧密合作的网络，在珠三角新一轮的产业经济体系中难以有效发挥作用。最后，珠三角经济转型导致两个重要转变：一是促进产品市场的内地化和消费市场的当地化；二是转变传统的“三来一补”的产业模式，基于内地的资本、技术、智能化生产、国际国内一体化的市场需求，根本性地转变珠三角地区产业链配置格局。

三、香港科创中心发展的产业支撑

20 世纪末期，中国香港科技产业发展错失几次发展机遇，创新经济落后于韩国、新加坡、中国台湾等主要亚洲创新经济体。但随着近年来香港特区政府、高校、经济界对创新经济的重视，以及系列激励创新经济的政策措施的出台，香港经济在部分行业领域表现出了一定的创新潜力和竞争力，特别是在生物科技、通信技术、集成电路、光电子、纳米科技等领域。

1. 生物科技。

近年来，香港生物科技产业一直保持平稳的增长态势。全港约有 300 家生物科技相关企业，主要集中于药物研发、医疗器材研制、医疗保健等行业，已有 70 家公司在港交所和创业板上市。同时，在生物科技产业研发方面，香港大学、香港中文大学等六所大学，依托香港创新及科技基金，优配研究基金、卓越学科计划等各类研究项目资助，进行生物信息、分子诊断、植物与真菌生物技术、分子神经科学、药物开发及合成、癌症、中医药、发育基因组学和骨骼，及母体血浆胎儿核酸领域的研究，综合基础生物医学研究方面处于世界前沿水平，在香港科学园区初步形成了生物科技产业集群。

2. 通信技术。

香港通信技术行业拥有近 1 000 家企业，完善的电讯基础设施、开放竞争的经营环境，全球发展最快的电讯市场是其主要发展基础。2014 年，香港的资讯及通信业附加值达 778 亿港元，约占本地 GDP 的 3.5%。香港本地大学及应用科技研究院在通信技术领域有深厚的研究基础，在手机组件技术开发、无线应用平台开发方面具有全球领先的研发基础，在高端数据中心建设、新一代通信网络研发、大数据处理、云计算研发等方面具有独特的优势。

3. 电子消费品。

香港是电话、计算机、收音机、影音产品、印刷电路板与液晶体显示器等全球多种电子消费品的主要出口地，占香港 2015 年总出口的 64%。香港电子消费品基础设施先进，资讯自由流通，知识产权保护制度健全，而且电子消费品的产品周期短，非常符合香港制造业工业特点，是香港出口附加值最高的产业。欧美是香港电子产品的主要市场，近年来内地已成为香港最大的出口市场。

4. 环保技术产业。

根据香港贸易发展局统计，全港约有 300 家与环保技术产业相关的企业，主要从事节水及污染控制、空气污染控制、废物管理、噪声控制及缓解、节能，以及环保顾问服务方面业务。以中小企业为主体，9 成以上为中小型企业，企业规模不超过 100 人，在新型环保技术开发与应用方面能力有限。依托政府创新及科技基金支持，香港研究结构开展固体废物处理、清洁能源、交通污染控制、噪声控制、污水处理和水循环技术研发。

5. 集成电路。

香港有完善的保护知识产权制度，健全的法律制度，具有良好的集成电路设计业发展环境。香港大力发展集成电路设计业，在香港科技大学内成立半导体产品分析及增值设计中心，在香港科技园内建成集成电路设计及开发中心，并与内地七个集成电路设计中心合作组成策略联盟，称为“7 +1”安排。但香港公司大多属中小型企业，对投资产品设计及发展较谨慎。目前香港集成电路设计公司均要依赖海外公司合作，大量中小型企业从事 ICT 半导体元器件的转口贸易服务业务，相关领域研发人才储备不足，本地市场空间有限。

6. 物流与供应链。

香港是亚太主要物流中心，是亚太中小供应链企业最为活跃的地区。香港拥有世界级的物流基础设施、高效的资讯流通系统、卓越的供应链管理、一站式物流服务和海陆空运输的多式联运系统。香港是全球最繁忙货柜港之一，同时也是国际和区域航空中心。物流业是香港的四大支柱产业之一，2015 年产值 5 174 亿港元，占 GDP 比重 21.57%。香港本地大学根据创新及科技发展新策略，成立了物流及供应链多元技术研发中心，重点开发 RFID 技术，协助本地制造商配合全球零售商推行 RFID。

7. 纳米科技。

纳米科技及先进材料是一个广泛和跨学科的研究发展范畴。香港政府着力发展纳米科技，在香港科技大学成立了纳米科技中心，建立了良好的研发能力和基础设施，并集聚国际知名的专家，为粤港澳地区业界开发新的增值产品及开发更完善的制造工序服务。

8. 光电子。

香港严格的知识产权保护制度，在研发光电子方面具备优势，是全球知名的光电子研发知识产权供应中心，与珠三角现时在光电子的生产优势互相配合。香港大学和应科院拥有优秀的光电子研究团队，但香港光电子产业发展力量分散，没有形成高效集聚的光电子产业集群，主要依托境外市场和境外供应商。此外，中国香港亦要面对世界各大经济体的激烈竞争。

从市场的角度分析，香港高科技产业的本地市场份额不足，产品以出口导向为主，在不同产品类别中，又以电信设备为主导，在过去 10 年中一直处于高速增长状态，出口总额从 2006 年的 4 956.9 亿港元增加到 2016 年的 16 101.9 亿港元，增长 2 倍多。其中，香港产电信设备比重极低，至 2016 年几乎可以忽略，主要以转口产品为主。这一趋势在办公设备、科学仪器、电动机械、化学产品、医疗设备等领域表现趋同，而上述产品领域近 10 年的出口额总体保持平稳，且港产产品出口大幅缩减，在全球相关领域市场急剧扩张的背景下，间接验证了近 10 年来香港高科技产业总体的衰退（见表 12－8）。

表 12－8　香港高科技产品出口　单位：亿港元

产品类别	2006 年	2011 年	2012 年	2013 年	2014 年	2015 年	2016 年
整体出口							
电信设备	4 956.9	10 612.5	11 256.9	12 729.1	14 050.7	14 994.9	16 101.9
办公设备	2 570.9	2 922.7	3 277.9	3 118.3	3 172.9	3 079.9	2 838.4
科学仪器	423.5	731.3	840.3	871.5	803.6	713.5	722.7
电动机械设备	373.4	581.9	526.9	555.2	595.9	582.6	560.8
航天设备	98.2	232.6	233.7	291.3	258.8	268.9	325.2
非电动机械	51.5	47.2	37.0	27.4	33.6	28.4	28.8
化学产品	38.5	51.2	37.9	38.1	35.2	28.8	27.7
医疗设备	27.6	24.3	32.7	19.4	20.9	25.1	21.7
总计	8 540.0	15 203.7	16 243.3	17 650.3	18 971.7	19 722.0	20 627.1
港产品出口							
电信设备	91.8	61.2	32.9	25.3	22.0	22.3	21.5
办公设备	20.8	21.8	28.6	15.1	7.0	2.2	3.1
科学仪器	9.3	3.4	5.2	5.0	3.1	3.8	4.6
电动机械设备	12.4	1.2	1.6	1.5	1.6	1.2	1.9
航天设备	0.01	—	—	0.01	0	0	0
非电动机械	12.4	1.5	0.4	0.1	0.4	0.2	0.06
化学产品	0.4	0.4	0.6	0.5	0.3	0.4	0.2
医疗设备	3.2	5.8	6.1	5.9	8.35	8.6	6.3
总计	139.1	95.1	75.3	53.5	42.8	38.6	37.6

续表

产品类别	2006 年	2011 年	2012 年	2013 年	2014 年	2015 年	2016 年
转口							
电信设备	4 865.1	10 551.4	11 224.0	12 703.8	14 028.6	14 972.6	16 080.4
办公设备	2 550.1	2 900.9	3 249.3	3 103.2	3 165.9	3 077.7	2 835.3
科学仪器	414.2	727.9	835.1	866.5	800.5	709.7	718.1
电动机械设备	372.2	580.8	525.4	553.7	594.3	581.4	558.9
航天设备	98.1	232.6	233.7	291.2	258.8	268.9	325.2
非电动机械	39.1	45.7	36.6	27.3	33.1	28.2	28.7
化学产品	38.1	50.9	37.3	37.6	35.0	28.5	27.5
医疗设备	23.9	18.5	26.6	13.5	12.6	16.5	15.4
总计	8 400.9	15 108.7	16 168.0	17 596.9	18 928.8	19 683.5	20 589.5

数据来源：香港特区政府统计处。

四、香港科创中心创新政策保障

由于香港特区政府奉行“积极不干预”政策，“不干预”“不规划”思想在很长一段时间内限制了特区政府在创新领域的作为，但随着香港经济转型持续的困境，特区政府在创新领域的作为有了较大的突破。

香港科技创新政策及措施具有以下特点：（1）战略定位方面，香港科技创新发展立足香港，面向世界，融合内外；（2）较少宏观性的创新政策规划，而聚焦于具体的创新环境、资本投入、人才吸引、机构设立、园区建设、区域合作等领域的可操作性措施及实施途径方面；（3）特区政府和市场分工明确，特区政府政策及措施在基础设施、服务与支撑平台、创新引导基金、人才培育及引进、区域合作等方面作用，其他交由市场机制决定。（4）特区政府创新资本、要素投入集中于特定研究科技领域，以应用研究为主体，包括生物科技、人工智能、网络安全、机械人技术、数据分析、金融科技及材料科学；（5）与国际接轨，遵循国际化的创新规则、机制、标准；（6）以2015年为转折，前期以机构平台建设为主，后期全面推动系列促进创新措施出台，涉及创新平台建设、要素集聚、成果转化、文化培育、区域合作等不同领域。

香港回归后，不同阶段香港科技创新发展重点及效果差异显著（见表12－9）。

表12－9　2000年以来香港主要科技创新政策及措施

领域	年份	政策、机制及措施	具体内涵
（一）体制机制创新	2018	特区政府成立政策创新与统筹办事处	（1）配合特区政府成为“促进者”角色，为创新项目或创新政策进行以实证为本的跨部门研究；（2）20～30名青年人，以非公务员合约形式加入，吸收公共施政经验，把青年人的声音带进特区政府高层
	2018	成立行政长官创新及策略发展顾问团	（1）作为行政长官的高层咨询组织，聚焦香港未来发展和推动创新策略；（2）由行政长官担任主席，成员包括特区政府政务司司长、财政司司长、律政司司长、行政长官办公室主任，及36名重量级政商界人士
	2017	创新及科技督导委员会	审核及督导研发资源、汇聚人才、提供资金、科研基建、检视法规、开放数据、政府采购和科普教育等八个方面的实施，及智慧城市项目
（二）机构平台构建	2000	香港特区政府成立创新科技署	（1）推动科技转移及应用；（2）制定、发展和推行特区政府的政策、计划及措施；（3）推广国际承认的标准和合格评定服务
	2000	成立香港应用科学技术研究院	（1）重点领域：金融科技、智能制造、新一代通讯网络、健康科技和智慧城市；（2）科技部门：混合信号系统芯片、先进数码系统、电子组件、智能感测技术与系统、智能软件与系统、信息安全与数据科学、通信技术
	2002	成立香港科技园公司	（1）集聚科研活动；（2）支持初创企业；（3）超级联系人；（4）推动香港创新创业

续表

领域	年份	政策、机制及措施	具体内涵
（二）机构平台构建	2003	创立数码港	(1) 培育青年创业，扶植初创企业，促进协作； (2) 加快企业及中小企应用数码科技； (3) 聚集四个数码科技领域：金融科技，电子商贸，物联网、可穿戴科技，大数据、人工智能
	2006	成立五个研发中心	(1) 资讯及通信科技：香港应用科学技术研究院；(2) 物流及供应链应用科技：香港大学、香港中文大学、香港科技大学；(3) 汽车配件：香港生产力促进局；(4) 纳米科技及先进科技：香港科技大学；(5) 纺织成衣：香港理工大学
	2015	成立创新及科技局	(1) 推动研发及“再工业化”；(2) 发展智能城市、推动大数据应用、提供科研基建；(3) 支援初创企业、协助中小企业升级转型、推动资讯及通信科技业发展；(4) 利用创新科技改善市民生活等
（三）人才集聚	2018	科技人才入境计划（先导计划）	(1) 审批周期缩短到两周；(2) 首年度配额为1 000个，适用于香港科技园公司（科技园公司）及香港数码港管理有限公司（数码港）；(3) 单个企业（机构）每年最多可获配额100个，主要集聚于生物科技、人工智能、网络安全、机械人技术、数据分析、金融科技及材料科学领域
	2018	科技专才培育计划	(1) 为期五年，包括博士专才库企划、再工业化及科技培训计划； (2) 培养香港本地STEM（科学、技术、工程及数学）毕业生，鼓励本地青年投身研究和产品开发工作
（四）资本投入	2018	政府研发财政投入	(1) 特区政府确定五年任期内研发开支相对本地生产总值的比率由0.73%提升至1.5%的目标； (2) 政府预算200亿元用于落马洲河套区港深创新科技园；向创新及科技基金注资100亿元；投入100亿元支持建设医疗科技创新平台和人工智能及机械人科技创新平台建设；向香港科技园公司拨款100亿元加强对科技园内公司支持，以及智慧园区建设等

续表

领域	年份	政策、机制及措施	具体内涵
（五）创新创业环境	2017	减税	（1）企业投资研发，200万港元的研发开支可以获得300%的扣税，余额则会获得200%扣税，扣税额不设上限；（2）企业首次200万元利润的利得税率由16.5%降至8.25%
	2017	清减法规	检讨现行法例条规，清减阻碍科技创新发展的不合时宜条文
	2017	政府采购	改变政府采购方法，加入创新及科技要求，不单以价低者得考虑
	2017	数据公开	加快开放政府数据，为科研、智慧城市发展提供原始数据支撑
		创新文化培育	香港团结基金会、香港X科技创业平台、香港科创博览会、香港创业青年内地行、创业导师支持系统等
（六）区域创新合作	2017	地区合作	（1）深港双方签署《关于港深推进落马洲河套地区共同发展的合作备忘录》，共同打造“深港创新及科技园”；（2）与粤港澳大湾区内多个城市共建研发中心
	2018	融入国家研发体系	特区政府与国家科技部签署科创合作协议，将香港16所国家重点实验室伙伴实验室正式更名为“国家重点实验室”

资料来源：作者整理。

五、香港科创中心发展机制——创新集群

（一）创新集群的主体构成与创新机制

创新集群是由一定区域内大学、研究机构、专业科技服务机构、企业等组成，能够集聚、开发、利用区域内外创新资源，不断向外转移高新技术和推出高新技术产品、服务的网络体系。构成主体包括四个部分：知识中心、

创新服务机构、政府与行业协会，以及产业与需求市场。其中，由大学与科研院所等机构结网而形成的知识中心是创新集群的核心，产业和市场是创新集群的基本活动主体，包括公共实验平台、公共创新服务中心等在内的创新服务机构是创新集群的重要组成部分。同时，由于知识经济环境下创新的重大战略性、基础性、风险性等特点，包括中央和地方政府在内的政府部门以及行业协会也是创新集群不可缺少的构成主体，在创新战略制订、政策支持、创新环境优化、财政支撑等方面发挥着其他机构难以替代的职能。

香港全球科技创新中心发展是典型的集群创新模式，创新主体包括：知识中心、政府与行业协会、创新服务机构，以及产业与需求市场。其中，由香港8所大学与科研机构构成的知识中心是创新集群的核心；生物科技、纳米材料、智能制造等产业发展，内地及海外高科技产品市场拓展是创新集群的活动主要内涵；而以香港科技园、数码港等代表的公共实验平台、公共创新服务中心等创新服务机构是创新集群的重要组成部分。同时，由于创新活动的重大战略性、基础性、风险性等特点，香港特区政府部门以及行业协会也是创新集群不可缺少的构成主体，在创新战略制定、政策支持、创新环境优化、财政支撑等方面发挥着重要职能（见图12－1）。

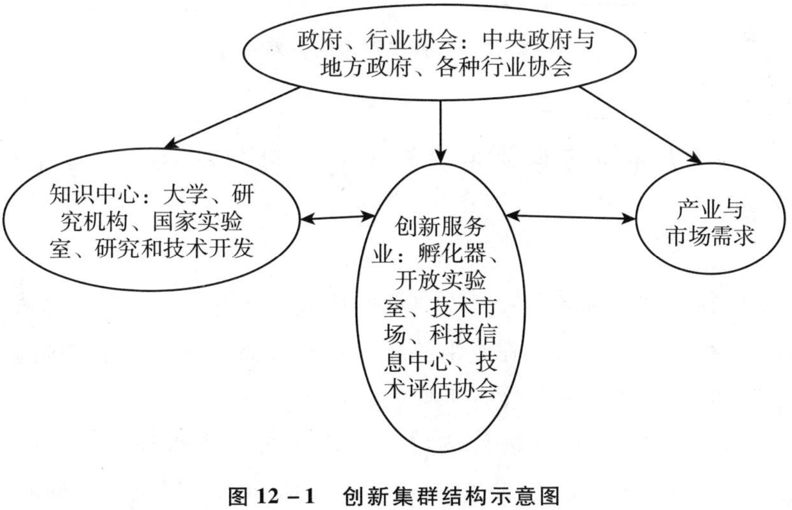

图12－1　创新集群结构示意图

创新集群的创新机制是集群创新，即围绕着核心技术实现众多技术的同步创新、协同创新。知识和创新直接通过专业设施和机构转化为生产或商品，科学与技术、科学与生产之间的联结更加紧密，以大学为核心的科研体系在创新过程中的位置更加重要。在特定的创新基础之上，创新集群内的创新活动通过各种类型的研发合作、协作、联盟、同盟、网络等与技术供需双方实现外部有机联结；同时，通过基于技术的组织结构、研发与技术开发机构、各种创新服务中介机构等形成内部有机联系。创新集群内部的创新过程（见图 12－2）。

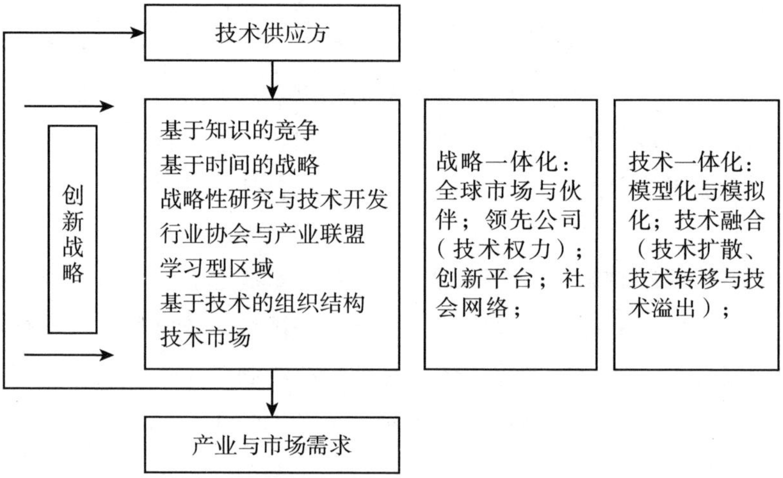

图 12－2　创新集群内的创新过程

（二）创新集群发展的关键要素及作用分析——香港生物科技创新集群

香港生物科技的创新发展具有典型的代表性。近年来香港生物科技产业一直保持平稳的增长态势，在香港科学园区初步形成了生物科技创新集群，核心包括 300 家企业、4 个政府机构、6 个大学和公共研究机构、8 家金融机构、5 个孵化器。香港生物科技相关企业分布于药物研发、医疗器材研制、医疗保健等行业，已有 70 家公司在港交所和创业板上市。同时，在生物科技产业研发方面，香港大学、香港中文大学等 6 所大学，依托香港创新及科技基金，优配研究基金、卓越学科计划等各类研究项目资助，进行生物信息、分子诊断、癌症、植物与真菌生物技术、分子神经科学、中医药、药物开发及合成、发育基因组学和骨骼，及母体血浆胎儿核酸等领域研究，综合基础生物医学研究方面处于世界前沿。香港生物科技创新集群为孵化期的中小企业与大公司、科研院所、金融机构、顾问和其他实体交流咨询创造机会；就技术评估和引进联盟伙伴提供咨询服务；为联合研发、科技成果产业化提供资金筹集、市场开拓等方面服务，整体以集群式创新服务促进成员成长（见图 12－3）。

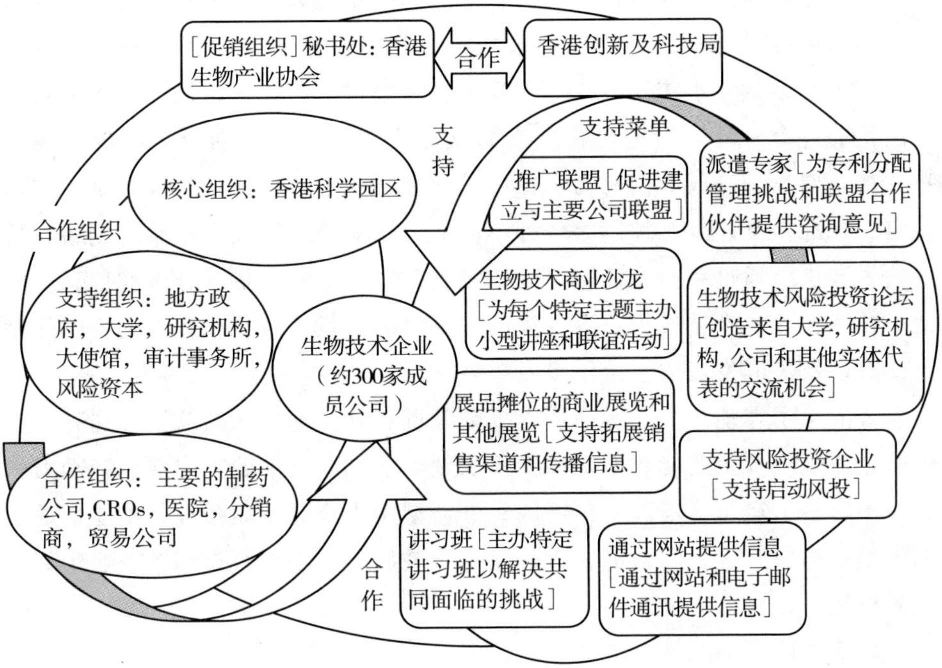

图 12－3　香港生物科技产业创新集群

1. 领先公司及其技术权力。

由具有优势创新能力的领先公司牵头，吸引众多中小型企业加盟，以领先公司的重大创新为主导，以中小企业的协同创新为支撑建立联盟。大企业在集群网络中的角色和任务是异质的和不可互换的，是推动集群创新的核心力量。在日本创新集群内，领先公司通过与其他企业之间的协作促进集群内部创新资源的共享，并且有能力以自身为中心来设计、建构各种复杂的联结关系。对于本地集群中的其他企业，领先企业会按照自己的资源情况及其战略要求，进行重新整合，将本地网络中的配套企业替换为网络外部更为胜任的企业，甚至将部分环节虚拟外包，由此推动创新集群的演化。领先公司的技术示范效应，促进了集群网络学习；领先企业的技术权力嵌入带来技术竞争效应，加速了创新集群的演化进程。

技术权力是网络中的一种特定权力，除具有直接的控制能力外，更集中地体现了专家和参照性的特征，是一种非契约、非法定的权力，突出表现为权力主客体之间的互动性，强调两者之间的互依关系，是由企业自身对技术资源的占有权（产权）而衍生出来的一种权力。技术权力作为网络权力的一种，控制是其基本作用方式。在日本创新集群内，技术控制存在于创新集群演化的各个阶段。领先企业在技术权力的作用下成为创新集群内的领导者，在获取大额利润的同时为了保持其技术领先地位，通过股权控制、技术锁定、标准控制、专利控制等各种不同的方式对外进行技术控制。创新集群内的一般成员通过参与企业网络，与领先公司互动实现技术升级和创新。因此，技术权力越来越成为不容忽视的网络组织力量，且技术权力的不同作用方式在创新集群发展的各个阶段发挥着不同的作用。

香港除了在地产、航运服务等少数领域具有全球领先的跨国公司外，整体的企业规模及企业能级不足以支撑引领行业创新发展的方向或创新动力来源。同时由于运行成本高企等原因，创新型中小企业发展缓慢，不能形成类似洛杉矶湾区、硅谷、台湾新竹、北京中关村等中小型科技创新企业集聚的发展格局。

2. 3“T”作用。

3“T”作用，即指技术扩散、技术转移与技术溢出的共同作用。在区域创新集群中，创新主要体现为组织间知识互动所产生的网络式创新。区域内频繁的技术扩散、技术转移和技术溢出能够有效促进创新协同的产生。在日本的创新集群体系中，最新技术的研发与技术的传播扩散同样重要。技术扩散方式主要有三种：空间梯度技术扩散，即以技术发源地为核心呈放射状向周围地区渐次转移的技术扩散过程，空间距离是影响的主要因子；跳跃式技术扩散，技术从一地呈跳跃式传播到另一距离较远的地点，主要受技术势能差影响；双向对流式技术扩散，指技术从 A 地转移到 B 地经改造发展后又传回到A地的技术扩散过程，主要发生在技术、经济、社会条件差别不大的两个地区。技术转移方式主要有以下两种：内部转移，通过直接投资成立独资公司或绝对控股的合资公司实现技术的内部转让；外部转移，通过建立非控股合资公司、进行技术许可和授权、资本品输出、分包和OEM合同，以及以技术援助等方式实现技术转让。技术转移使领先公司与地方企业网络内的企业建立起直接的技术联系，为技术权力的实施提供了条件。

技术溢出是随着外资的技术转移和技术扩散而产生的，属于经济学意义上的外部效应，是技术领先者带来的，但却难以从中获得相应回报的无意识或非情愿行为。在日本区域创新集群中，技术溢出的出现促进了经济活动的空间集聚，推动了企业创新发展。在由跨国公司嵌入的地方企业网络中，技术领先公司具有一般网络成员不具备的技术能力，因而成为网络中新技术的重要来源。领先公司依靠技术溢出对其他网络成员实施的影响（见表12－10）。

表12－10　　　　　　技术溢出的网络途径

类型	溢出途径
人力资本	重要人才在领先公司和网络成员间的流动
示范效应	领先公司的新产品、技术、技术管理模式、开发导向对网络成员产生示范作用
竞争效应	领先公司的入驻打破了原有网络的竞争结构，迫使本地网络成员加快技术和产品开发
合作效应	互享对方优势，为领先公司配套、从多方面提升技术水平
技术应用效应	领先公司带领下生产的高水平产品提升网络的创新环境
市场开拓效应	领先公司开辟新的市场后被网络成员所分享

3. 社会网络。

社会网络以社会文化、制度基础保障了各成员主体间经济学意义上最经济的创新合作。创新集群是建立在知识产权制度和互信基础上的开放系统，企业及其他组织的集聚行为与创新能力之间存在正相关关系，正式的制度安排、非正式的联系等都会对创新产生积极影响。正式或非正式的网络有利于专业知识、意会知识的传递和扩散，推动人力资本和知识产生的社会化过程。在日本创新集群，区域具有高度发达的社会网络，西东京都市区创新集群项目，343 家公司、39 所大学、22 个地方政府、37 个工商业社团及工商业联合会、12 家金融机构组成的复合型多维社会网络，是区域创新系统中各主体成员间知识转移的重要渠道，有效地联接了集群成员的多方需要，促进创新集群的发展。

香港社会组织高度发达，各类行业协会、商会、社会团体建构起多维的社会、经济组织关系网络。各组织内部活动沟通频繁，但围绕特定产业发展的跨组织联系与集体合作不足。

4. 学习型区域。

创新集群涉及的技术创新、制度创新、组织创新、社会创新等与学习型区域紧密联系。在学习型区域中，网络成员间自愿或有意识的合作，各种本地知识和专业信息在各成员间交流、传播和学习，形成外部效应。其中，地方意会知识、社会资本（互惠的规范、信任、网络）以及一些制度框架发挥着重要作用。在日本，学习型区域涉及区域创新、柔性生产和集体学习三个方面，已经超越了教育和培训的最初内涵，领先企业根植于本地网络，更有效地参与地方水平层次的合作网络。同时，区域内正式制度（政府组织、开发机构、协会等）和非正式制度（价值、惯例、习俗、信任等）对规范创新集群内企业的行为、降低不确定性、提供激励等发挥着重要作用。

香港具有良好的教育体系，英制的教育制度、高投入的资本保障及全球教育资源的自由流动保障了香港教育水平居世界前列。但在教育资源及学科门类方面，直接与工业发展、科技创新相关的基础性学科与应用研究薄弱，缺乏国际一流的类似贝尔实验室等工程、工业、科技创新实验室及研发机构。

5. 创新平台。

创新集群最具竞争力的核心资源来自公共创新平台，创新集群的发展需要构建一个能够突破区域限制、多层次的公共创新平台，以有效整合和优化配置创新资源，并连接各公共和私人地方性机构，解决集群内如风险融资、中介服务、产学研合作、信息支持等问题。分析日本的区域创新集群，每一个创新项目的核心就是整合区域内的大学、科研机构、企业、政府职能部门、金融机构、中介机构等，创建包括成员组织及其运行机制在内的创新平台。首先，构建跨区域技术创新平台，即以行业协会或地方政府为主导者实施协同战略，将科研院所、企业的创新资源协同在一个无形的平台上，通过协作形成一个强大的跨区域创新平台；其次，构建包括跨区域专业性市场、网上交易平台以及要素市场在内的区域交易平台。由此实现创新及其交易的有形无形平台。

总结分析，在知识经济和经济区域化的发展背景下，区域创新集群已成为促进区域产业升级与提升竞争力的核心力量；在创新集群的发展中，领先企业的创新主导与示范作用突出，但又通过技术权力以技术锁定、标准控制等各种不同方式实施技术控制，影响中小型企业及其他研发机构发挥创新作用；在技术传播中，技术扩散、技术转移、技术溢出同时存在，在不同主体、不同阶段、不同空间尺度之间的途径与作用效果不同，畅通的技术通道保证了创新的共创共享；社会网络以社会文化、制度基础保障了各成员主体间经济学意义上最经济的创新合作与交流；创新平台构建了多要素、多功能、多层次的创新系统，体现了创新集群的整体创新优势。此外，行业协会也是创新集群形成与发展的重要基础。

六、香港科创中心发展路径

（一）外源原创创新——集聚全球创新资源，构建国际化创新枢纽

由于内地与国际顶尖创新要素资源在创新规则的认知差异、创新文化的理解差异、政治体制的信任差异及沟通渠道障碍的影响，特别是在当前逆全球化的趋势下，寻求外部创新合作的环境、规则和标准的要求越来越高，内地研发创新体系难以真正吸引国际一流的创新资源进驻，或展开合作。亟须构建新型合作枢纽，以符合国际要求的规则、标准、机制等软环境为基础，具有足够的科研及生活吸引力，有能力在全球范围内组织、布局或集聚研发资源与创新要素，构建全球创新网络。

香港科技创新中心建设最大的优势和特点就是国际化的资源聚集能力。

香港基于西方价值观的社会价值体系，世界领先的科研环境，英美主流的教育、科研体系及评价标准，开放包容的社会文化，与国际接轨的知识产权保护体系、法律体系、商业体系，通达全球的知识、技术、资讯、资本、人才流动以及中西方融合的生活环境等内地无法企及的要素决定了香港全球科技创新中心建设的不同道路，依托完全国际化的创新要素资源发展香港全球科技创新中心。

在具体科研领域，香港在纳米催化、脑科学、蛋白质分子、超导传感等基础科学，人工智能、集成电路、通信科技等应用科学领域具备全球领先的研究和技术研发能力，能够承载全球顶级科研机构、团队、专家的研发合作，或建立全新的研究机构，招募全球顶尖人才，如引进创办麻省理工学院香港创新研究中心、瑞典卡洛琳干细胞研究中心等。同时，香港拥有全球领先的物流体系，通达全球且高标准的市场网络，遍布东南亚的生产网络等传统优势，能够建立起基于全球消费市场网络与敏感的反应机制，在创新主体和消费者之间建立起针对最新科技产品的信息反馈交汇通道。通过与国际领先的基础研发、应用科技创新机构建立紧密的合作关系，成为内地与海外研发网络的创新链接枢纽。

（二）区域合作创新——依托粤港澳大湾区构建完整创新链网络

香港与内地的合作是香港形成其在亚太地区经济竞争力的核心基础。特别的，湾区经济作为一种特殊的经济承载空间和滨海经济形态，集聚了全球性的经济要素资源、创新要素资源，成为全球经济空间的重要增长极，是国际先进的引领性区域经济体的显著标志。世界著名三大湾区，旧金山湾区、东京湾区及纽约湾区，均表现出高度的国际性、创新性、开放性，在发展过程中形成高效的资源配置、开放的经济结构、通融的国际网络，在区域发展过程中发挥着创新引领、主导发展、辐射扩散的核心功能，成为地区乃至全球经济发展的重要引擎。粤港澳大湾区集聚香港、广州、深圳等极具创新特色和优势的超大城市，以及东莞、珠海、佛山等城市群，是我国区域经济发展重要的增长极。

在创新领域，香港具有吸引国际化的创新智力资源、全球标准的市场信息沟通、世界级的资本市场的核心优势；深圳在新兴产业领域核心研发、创新创业环境塑造、中高端人才集聚等方面逐渐形成世界级影响力；而东莞通过智能化升级改造形成现代制造业体系。依托粤港澳大湾区发展合作，集聚香港、深圳、东莞等的创新要素资源优势，形成“资本—研发—技术—人才—市场—服务”完整的全要素创新链网络，形成以“香港—深圳—东莞”为核心的创新科技走廊。先试先行推进香港与深圳前海、广州南沙、珠海横琴等区域的创新合作，通过“粤港澳联合创新区”“深港科技园”“粤港澳科技产业园”等空间和功能载体推进区域协同创新合作，培育世界级的创新集群，打造具备全球影响力的世界级科技创新中心、全球金融科技中心和全球资源配置中心。

其中，在区域创新体系中，突出香港大学与内地科技创新企业的合作。一方面，将香港大学研发的具有高度市场转化价值的专利产品或技术突破在内地孵化，避免香港高企的创新成本造成的转化压力；另一方面，依据企业的现实需求或困境定向研发产品或技术，帮助企业提升生产能级和效率；再者，在内地众多的孵化园区中，为香港青年创新创业人才提供技术支持，或者创业支持，扶持一批青年企业家或者青年创业人才，特别是中小型创新企业，给予足够的研发、技术、管理等方面的支持，培育新一代的香港科技竞争力企业及青年人才。

（三）内生优化创新——以大学为核心打造创新集群

在香港创新体系中，因为本港高科技企业发展的相对薄弱，而高等教育具有世界领先的创新能力，能发挥香港知名大学的创新主导作用。围绕人工智能、大数据、机器人、生物医药等核心优势科技创新产业，以香港 8 所知名大学为核心，集聚香港孵化器、研究所、数码港、科技园、工业村等机构；在全球范围吸引国际著名的科技公司在港设立研发中心、区域运营总部；支持高校与高科技公司共同创办研发中心；结合香港本地的新兴研发机构，如中大多媒体实验室、微信香港科大联合实验室、大数据生物智能实验室、香港中文大学天石机器人研究所、港科大华为诺亚方舟实验室、香港大学高端机器人实验室、港科大机器人研究所、香港城市大学机器人与自动化研究中心等，依托香港发达的资本市场、专业的中介机构和特区政府支持，共同建立若干以创新产业发展为导向的创新集群。在基础科学研究、应用技术创新及市场转化、人才培养等方面促进香港创新经济发展。

（四）机制保障——发挥政府托底与激励作用

香港创新经济发展，需要突破完全竞争自由市场经济的理论束缚。香港奉行完全自由竞争市场经济，其局限是创新经济发展不是静态的资源配置，而是动态变化的过程，以创新促进产业结构升级的风险必须有相应的基础设施、制度保障作为基石，而其中企业及个人难以匹配的部分必须由特区政府托底。20 世纪初期，香港创新经济发展缓慢是市场机制“失灵”的直接表现。香港创新经济主导产业发展方向不明确，传统服务经济功能固化，地产经济扭曲全港经济结构，特区政府对区域产业经济发展的引导与干预功能薄弱，直接的后果是香港第三次产业经济转型的停滞与困境。而同期，新加坡、以色列、英国、日本、德国，甚至美国的创新经济发展，都有政府政策显性或隐性的支持作用。

按照新结构主义经济学观点，不同发展阶段的产业技术结构及相应的上层建筑由区域内层关系决定，内层关系决定每个起点的要素禀赋。近年来，在香港创新经济发展过程中，除了市场机制的作用外，政府的引领作用、基础性保障作用逐渐发挥出影响。如港深两地政府主导的河套科技园、前海合作区，香港创新及科技局主导的人工智能、智能制造、生物科技、芯片等创新产业发展计划等。政府和市场最重要的链接点就是科技创新产业发展政策，政府支持对加快区域的创新技术研发、产业升级具有重要作用。完全竞争自由市场经济不能解决香港创新经济发展的主要问题，香港特区政府对区域产业经济创新发展的引导与激励作用事半功倍。

（五）启示

综合来看，香港科技创新中心建设是香港经过长期探索，检视曾经的发展道路缺陷，而及时弥补经济“短板”，突破发展困境的必由之路。区域经济的发展是不断升级、不断转换发展动能，不断突破既有发展利益格局的持续发展之路。科技创新中心建设一定是建立在基于发挥自身最大优势的基础上的。香港拥有西方发达自由市场经济体制下的集聚全球创新要素资源的能力，以及国家粤港澳大湾区战略支持的宏观优势，并最终转化为集聚内地和海外创新经济于自身的最大优势。其创新道路选择，外源原创创新——集聚全球创新资源，构建国际化创新枢纽；区域合作创新——依托粤港澳大湾区构建完整创新链网络；内生优化创新——以大学为核心打造创新集群等正是体现了这一思路。

全球城市建设科技创新中心是一般规律。全球城市对世界的影响是全方位的，包括经济领域的控制力、文化领域的影响力、科技领域的引领力等，其竞争力构成也是全方位的，没有明显的“短板”缺陷，特别是代表着人类发展方向的科技创新。已知的全球城市都确立了科技创新中心的发展目标，并积极推进，如纽约的康奈尔科技园区、伦敦的东伦敦科技城、东京的筑波科学城以及巴黎的 Station F 孵化中心等，都是世界知名的创新源地。香港建设全球科技创新中心也是重新塑造其全球城市核心竞争力，弥补发展“短板”的必由之路。

目前，北京、上海、深圳都在着力发展构建全球科技创新中心。以香港的科技创新中心发展的曲折和经验为鉴，全球科技创新中心建设必须突破既有发展利益格局的束缚，最大限度地发挥自身独特优势的吸引力，弥补创新要素资源中的弱项，以市场机制和政府引导的共同作用发展创新经济。

第十三章

粤港澳大区域战略的核心功能区

粤港澳大湾区作为国家区域发展战略，具有三重意义：一是国家全面深化改革在区域一体化发展方面的积极探索。经过40年改革开放发展，珠三角城市经济发展经历早期的资本与产业积累阶段，形成各具特色的产业体系与产业链分工合作。在新的发展阶段，特别是在外部市场压力与内部结构性优化需求的背景下，区域内城市间竞争合作的新内涵、新模式、新路径、新机制等都处在探索形成的过程中，需要新的发展驱动力和资源再整合，以实现区域产业经济能级的整体提升，匹配在全球产业链、价值链环节升级的需求。二是香港经济发展腹地拓展与产业结构、要素系统优化。香港正处在转型的停滞徘徊阶段，新的经济增长动力与结构优化的驱动力一方面取决于全球市场环境改变，另一方面更重要的是以粤港澳大湾区整体的优势资源、产业结构、创新资源、市场空间等弥补和优化香港市场的局限性，赋予香港更多的产业空间、创新空间、就业空间及市场空间，同时将香港对全球资源吸引的便捷性导入大湾区整体产业体系中，促进湾区经济的整体升级发展。三是在全球第四次工业革命及区域经济新格局逐渐显现的背景下，必须塑造珠三角新的产业竞争力和整体竞争优势，以珠三角产业及创新经济，香港的开放型经济共同构建代表中国参与全球竞争的湾区经济，在全球新一轮的经济博弈中谋求领先地位和发展利益。湾区经济的发展对于湾区城市经济体的影响深刻，湾区经济的整体优化绩效面临诸多挑战，在产业体系、经济空间结构以及治理等方面需要系列变革与创新。

一、粤港澳大湾区发展的背景

（一）湾区经济是国际发达经济体竞争力核心承载区域

世界银行统计数据显示，全球 60% 的经济规模集中在入海口区域，75% 的大城市、70% 的工业资本和人口集中在距海岸 100 公里的区域，湾区既是世界经济发展的重要承载空间，也是全球经济要素资源集聚与高效流通的区域。全球知名的大湾区经济，包括东京湾区、纽约湾区和旧金山湾区，其中东京湾区是以制造业支撑的工业城市群，纽约湾区是金融和专业服务主导的世界金融中心，旧金山湾区依托硅谷发展成为世界知名的科技创新中心，它们是世界著名的经济增长引擎。

纽约湾区，面积 3.35 万平方公里，人口 6 500 万，包括纽约州、康涅狄格州、新泽西州的 31 个县，GDP 比重占美国 3%，集聚 40% 的全球 500 强企业，美国 1/3 以上的 500 强公司总部集聚于此，其中包括超过 100 多家的国际知名银行和保险公司总部，第三产业比重超过 90%，同时集聚 56 所大学，是世界金融中心，金融业、奢侈品和文化产业具有全球影响力。

旧金山湾区，面积 1.8 万平方公里，由 9 个县 101 个不同等级规模城市组成，人口 760 万，以圣何塞的硅谷为核心，集聚 30 多家私人创业基金机构，吸引美国 40% 以上的风险资本集聚。作为全球高科技研发中心，培育了谷歌、苹果、脸谱和英特尔等美国 500 强企业。旧金山湾区集聚斯坦福、加州伯克利等 20 多所大学，航天、能源研究中心等研发机构，引领全球科技产业发展趋势，是全球资本、科技、人才、文化、环境等创新要素集合激发创新经济发展的典范。

东京湾区，面积 1.3 万平方公里，包括东京都、千叶县、埼玉县和神奈川县，人口约 3 500 万。东京湾区集聚横须贺、川琦港、东京港、横滨港等组成的港口群，是世界重要的海运枢纽，湾区重点集聚汽车、有色金属、石化、机械、电子、造船等产业，工业产值占日本 40%，占 GDP 的 26%，集聚富士通、东芝、三菱、索尼、丰田等全球 500 强企业，集聚武藏工业大学、横滨国立大学等知名学校，是日本最大的工区集聚区、金融中心、交通枢纽中心、商贸中心及消费中心。

三大湾区作为世界级的经济增长极，纵观其经济发展与影响力形成过程，在区域发展竞争力方面具有独特的核心竞争优势：(1) 优越的地理条件与经济区位，均是国家经济高度发达和集聚的区域，具有深厚的发展积累和经济活力；(2) 极具引领和辐射能力的核心城市，纽约、旧金山、东京等世界级的城市，成为全球经济、文化等发展标杆和引擎；(3) 发达的港口、机场等构成的交通网络体系，连接强大的经济腹地和全球市场，各种经济要素全球流通和配置；(4) 雄厚的教育资源，以全球知名大学为核心的智力资源培育，源源不断地输出高端人才及知识创新；(5) 活跃的创新体系，集聚区域及全球的创新资本、人才、机构、文化等，形成具备核心竞争力的区域创新网络；(6) 区域分工协作体系，将区域资源整合，最大限度地提升资源的综合效应，多元包容的文化体系，在区域产业、创新、人文、宜居等多方面展现包容和融合。

（二）中国经济发展进入转型的深刻调整期

目前，中国经济发展的外部环境发生较大转变。在产业链、价值链、供应链等不同环节深度融入全球体系中，并逐步升级进入发达经济体主流的产业、经济、贸易体系中，引发全球既有产业经济格局的震荡和冲突，激起系列贸易、货币、配额、汇率争端等，造成对华全方位的经济发展遏制趋势越来越明显。且国内经济发展处于增长速度换档，产业结构深度调整，政策刺激效益正反交替的“三期叠加”的关键阶段。在区域经济地理系统中，以城市经济体为核心支撑的经济发展模式逐渐被区域联动发展的客观需求所限制，香港、深圳、广州等核心城市主导的发展模式向城市群、区域一体化发展模式转变，在发展关系上由垂直式的产业链分工合作向水平式的创新合作转变，由基于资本、技术权力的控制下的外部资源导入发展，向基于区域本体优势资源价值平衡互补联动发展转型。在跨越外部的“修昔底德陷阱”与内部的“中等收入陷阱”的关键时期，全方位地深入改革，以湾区经济作为区域一体化发展的模式选择，降低改革过程中的空间、制度以及要素障碍，提升区域经济增长水平具有重大的战略意义。

（三）珠三角经济发展的现代转型需求

粤港澳大湾区包括香港、澳门、广州、深圳、珠海、东莞、佛山、中山、肇庆、江门、惠州 11 个城市，整体面积约 5.6 万平方公里，人口 6 600 万，2016 年经济总量约 1.4 万亿美元，对外贸易总额约 1.8 万亿美元。以大湾区为核心的珠三角是我国改革开放 40 年经济发展的缩影，是典型的外向型经济发展代表（见表 13－1）。区域发展以“三来一补”“东莞模式”“深圳模式”等为核心，是中国承接世界产业经济转移，快速工业化、城市化发展的核心区域。在发展过程中，以廉价土地、劳动力为核心竞争优势，吸引外部资本、技术，由劳动密集型产业融入全球低端产业体系及市场网络，以规模经济发展成就“世界工厂”奇迹。

另外，珠三角经济经过 40 年改革发展，三次产业结构明显优化，“世界工厂”的实体经济发展急需创新经济升级发展动力，服务经济提升发展质量。特别是在粤港澳区域，创新经济、服务经济的崛起是新一轮经济发展的核心内涵，发展高端产业体系，集聚创新要素资源，改革配套制度政策，构建高端产业链体系、高效物流体系，在区域进一步优化资源空间配置，引导全球产业发展，区域整体的经济现代化转型迫在眉睫。

表 13－1　　2015 年粤港澳大湾区发展主要经济指标

		单位	香港	澳门	珠三角			大湾区	广东
					其他	广州	深圳		
人口		万人	731	65	5 874	1 350	1 138	6 670	10 849
土地面积		平方公里	1 104	30	54 763	7 249	1 997	55 897	179 716
GDP		亿美元	3 094	454	10 137	2 947	2 849	13 685	11 853
人均 GDP	总值	美元	42 349	70 795	17 421	22 170	25 719	20 518	10 989
	2009～2015 年平均增长率	%	1.50	4.00	8.50	9.10	8.40	3.90	7.70

续表

		单位	香港	澳门	珠三角			大湾区	广东
					其他	广州	深圳		
三产比重	第一产业	%	0.10	0.00	1.80	1.30	0.00	1.40	4.60
	第二产业	%	7.40	7.80	43.60	31.60	41.20	34.40	44.80
	第三产业	%	92.60	92.20	54.60	67.10	58.80	64.20	50.60
外贸	总额	亿美元	9 871	119	9 752	1 339	4 425	19 742	10 228
	出口	亿美元	4 651	13	6 088	812	2 640	10 752	6 435
	进口	亿美元	5 220	106	3 664	527	1 784	8 990	3 793
外商直接投资		亿美元	1 743	11	256	54	65	2 011	269
港口吞吐量		万 TEU	2 007	15	5 295	1 762	2 420	7 318	5 512
机场旅客吞吐量		万人	6 850	583	10 030	5 521	3 972	15 244	10 494
机场货运吞吐量		万吨	438	3	258	154	101	699	260
世界百强大学		所	5	—	—	—	—	5	—

数据来源：粤港澳大湾区与香港，2018 年。

二、粤港澳大湾区合作的基础

（一）产业经济一体化基础

粤港澳湾区内特别行政区、经济特区等行政区划和自由贸易试验区、自由港等功能性经济区叠加，布局了全球金融服务、航运贸易、制造出口、创新经济等多种经济形态和产业结构，是世界产业链、供应链、创新链、价值链的重要环节或节点，以科技创新、金融服务、制造业为主导区域发展，成为世界经济的一极。在城市产业经济体系上，形成以香港、广州、深圳和佛山为核心的产业空间布局，城市间经济联系强度高。香港经济在金融、航运、商贸、专业服务等方面极具竞争力，“超级联络人”角色突出。澳门作为世界旅游休闲中心，与葡语国家商贸合作方面具有独特优势。深圳逐步发展成为世界级的科创中心，广州是大湾区联系内地、辐射内地的桥梁和纽带，佛山、东莞、惠州等地制造业基础深厚。

在产业结构上，粤港澳大湾区拥有全球最完备的产业体系，集聚石油化工、服装鞋帽、玩具加工、食品饮料等中低端产业集群；通信电子信息、新能源汽车、无人机与机器人等高端产业集群；金融服务、航运服务、旅游服务、文化创意服务等现代服务产业集群。多元产业体系混合形成了粤港澳大湾区先进制造业和现代服务业双轮驱动的产业体系，产业一体化融合趋势明显。目前，低端产业加速升级或者向外转移，中高端产业成为地区发展新引擎，现代服务业高速发展，是中国及全球产业经济网络的发展枢纽。城市经济体层级间绝对差异总体上在扩大，同一层级相对差异在缩小，产业向高端环节发展过程中，产业的联动与竞争发展格局同时存在，区域内部的经济一体化在博弈过程中逐步走向新的融合。

（二）交通体系一体化基础

作为中国经济最为发达的经济区域，基础设施建设一直是粤港澳大湾区的优势和重点发展领域。经过近 40 年的发展，粤港澳大湾区现代化交通体系较为完备，高铁、机场、高速公路、港口等构成的综合立体交通体系为区内物流、人流、信息流等要素流通奠定了深厚基础。目前，广东省高铁总里程 1 360 公里，随着广深港等高铁的建成，大湾区核心城市都接入全国高铁网络，并以广珠、广佛肇、莞惠等城际快速铁路连接湾区主要城市，整体形成全国高铁网络、珠三角城际高铁网络、城市地铁网络三个层级的轨道交通系统，粤港澳大湾区基于现代综合轨道交通体系构建的“一小时生活圈”正在加速形成。同时，高速公路通车总里程超过 7 000 公里，港珠澳大桥、深圳东部过境高速公路、中珠澳沿江高速等公路交通系统逐步完工，将湾区交通系统进一步向区域内部延伸，道路交通系统极大地发挥了优化空间布局的作用，促进资源的空间高效配置。航空运输方面，广州、深圳、香港三大机场的航线数量、入驻航空公司数和客货运吞吐量急剧增加，其中，香港机场客运和货运吞吐量占比分别为 39. 36% 和 62. 70% 。大湾区已布局建成世界级的港口群，以深圳、香港、广州为核心的国际化港口群，港口集装箱吞吐量规模位居世界第一，集装箱吞吐量和货物吞吐量总份额分别占粤港澳大湾区的85.59%与68.15%。

（三）经济功能区位一体化合作基础

粤港澳湾区经济的外部循环和内部循环“双循环”经济发展格局竞争力和影响力优势明显。粤港澳大湾区作为世界级的湾区经济，在区域空间上具有更为广阔的经济腹地及经济合作功能区位优势。首先，粤港澳大湾区作为中国经济腹地与外部市场经济合作的重点区域，在国家内部，粤港澳大湾区以香港、广州与深圳组成的世界级大都市城市群为核心，东部毗邻海峡西岸经济区，西部接壤北部湾经济区，北边紧邻中部城市群，并纵深延伸至川渝城市群，进行广阔的经济区位合作拓展，战略发展格局与优势集中。对外部，以香港的国际金融、国际航运，深圳、东莞的国际智能制造为核心纽带，链接东盟经济体系及全球市场。同时，在粤港澳湾区内部，以及以广州为顶点，西线经济发展延伸城市包括佛山、中山、江门、珠海等，东线经济发展延伸城市包括东莞、深圳、香港为等构成的“A”形经济区位形成强大的区域经济一体化基础，支撑区域经济发展。

（四）人才和科技创新一体化基础

在区域交通、产业、资讯、资本以及人员等反映粤港澳大湾区合作发展活跃指数的关键指标中，人员的交流是关键，创新合作是首要方向。依据统计数据显示，目前香港居民出入境深圳日均40万人次，深圳居民往来香港日均12万人次，两地来往频繁，且不仅仅是单一的商务往来，更深层次的日常生活出入占据相当大比重。大湾区内跨越制度、体制、文化等障碍的居民就业、就学、就医、安居等方面的交流日趋便利化。随着粤港澳大湾区进一步深化合作，逐步开放就业、教育、医疗、住房等方面的限制性规定，一体化人员流通往来局面将成为常态。

在粤港澳大湾区内集聚了国际或国内知名的173所高等院校，集聚了8个国家级高新园区、1个国家级大学科技园、16个“863”基地，研发经费支出占 GDP 比重达2.7%。香港、澳门、深圳等地集聚世界一流的科学家及研发团队，有很强的原始创新能力和配置全球创新资源能力。大湾区内吸引和对接全球创新资源，构建国际化、开放型区域创新体系，建设“广州—深圳—香港—澳门—东莞”科技创新走廊，促进创新资源共享，推动区域加强科研一体化合作，打造大湾区科技创新中心。

三、粤港澳大湾区经济发展的主要挑战

（一）三种法律、三个税区、三种货币的制度协调

在全球湾区经济发展过程中，粤港澳大湾区是唯一跨越不同法律基础、商事制度、政治制度、监管体系等的区域经济体。其中，最大的挑战，也是最大的特色、潜力和动力之处既是“一国两制”背景下形成的“三个税区—三种法律—三种货币”，对应的挑战是不同特区、关税区、货币区之间的合作联动。粤港澳大湾区“9+2”之于内地与“一国两制”框架下，区域内人员流动、货物流通、资本流动、资讯传播等涉及的制度性协调障碍是首要挑战。虽然在 CEPA 框架下香港居民、产品可顺利进入大湾区市场，但具体行业领域的制度性安排仍有较大优化空间。如职业资格认可、评估标准差异、个税税率、投资行政审批环节及条例等，差异性的政策机制条件下，降低制度性成本，功能性的制度突破与创新直接决定了大湾区一体化的合作绩效。

（二）产业体系融合升级的结构性差异及发展不平等

湾区经济的特点是广阔的经济腹地支撑，特色的发达经济结构引领，高效的要素资源配置，以及强大的经济辐射与外溢。在全球大湾区的经济指标中，纽约湾区、旧金山湾区、东京湾区与粤港澳大湾区发展差异较大，直接反映了背后发展阶段和产业结构的特点（见表 13-2）。如纽约的金融湾区、旧金山的科技湾区、东京湾的产业湾区，以发达的特色产业经济促进全球及

区域经济增长，形成区域核心竞争力和影响力。在粤港澳大湾区，既有产业基础及规划产业发展聚焦于现代智能化制造产业、高科技产业、金融服务产业、航运贸易产业以及绿色产业、高端专业服务产业等若干重点产业领域。但大湾区产业发展差异巨大，深圳、广州、香港等城市已经具备创新经济和服务经济特征，整体处于后工业化阶段，而东莞、佛山、江门等城市整体由中低端制造业向中高端制造业、高端服务业转型升级，处于快速工业化阶段，转型期特有的低端产业转移和高端制造、服务经济培育混合发展特征明显，表现出各种不确定和复杂的发展格局，特别是产业的结构性差异和地区不平等加剧了大湾区政策制定与实施环境的复杂性，对政策、制度的精准性、针对性、战略性与可操作性均提出了巨大挑战，湾区经济的竞争力和影响力及特色经济都在培育发展过程中。

表 13-2　2016 年全球四大湾区经济发展指标对比

	面积（万 km^2）	人口（万人）	GDP（万亿美元）	人均 GDP（万美元）	GDP 占全国比例	服务业比例（%）
纽约湾区	2.15	2 020	1.40	6.93	7.76	89.27
旧金山湾区	1.79	760	0.76	9.98	4.44	82.76
东京湾区	3.68	4 383	1.8	4.11	41.07	82.27
粤港澳湾区	5.6	6 672	1.36	2.04	10.86	62.23

数据来源：Wind 资讯。

（三）大湾区“9+2”城市发展战略目标的差异性融合

粤港澳大湾区“9+2”核心城市的发展目标存在一定的差异，决定了发展基本要素市场供给与配置、关键合作对象选择、治理体系与规则的适应性等的巨大差异与协调挑战。以创新驱动发展目标为例，在《广东省沿海经济带综合发展规划（2017～2030 年）》中，广州定位为国家中心城市、国家创新中心城市，深圳定位为全国经济中心城市、国家创新型城市、国家科技和产业创新中心，香港亦定位为国际创新科技中心。在《粤港澳大湾区发展规划纲要》中确立“广州—深圳—香港—澳门”科技创新走廊。在科技创新中心、创新型城市建设发展过程中，创新支撑体系的构建与重叠，引发对于关键创新资源的竞争，且深圳发展全球创新经济中心的核心目标市场、要素配置、创新链体系构建等可能超越香港金融、服务及研发供给的能级，东莞、佛山、中山等制造业升级更多着眼于全球生产网络的智能化、绿色化升级与转移的需求，可能超越香港创新科技产业配套孵化的能级需求。未来广州、深圳、东莞等城市的发展阶段和发展目标更多地定位于全球化竞争力和影响力的形成，超越了过去40年来以香港为中心的经济发展格局，区域从单极中心向多极中心体系转变，从珠三角全球生产网络的低端制造环节，向全球经济核心增长与创新中心转变，大湾区核心城市发展的战略定位调整与协调配合成为主要挑战。

（四）国内不同地区湾区经济发展的资源竞争

按照中国经济改革开放40年发展的经验总结，同一时期不同地区主要的发展模式既有鲜明的区域特色，又有共性的经济发展内在规律支撑。不同地区区域学习与各级政府主导的模式复制与推广共同作用于广阔的地域，优胜劣汰。湾区经济作为下一阶段中国区域经济最具竞争力和最具代表性的发展模式，必将引领新一轮的中国区域经济发展。

目前国内具备发展湾区经济，且已经形成一定发展格局和趋势的地区包括长三角地区的杭州湾区、京津冀地区的环渤海湾区、广西毗邻东盟地区的北部湾湾区以及珠三角的粤港澳大湾区。其中，杭州湾区以上海、杭州、苏州等城市群为核心支撑，是中国区域经济最具竞争力，且区域均衡发展，合作联动发展格局最优的地区，拥有上海、宁波世界级的港口资源和行业影响力，产业经济具有全球竞争力，多层次的综合交通体系发达，区域创新体系及创新经济发展特色鲜明，在区域产业结构及资源进一步优化配置，合理布局与分工后，将进一步展现湾区经济发展活力与竞争力。环渤海湾区地域空间及经济规模巨大，是中国北方经济增长极，及东北亚地区最具竞争力的发展区域，拥有完备的工业体系及现代化的交通网络体系，文教资源及创新要素集聚，央企、国企发展规模及竞争力强，与日本、韩国、俄罗斯等经济体联系紧密，未来在功能区疏解与优化，区域合作加强，区域均衡发展及市场资源要素流通障碍性体制机制改革后，湾区经济发展格局与优势将进一步显现。北部湾湾区作为我国与东盟经济体全方位的政治、经济、文化等发展与交流的核心承载区，具有极其重要的战略地位与发展空间。在世界经济发展格局中，作为21世纪初全球经济最具发展活力的地区，中国和东盟经济体的深入合作在北部湾湾区落地，将全面提升和彻底改变区域经济发展格局。四大国内湾区经济的发展在未来政府资源、市场资源的竞争与合作格局直接影响各自湾区经济发展的成效（见表13－3）。

表13－3　　2015年国内四大湾区主要发展指标

	面积（万 km^2）	人口（千万人）	GDP（万亿元）	人均GDP（万元）	GDP占全国比例
杭州湾湾区	5.5	6.2	6.7	10.81	9.77
环渤海湾区	51.8	23	3.8	1.65	5.54
粤港澳湾区	5.6	6.7	8.7	12.99	12.68
北部湾湾区	5.6	2.2	0.95	4.32	1.38

数据来源：作者整理。

四、粤港澳大湾区产业体系重构

（一）全球制造业基地转向全球科创中心

珠三角地区经过40年的发展，成为全球生产网络格局中制造业环节的核心枢纽，是中国“世界工厂”功能核心支撑地区。在“制造”向“科创”功能转换过程中，区域政府间治理框架、市场经济体系新规范、创新技术扩散体系、区域内外部关系等需要进行系统重构，在区域要素系统支撑与流动，区域间生产关系、区域主体间关系、市场利益主体，功能区布局，合作对象、方式与机制等方面全面调整。核心是珠三角区域生产网络向区域创新网络的转变，土地、劳动力、资本、企业、交通等生产要素系统及其运行机制向研发人才、创新平台、研发机构、创新文化等新的要素系统集成及其创新机制转变，带来区域经济形态、产业结构、功能区布局及城市空间的调整。

具体表现在：具备全球或区域影响力的研发型企业、大学、科研机构等及其领军人才、团队成为区域最具核心竞争力资源；各种创新园区，代替各种加工园区，成为地区经济核心增长引擎；各种创新楼宇、核心企业、研发机构集聚区成为地区代表性功能区；研发人员及其支撑团队成为区域就业人口主体，智慧型、专业型产业工人成为智能流水线上主体，替代早期的流水线上的熟练型技工；知识创造，专利生产，技术研发与应用，高新技术转化成为企业核心竞争力；支撑区域各要素流动的核心机制由规模化生产转向联动创新转变。相关转变在珠三角逐步显现，香港与深圳合作的港深创新科技园，香港高校在广州、深圳的合办高校，中国科学院，内地高校在珠三角的各类分校、研发机构等逐步显现研发的潜力和优势。

（二）传统垂直分工合作的水平化改造

改革开放以来，在全球产业转移与合作的大背景下，粤港澳大湾区内部不同城市经济体间经济关系的演化过程先后经历过“前店后厂”“厂店融合”“店驻厂迁”三个阶段，反映的是全球及地方生产网络基于产业链上下游的垂直生产体系的分工合作，前提是大湾区内不同城市经济体间资源禀赋及竞争要素等级差异决定的区域空间资源配置的差异。而基于劳动力成本上升、国际贸易环境动荡、区域生态承载力饱和、地方政府绩效考核压力以及环境税负增加等多重因素的影响制约，传统的分工合作关系难以维系，新的区域合作内涵、要求、方式、要素禀赋等正在形成过程中，在合作内涵上突出“创新经济”“服务经济”等；在合作要求上，更加突出遵循国际化的市场规则与商业模式；在合作方式上，“资本＋资本”“资本＋创新”“知识＋服务”等占据主导地位。粤港澳大湾区产业经济合作逐步进入“创新合作”“服务经济北上”等新的发展阶段。区域合作最大的特点与趋势是由传统的垂直式分工合作向新型的水平式合作转变。创新经济发展特点要求大湾区内创新经济要素资源的重新配置和经济关系的结构性调整，最直接的就是区域资源禀赋结构的转变，合作关系的重新调整，核心在于构建大湾区区域创新网络、创新生态体系，基于创新网络治理与运行机制特点形成水平式的合作关系。整个大湾区经济系统及其附属支撑体系全新升级至创新型经济水平合作范式，全面改革目前的经济系统。

（三）金融服务合作内涵、能级与规模的拓展

金融服务是大湾区合作的重点领域，一方面湾区主要城市的转型升级、创新驱动需要资本的实际推动，以资本为核心纽带驱动区域全要素的流动与合理配置；另一方面，香港作为金融中心需要湾区实体经济腹地的支撑，进一步扩大服务能级和规模，真正形成具有全球影响力的金融港。而在传统的证券、私募、离岸人民币、债券等金融服务内涵基础上，未来香港金融中心之于大湾区金融需求的意义核心体现在三个方面。

1. 湾区资产/财富管理。

资产管理中心涉及企业内部资金借贷、现金流管理、向服务供应商付款、协助风险管控等。随着内地经济持续增长，粤港澳大湾区内世界500强企业，大型跨国企业资本实力、资产结构、资本运作等达到了需要在全球优化配置资本的阶段。吸引湾区内具有实力的企业在香港设立资产管理中心，依托香港成熟的金融体系、离岸人民币中心的地位以及亚投行的支撑，管理运作企业内部的现金、融资、外汇兑换、投资和对冲等，提高企业资本运作的灵活性，降低财务成本。

同时，对于区域内高净值财富的个人群体，财富管理成为湾区金融服务又一项巨大市场，大湾区内企业家、高级专业人士、职业高管等群体的财富保值增值在未来需求更突出，为香港的资产管理赋予新的市场潜力。

2. 湾区金融科技服务。

金融科技涉及依托大数据、云计算、互联网、人工智能、区块链等系列创新技术而产生的金融产品与金融服务，主要应用于借贷融资、财富管理、移动支付、保险、交易结算等金融领域，是金融业未来发展的主要趋势，且依托高度发展的区域科技产业。粤港澳大湾区集聚一批具有国际影响力的科技型创新企业，科技创新领域的新产业、新业态、新模式发展活跃，在互联网服务创新、移动支付、网络信贷、智慧金融理财以及区块链等业务方面发

展迅速，形成完整的科技产业链。科技与金融的结合成为湾区未来重点合作内涵；一方面发挥香港融资功能，为湾区科技创新企业不同发展阶段提供针对性的融资服务；另一方面区域内金融科技企业通过与香港金融业合作，开发金融行业的创新产品和技术，并通过香港推广至全球市场。

3. 湾区绿色金融创新。

粤港澳绿色大湾区的发展客观要求绿色金融的支持。绿色金融包括两层内涵：一是金融业促进环境保护和经济社会可持续发展，涉及清洁能源、污染控制、绿色建筑、环境服务、森林植被、能源效率等，投资形式包括股票、债券、私募股权等；二是金融业可持续发展。随着内地及全球的绿色低碳发展共识，绿色金融将成为大湾区金融合作的又一重点领域。香港在构建自身绿色金融生态体系的同时，在大湾区范围内推动内地绿色金融等新概念金融模式与内涵发展。

（四）专业服务合作升级湾区经济质量与层级

专业服务是未来内地大湾区着力培育，也是需求最大的服务业形式，代表着内地产业结构升级和优化的方向，也是香港专业服务走出目前相对固化，突破能级和规模的一次难得机遇，内地广阔的市场与需求有机会促进香港世界级的专业服务产业和标准的实现。香港在仲裁、会计、测量、法律、咨询、工程等方面具有全球领先的优势人才，熟悉相关国际法律、国际商业规则与文化，以及专业技能，具备良好的职业操守，制度性软环境为世界所接受和认可。大湾区内科创等实体经济快速发展，在“走出去”全面参与全球中高端产业竞争过程中，需要专业服务提升品质、开拓渠道以及保障权益。特别的，与国际经济社会搭建一个可以沟通的国际化的、标准化的对话体系与平台，在尊重规则时善用规则，与全世界的合作伙伴沟通共赢。

大湾区专业服务合作最关键的是制度环境和人才。一方面是梳理修订内地相关的与国际惯例不符的产业发展制度或政策条款，打破“大门开，小门不开”的产业发展环境，积极引进香港及国际专业服务企业和人才，提升内地专业服务内涵、标准、水平及效果；另一方面，以香港严格的专业资质认可制度、教育培训体系，与内地相关机构合作培养内地的专业服务人才，在国际视野、英语水平、职业道德、专业技能、社交沟通等方面全方位提升，打造内地与国际接轨的，可以参与全球专业服务供给与竞争的人才和企业。

五、粤港澳大湾区的空间体系重构

粤港澳大湾区赋予香港多重意义的空间拓展与重构，核心包括经济区位空间、产业空间、人才空间、就业空间等。在既有空间格局上，珠三角空间体系整体呈现东西失衡、南北并进的格局，在经济空间上存在梯度差异。以香港、深圳、广州为第一梯队，澳门、珠海、佛山、东莞为第二梯队，中山、江门、肇庆、惠州为第三梯队。未来地理空间距离随着区域交通网络的规划与重构，包括东西联系的南沙大桥、虎门大桥、深中通道、港珠澳大桥、广深港高铁、莲塘/香园围口岸等，逐步实现区域均衡化发展，未来大湾区整体空间格局由“小集聚、大分散”向“小分散、大集聚”，从“中心—腹地”向“枢纽—网络”等模式转变。

在空间关系上，决定空间主体地位的不再是单一的经济指标，而是由包括经济发展、生态环境、创新要素、人文特色、社会治理、宜居等综合指标体系共同评价决定，由经济基础决定的区域发展水平“势差”逐步消减，由生产链布局的垂直式关系向特色资源、创新合作、生态环境决定的水平式合作关系转变，空间内部优势要素流动从单向转为双向，从以领先大企业为核心组织资源配置，向大、中、小企业网络配置资源转变。

在地理空间、经济空间的区间界限逐渐减弱之后，生态空间、人文空间的发展成为未来湾区空间体系建构的重要内容。首先，湾区经济整体进入发达水平阶段后，对于区域生态环境要求更高，创新经济、服务经济发展对于生态环境质量有着高标准要求；其次，随着湾区城市群发展，对生态承载力要求逐步提高，需要依托森林、湿地、水系等绿色要素修复城市空间，并通过生态廊道串联不同地域之间的绿地和生态系统，在更大的北部山体森林生态系统与南部沿海绿色生态系统之间进一步细化、优化绿色空间系统，并在滨海海洋空间、区域低碳空间等方面进行系统重构，形成湾区整体的生态空间新格局。

六、粤港澳大湾区区域合作与社会治理体系调整

大湾区城市与香港在合作内涵、合作关系、合作模式等方面经历多重调整（见表13－4），核心经历三个阶段：第一阶段，内地主动寻求与香港的多领域合作，寻求引进外部的资本、技术、管理与市场等，香港处于绝对主导地位；第二阶段，中国加入WTO，积极融入全球生产网络与市场体系，以香港为中介或平台，与外部市场进行资源、要素及市场渠道的流通与拓展，香港与内地的差异化优势互补合作关系占据主导，同时内地积极需求与外部世界的直接关系，香港渠道功能弱化，与内地的关系存在一定的竞争和不确定；第三阶段，内地企业在进过一轮初步的“走出去”过程，反省自身优劣势时，再一次明确了香港在内地全面改革开放中的持续作用，而香港近年定位模糊，陷入阶段性的发展困境中。

表13－4　　粤港澳地区主要规划协同内容

编制主体	规划及编制时间	核心内容	空间结构
广东	《珠三角经济区城市群规划》（1994年）	深化粤港澳合作的发展思路，划定“粤港澳跨界合作发展地区”	一个核心，即广州；两条主轴，即广州—深圳（香港）、广州—珠海（澳门）；三大都市区，即中部都市区、东岸都市区、西岸都市区
广东	《珠三角城镇群协调发展规划》（2004年）	携手港澳，共建大珠三角紧密合作区；打造“广州—深圳（香港）、广州—珠海（澳门）”区域发展主轴核心功能，带动珠江三角洲整体发展；粤港澳跨界合作发展中心；加强粤港澳的交通对接，实现交通一体化；整合区域物流资源	“广州—深圳（香港）、广州—珠海（澳门）”区域发展主轴

续表

编制主体	规划及编制时间	核心内容	空间结构
香港	《香港 2030》(2007 年)	跨界基建项目、优秀人才引进	—
广东	《珠三角改革发展规划纲要》(2008 年)	提出“与港澳紧密合作、融合发展，共同打造亚太地区最具活力和国际竞争力的城市群”	三大城市群、两个沿海经济带
粤港澳	《大珠江三角洲城镇群协调发展规划研究》(2009 年)	发挥环珠江口湾区优势，建立高度一体化的区域基础设施体系、服务体系和创新体系，提出三地的共同发展目标与产业、交通、生态、跨界地区的协调对策	三大都市区（广佛、深港、珠澳）、三条发展轴
广东	《珠三角五个一体化》(2010 年)	携手港澳共建宜居湾区，打造新型发展模式示范区	—
粤港澳	《环珠江口宜居湾区建设重点行动计划》(2011 年)	共建广州、深圳、东莞和中山等 5 个市与港澳优质生活圈、经济发展方式示范区	—
广东	《珠三角全域规划》(2014 年)	以广东自贸区为支点，建设粤港澳大湾区	广州、深圳—香港双核联动、南拓西进
广东	《中国（广东）自由贸易试验区总体方案》(2015 年)	强调粤港澳合作特色和优势的发挥，在南沙、前海和横琴三地尝试构建全方位的粤港澳深化合作体制机制，包括建立组织、政策对接和制定法律法规等	—
广东	《粤港澳地区空间发展战略规划》	剖析粤港澳地区的共同发展目标和经济社会环境的协调对策	—

资料来源：周春山等，2018。

区域关系的调整，治理内涵与方式适当调整，基于“一国两制”的框架，以功能合作与治理为核心，更多地借鉴香港社会治理、城市治理、公共管理等方面的经验。在湾区复杂及多元的社会结构背景下，政府需要与社会多元组织主体合作，吸纳包括公共部门、社会组织、私营机构、专业人士等不同社会主体共同参与治理，兼具开放性、包容性等特点。社会治理基本内涵包括主体多元化、方式多样化、监管问责方式公平一致化等跨界别合作治理的基本元素，通过政府购买公共服务、公私合作等具体形式，在公共决策及政策执行方面实现“多元共治”治理模式。

在湾区治理体系合作过程中，保持香港社会的稳定和独特性非常重要。香港社会作为成熟发达的社会体系，其特点和优势是未来内地城市治理学习和借鉴的重要对象。在区域交流与合作过程中，保持香港社会特征的独特性，维护香港发展的自身轨迹与规律，避免内地化要素彻底性地改变香港社会内涵与运行机制。未来，湾区的社会治理体系应探索发展出一种建构在“一国两制”特色的基础上，包括内地社会治理特点与香港发达社会现代治理优势的治理模式创新。

参 考 文 献

[1] 巴曙松，黄少明．港币利率与美元利率为什么出现背离——港币估值中的人民币因素研究 [J]．财贸经济，2005 (8)：10－14.

[2] 巴曙松．CEPA与香港经济的第三次转型 [J]．中国金融家，2003 (6)：18.

[3] 蔡赤萌．国家对外开放战略中的香港经济功能 (1978～2007) [J]．中国经济史研究，2018 (3)：63－74.

[4] 蔡赤萌．香港回归20年经济发展：历程、特点与挑战 [J]．学术研究，2017 (5)：155－165.

[5] 蔡赤萌．粤港澳大湾区城市群建设的战略意义和现实挑战 [J]．广东社会科学，2017 (4)：5－14.

[6] 曹吉云，佟家栋．两经济体建立自由贸易区的影响因素研究 [J]．经济管理，2011 (11)：9－16.

[7] 陈广汉，张光南，卢扬帆．回归后香港经济发展的成就、问题与对策 [J]．亚太经济，2012 (4)：130－135.

[8] 陈广汉．论中国内地与港澳地区经贸关系的演进与转变 [J]．学术研究，2006 (2)：61－67.

[9] 陈广汉．香港经济转型：现状及未来的路向 [J]．中国南方评论，2007，8 (3)：5－18.

[10] 陈广汉等．香港回归后的经济转型和发展研究 [M]．北京：北京大学出版社，2009.

[11] 陈会珠，孟广文，高玉萍等．香港自由港模式发展演化、动力机制及启示 [J]．热带地理，2015 (1)：70－80.

[12] 陈丽君，林江．"九七"后的探讨：香港经济及其与内地经济关

系［M］．香港：天地图书有限公司，2002.

［13］杜祖基，李正风．从知识经济看香港经济竞争力面临的挑战［J］．科学学研究，2003，21（2）：182-184.

［14］菲德尔·拉莫斯，朱谨．中国—东盟自由贸易区：挑战、机遇与潜力［J］．世界经济与政治，2004（1）：61-64.

［15］封小云．目前粤港澳经济合作的阶段性特点分析［J］．港澳研究，2016（3）：64-72.

［16］封小云．香港经济特点及优势分析［J］．港澳研究，2017（3）：59-74.

［17］封小云．香港经济转型：结构演变及发展前景［J］．学术研究，2007（8）：52-59.

［18］冯邦彦．香港产业结构第三次转型：构建“1+3”产业体系［J］．港澳研究，2015（4）：38-46.

［19］冯邦彦．香港产业结构研究［M］．北京：经济管理出版社，2002.

［20］冯邦彦．香港与新加坡产业结构及经济政策的比较研究［J］．学术研究，2001（7）：42-45.

［21］港澳研究所港澳经济形势课题组．2018年香港经济形势报告［J］．港澳研究，2019（2）：79-92.

［22］高洪民．关于香港离岸人民币存款变动影响因素的理论和实证研究［J］．世界经研究，2017（9）：25-37.

［23］辜胜阻，曹冬梅，杨嵋．构建粤港澳大湾区创新生态系统的战略思考［J］．中国软科学，2018（4）：1-9.

［24］关红玲，吴玉波，宋媚婷等．粤港澳大湾区“9+2”城市创新科技关键因素比较分析［J］．港澳研究，2018（1）：31-44.

［25］郭万达．CEPA与中国区域经济一体化战略［J］．开放导报，2004（1）：26-29.

［26］韩佳．长江三角洲区域经济一体化发展研究［D］．上海：华东师范大学，2008.

［27］华晓红，杨立强，郑学党．建设中华自由贸易区的经济条件与效

应研究［J］. 理论学刊，2014（2）：46－50.

［28］华晓红. 港澳台—中国对外开放的独特优势［J］. 经济学家，2012（7）：20－27.

［29］李曼. 京津冀区域经济一体化发展研究［D］. 天津：天津大学，2005.

［30］李晓慧. 粤港澳大湾区与香港［M］. 香港：商务印书馆（香港）有限公司，2018.

［31］李晓莉，申明浩. 新一轮对外开放背景下粤港澳大湾区发展战略和建设路径探讨［J］. 国际经贸探索，2017（9）：4－13.

［32］林贡钦，徐广林. 国外著名湾区发展经验及对我国的启示［J］. 深圳大学学报（人文社会科学版），2017（5）：25－31.

［33］林健忠. "一带一路"与香港［M］. 香港：三联书店（香港）有限公司，2016.

［34］刘辉群. 中国保税区向自由贸易区转型的研究中国软科学［J］. 中国软科学，2005（5）：114－119.

［35］刘求实. 香港制造业发展与香港在未来亚太经济中的定位［J］. 清华大学学报，1997，12（4）：92－93.

［36］刘遵义. 转型中的香港经济［J］. 浦东开发，2009（7）：57－58.

［37］陆家骝. 克鲁格曼与新贸易理论——新国际经济格局下的政策含义［J］. 中山大学学报（社会科学版），2008（4）：178－183.

［38］马莉莉. "十三五"规划背景下香港与内地的协同转型［J］. 港澳研究，2016（2）：41－50.

［39］毛艳华，肖延兵. CEPA 十年来内地与香港服务贸易开放效应评析［J］. 中山大学学报（社会科学版），2013（6）：160－173.

［40］毛艳华. CEPA 与香港经济结构转型研究［J］. 中国软科学，2004（6）：106－111.

［41］孟广文. 自由经济区演化模式及对天津滨海新区的启示［J］. 地理学报，2009，64（12）：1499－1512.

［42］倪外，曾刚. 区域创新集群发展的关键要素及作用机制研究——以日本创新集群为例［J］. 地域研究开发，2010，29（2）：1－6.

[43] 倪外．国际先进自贸区核心竞争力构成及其启示研究［J］．世界地理研究，2015（3）：126－133.

[44] 倪外．香港城市经济转型的困境、趋势与对策分析［J］．亚太经济，2016（2）：143－148.

[45] 倪外．香港建设全球科技创新中心：困境、机理与路径［J］．上海经济研究，2018，（10）：107－115.

[46] 裴长洪．吸引外商投资的新增长点：理论与实践依据——最近几年外商投资重要特征分析［J］．中国工业经济，2009（4）：30－41.

[47] 齐鹏飞．香港回归十年的经济建设述论［J］．中共党史研究，2007（4）：39－46.

[48] 任思儒，李郇，陈婷婷．改革开放以来粤港澳经济关系的回顾与展望［J］．国际城市规划，2017（3）：21－27.

[49] 盛斌．亚太自由贸易区的政治经济分析：中国视角［J］．世界经济与政治，2007（3）：62－71.

[50] 申明浩，杨永聪．国际湾区实践对粤港澳大湾区建设的启示［J］．改革理论与实践，2017（7）：9－13.

[51] 滕光进，区和坚，刘兴政．香港产业结构演变与城市竞争力发展研究［J］．中国软科学，2003（12）：120－125.

[52] 滕堂伟，曾刚．集群创新与高新区转型［M］．北京：科学出版社，2009.

[53] 王春新．“后政改”时期的香港经济前景［J］．港澳研究，2015（3）：54－64.

[54] 王春新．CEPA 及其对香港经济的影响［J］．国际金融研究，2003（8）：52－54.

[55] 王丹，赵新力，张振山．从国际社会的评价看香港回归 15 年来的科技创新发展［J］．中国软科学，2012（9）：109－117.

[56] 王凯，倪建军．中日自由贸易区：动议、收益与障碍［J］．现代国际关系，2007，（4）：44－48.

[57] 王旭阳，黄征学．湾区发展：全球经验及对我国的建议［J］．经济研究参考，2017（24）：5－10.

[58] 香港中国企业协会研究部：2018香港经济展望 [R]. 香港：香港中企协，2018.

[59] 谢宝剑，宗蕊. 回归二十年来香港科技创新发展的SWOT分析及前瞻 [J]. 港澳研究，2017 (2)：52-93.

[60] 薛凤旋. 香港工业化与工业地理 [J]. 经济地理，1997，17 (3)：24-31.

[61] 向晓梅，杨娟. 粤港澳大湾区产业协同发展的机制和模式 [J]. 华南师范大学学报（社会科学版），2018 (2)：17-20.

[62] 闫妍. 香港科技创新创业白皮书 [R]. 香港：创科香港基金会，2017：34-36.

[63] 杨小佛. 香港经济演变和"更紧密经济关系安排" [J]. 世界经济研究，2002 (4)：56-58.

[64] 尤安山等. 沪港发展报告（2014~2015）——上海自贸区建设与新一轮沪港合作 [M]. 北京：社会科学文献出版社，2015.

[65] 张光南，邱杰宏，陈坤铭. 中国内地和中国香港的贸易自由化效应研究——基于全球贸易分析模型GTAP的分析 [J]. 国际贸易问题，2011 (9)：57-64.

[66] 张明火. 香港现代科研机构的非营利运营模式及启示——以香港研发中心为例 [J]. 中国科技论坛，2013 (9)：38-43.

[67] 张天桂，尤安山. 香港国际金融中心的发展现状与路径选择 [J]. 港澳研究，2016 (4)：39-51.

[68] 张孝锋. 产业转移的理论与实证研究 [D]. 南昌：南昌大学，2006.

[69] 张燕生，张一. 内地与香港在经济转型中合作的前景 [J]. 宏观经济研究，2004 (11)：17-20.

[70] 张燕生. "十三五"时期国家用好香港优势的路径与选择 [J]. 港澳研究，2015 (3)：44-53.

[71] 张玉阁，郭万达. 香港经济未来发展面临的挑战与策略选择 [J]. 港澳研究，2013 (1)：37-45.

[72] 张昱，陈俊坤. 粤港澳大湾区经济开放度研究——基于四大湾区

比较分析［J］. 城市观察，2017（6）：7－13.

［73］赵金龙，倪中新. 自由贸易区态势及其伙伴国外贸出口的战略转型［J］. 改革，2013（2）：108－115.

［74］中国人民银行：人民币国际化报告（2015年）［R］. 北京：金融时报，2015.

［75］中国现代国际关系研究所东盟课题组. 中国对东盟政策研究报告［J］. 现代国际关系，2002（10）：1－10.

［76］钟坚. 回归后香港经济发展的几个问题［J］. 深圳大学学报（人文社会科学版），2007（3）：18－21.

［77］钟韵，贺莎. 回归以来香港产业结构升级对经济增长的影响研究［J］. 港澳研究，2017（2）：44－51.

［78］钟韵，王静田. 香港第三次产业转型中的创新科技产业发展［J］. 华南师范大学学报（社会科学版），2017（3）：20－25.

［79］周春山，邓鸿鹄，史晨怡. 粤港澳大湾区协同发展特征及机制［J］. 规划师，2018（4）：5－12.

［80］周春山，罗利佳，史晨怡等. 粤港澳大湾区经济发展时空演变特征及其影响因素［J］. 规划师，2017（6）：802－813.

［81］庄芮. 香港在中国自由贸易区战略中的地位和作用［J］. 国际经济合作，2011（12）：16－20.

［82］Asheim T, Isaksen A. Regional innovation systems: the integration of local sticky and global ubiquitous knowledge［J］. Journal of Technology Transfer, 2002（27）: 77－86.

［83］Barry NAUGHTON, The China Circle: Economics and Electronics in the PRC, Taiwan, and Hong Kong［M］. Seattle: University of Washington Press, 1997.

［84］Coffey, W. J. and Polese, M. Producer Services and Regional Development: a Policy-oriented Perspective［J］. Papers of the Regional Science Association, 1989（1）: 13－27.

［85］Cooke P, Braczyk H J, Heidenreich M H. Regional innovation systems: the role of governance in the globalized world［M］. London: UCL

Press, 1996.

[86] Cooke p, M guranga, G etxebarria. Regional systerms of innovation: an evolutionary perspective [J]. Environment and Planning A, 1998 (30): 1563 - 1584.

[87] Falvey R. E. and Gemmell N. Explaining Service-Price Differences in International Comparisons [J]. The American Economic Review, 1991, Vol. 81 (5) : 1295 - 1309.

[88] Konan D. E. Maskus K. E. Quantifying the Impact of Services Liberalization in a Developing Country [J]. Journal of Development Economics, 2006 (1): 142 - 162.

[89] M E Porter. Cluster of Innovation: Roles of Universities in the Economic Development [R]. Massachusetts, 2001.

[90] Mattoo A, Rathindran R, Subramanian A. Measuring Services Trade Liberalization and Its Impact on Economic Growth: An Illustration [J]. Journal of Economic Integration, 2006 (1): 64 - 98.

[91] Michael J Enright, Edith E Scott, David Dodwell. The Hong Kong Advantage [M]. London: Oxford University Press, 1997: 3 - 4.

[92] Richard K Lester, Suzanne Berger. Made by Hong Kong [M]. London: Oxford University Press, 1997: 5.

[93] Riddle D. I. Service Lead Growth. Role of the Service Sector in World Development [M]. New York: Praeger Publishers, 1986.

后　记

自从2011年工作起，自己真正认识香港、研究香港、了解香港。在这过程中深感香港对于香港同胞的意义，对于改革开放的意义，对于国家的意义。任何区域的发展从来不是一帆风顺，必经历曲折而后涅槃，而香港的发展也正处在十字路口。

本书作为自己前期香港研究的一个阶段性总结，源于2014年起对于香港经济发展的一些思考。1997年香港回归后，香港经济发展受大环境、也受内在结构性问题困扰，一直踌躇不前，未真正形成新的突破。近年来，在“一带一路”“创科中心”“粤港澳大湾区”“人民币国际化”“中资企业”等发展议题支持下，逐渐显现出发展的新格局、新趋势。自己基于区域经济、产业经济的专业背景，尝试把握这种趋势，研究其内涵，从中找出一二规律，为香港经济发展尽绵薄之力。长远来看，香港经济基于特有的发展韧性、智慧与自省，辅以国家的支持，一定可以继续辉煌。

本书断断续续花了2年时间，写作过程中，回想起这些年的研究经历。感谢杨小佛先生、尤安山研究员引我到上海社科院港澳研究中心从事港澳领域研究工作。感谢左学金研究员、张道根研究员的关照，有机会跟从前辈一起做事、学习，从他们身上感受到了老一代知识分子的风骨和睿智，以及对年轻人的殷殷期望，一直鼓励年轻人扎实基础，大胆去做。感谢陈佐洱先生、段樵教授、蔡赤萌研究员、邓淑德总裁，以及已故的刘廼强先生，在不同场合受到各位前辈老师的指导。感谢我的导师曾刚教授，李娟文教授，传道受业解惑，师恩如海。特别感谢我的家人张锦枝、倪维叶，谢谢她们的理解、支持和包容。

愿香港这颗东方之珠更加光明璀璨，永远照耀在珠江之滨。

倪　外

2021.4.6